UX 라이팅

브랜드와 사용자 서비스의
글쓰기 가이드북

김무성 지음

BM (주)도서출판 성안당

머리말

> "UX 라이터는 사용자가 읽기 쉽게 글을 쓰는 사람이 아니라, 사용자가 서비스 내에서
> 목적지까지 빠르게 도달할 수 있도록 올바른 길을 안내하는 사람이다."

2017년 구글(Google) I/O에서 UX 라이팅 개념이 처음 등장했습니다. 이로 인해 국내에서도 UX 라이팅을 도입하기 시작하며, 여러 기업에서 UX 라이터를 채용해 사용자 중심의 콘텐츠를 작성하려는 움직임이 일어났습니다. 그러나 UX 라이팅 분야는 여전히 많은 이에게 낯선 미지의 영역으로 남아 있습니다. 그 이유는 UX 라이팅에 대한 충분한 이해와 인식이 부족하기 때문입니다.

현재 국내에 소개된 UX 라이팅 서적들은 대부분 서양, 특히 미국의 상황을 중심으로 작성되었습니다. 한국의 문화와는 상당히 다른 내용을 담고 있어, 한국의 실무자들이 실제 제품에 이를 적용하기에는 어려움이 많습니다. 이러한 어려움은 언어와 문화의 차이에서 비롯되며, 한국어로 작업하는 UX 디자이너, 기획자, 그리고 신입 UX 라이터들은 외국의 사례를 그대로 적용하기 어렵다는 현실에 직면하게 됩니다. 이 문제를 해결할 수 있는 방법은 한국어로 작성된 실제 예시를 통해 UX 라이팅을 이해하는 것입니다.

그러던 중 2023년 8월, 국내에서 최초의 UX 라이팅 입문서가 출간되었습니다. 라인(LINE) UX 라이터인 전주경 님의 책 「그렇게 쓰면 아무도 안 읽습니다」는 한국어로 UX 라이팅을 어떻게 다루어야 하는지에 대해 노련한 UX 라이터의 시각에서 세세하게 설명하고 있습니다. 이 책은 누구나 쉽게 이해할 수 있도록 간결하고 명확한 글로 쓰여져 있으며, 저자의 10여 년간의 경험과 노하우가 담겨 있습니다. 저 또한 이 책을 읽고 많은 도움을 얻었습니다. 노련한 시각과 경험은 단순히 따라한다고 해서 쉽게 체득할 수 있는 것이 아니기 때문입니다.

이 책과는 다른 시각으로 저는 저만의 UX 라이팅 경험을 바탕으로 새로운 내용을 써 내려갔습니다. UX 라이터는 자신만의 시각을 가져야 한다고 생각하며, 저 또한 제가 지닌 시각을 글로 풀어내고자 했습니다. 이를 위해 한 글자 한 글자 신중히 적어 내려갔습니다. 책을 집필하는 과정에서 이 책이 어떤 독자에게 도움이 될지 고민했습니다. 그리고 그 대상을 과거의 나로 설정했습니다. UX 라이팅이 무엇인지 전혀 몰랐던 과거의 나, 그리고 UX 라이팅을 이해하기 위해 2년 동안 매일 글을 작성하며 노력했던 나를 떠올리며 이 책을 집필했습니다. 과거의 나에게 UX 라이팅이란 무엇인지, 그리고 UX 라이터가 되기 위해 필요한 것은 무엇인지 전하고자 했습니다.

이 책에서는 UX 라이팅의 시작, 기본 개념, UX 라이팅 가이드라인을 작성하는 방법 등을 실제 예시를 통해 설명합니다. 이를 통해 UX 라이팅에 관심을 가진 분들에게 이 책이 작게나마 도움이 되기를 바랍니다.

차
례

머리말   3

차례   4

Part 1
UX 라이팅,
UX 라이터란
무엇인가?

01 단어로 프로덕트를 돋보이게 만드는 직무 - UX 라이팅   12

02 UX(User eXperience)+라이팅(Writing)의 정의   16

UXer 직군의 종류   17

UX 디자이너   17

UX 리서처   18

UX 라이터   18

UX 라이팅의 개념   19

03 UX 라이팅의 4원칙   21

사용성   22

명확성   22

일관성   23

간결성   23

04 UX 라이팅을 부르는 다양한 용어들   24

05 UX 라이터란 누구인가?   34

06 UX 라이터의 업무 방식   39

사용자 플로우   41

프로덕트 요구 사항 정의서, PRD   43

문구 초안   44

07 UX 라이터의 하루   46

08 UX 라이터의 팀   52

Part 2
UX 라이팅의
기본 원칙과 핵심 원칙

01 좋은 UX 라이팅이란 무엇인가?   58

사용자 특성 파악하기   59

사용자 서비스 이용 환경 이해하기   61

사용자 여정 지도   62

02 좋은 UX 라이터란 누구인가?   67

하드 스킬   68

UX 라이팅 작성 능력   68

UI/UX 디자인 기초   68

언어 능력   69

UX 라이팅 가이드라인 운영 능력   69

디자인 툴 역량   70

소프트 스킬   70

공감 능력   71

끈기와 호기심   71

소통을 받아들일 열린 마음   72

03 UX 라이터가 알아두면 좋은 콘텐츠 전략   75

F 패턴 활용하기   75

사용자를 위한 글쓰기   77

명확하고 간결한 언어 사용하기   78

보이스 톤 설정하고 고수하기   79

시각적 계층 구조 구성히기   80

04 전 세계가 UX 라이터에게 던진 네 가지 공통 질문   81

05 UX 라이팅에서 핵심 원칙은 왜 중요할까?   86

명확성: 전문 용어 없이 사용자 맥락에 맞춰 작성하라   89

접근성: 모든 사용자를 배려하라   92

언어   92

페이지 구조   92

시각적 단서   94

이미지   97

다크 패턴: 사용자를 기만하는 행위를 피하라   98

음악 앱 구독 해지   104

자동차 정비 앱 마케팅 정보 수신 거부   105

이커머스 탈퇴와 마케팅 정보 수신 거부   106

간결성: F 패턴에 따라 스캔할 수 있게 작성하라   108

간결하게 문장을 작성하는 방법   109

간결성과 명확성이 충돌할 때   113

간결하며 깔끔하게 문구를 작성하는 방법   113

유용성: 사용자가 다음 행동을 알 수 있게 작성하라   117

사용자 맥락(콘텐츠 설계)   118

사용자 중심(사용자 플로우)   119

사용자 입장(사용자의 감정)   119

일관성: 일관된 언어로 문구를 작성하라   119

Part 3
UX 라이터 업무의 시작,
UX 라이팅 가이드라인

01 UX 라이팅 가이드라인   126

UX 라이팅 가이드라인은 왜 필요할까?   126

UX 라이팅 가이드라인을 수립하기 위한 기초 단계   128

계획(로드맵) 세우기   128

다른 회사의 가이드라인 벤치마킹하기   129

UX 라이팅 작업 시 자세한 내용 적어두기   130

예시 추가하기   130

디자이너와 많은 이야기 나누기   131

가이드를 찾기 쉽고 사용하기 쉽게 만들기   131

가이드라인 작성에 유용한 툴 선택하기   132

디자인 시스템과의 연계성 고려하기   132

의사결정에 도움이 되는 시스템 만들기   133

완벽함보다는 실행을 통한 결과물 보여주기   134

02 UX 라이팅 가이드라인 수립을 위한 방법론 탐색   135

가이드라인 수립을 위해 서비스를 검증하는 방법: 도그푸딩과 가추법
(가설적 추론법)   137

가이드라인 수립을 위한 사용자 플로우 추적 및 분석   141

타사 가이드라인 분석   146

삼성   147

애플   150

구글   152

아틀라시안   154

마이크로소프트   155

03 UX 라이팅 가이드라인 대상   157

04 UX 라이팅 가이드라인의 효과   160

05 UX 라이터의 첫 번째 실무, UX 라이팅 가이드라인 만들기   162

06 UX 라이팅 가이드라인 첫 번째, 원칙   167

　대내적 원칙   171

　　목적을 정의하라   181

　　적합한 사람을 초대하라   182

　　명확한 지침을 전달하라   183

　　요약하고 작업 항목을 설정하라   183

　대외적 원칙   185

07 UX 라이팅 가이드라인 두 번째, 글쓰기 가이드라인   194

　글쓰기 가이드라인 제작 시 주의사항   194

　글쓰기 가이드라인 구성 시 던져야 할 질문   199

08 UX 라이팅 가이드라인 세 번째, 체크리스트   211

　UX 라이팅 가이드라인, 세 가지 요소를 가르는 기준   211

　체크리스트를 정립하는 여덟 가지 기준   213

Part 4
사용자의 상황과
UI 컴포넌트를 고려한
UX 라이팅

01 **UX 라이터가 사용자의 상황에 따라 마주하는 메시지들**   222

유형에 꼭 맞는 메시지, 유형별 메시지   222

확인 메시지   231

성공 메시지   236

경고 메시지   242

오류 메시지   247

02 **UI 텍스트, 컴포넌트와 문구의 만남**   254

어떤 상황이 발생하는지 알려주는, 버튼   259

동사로 작성하기   260

구체적으로 작성하기   263

사용자의 발길을 붙잡고 브랜드의 목소리를 드러내는, 공백 메시지   268

사용자 행동을 이끄는, 텍스트 필드 문구   276

레이블   278

플레이스홀더   282

유효성 문구   285

도움 문구   286

사용자에게 관심을 요청하는, 팝업   287

타이틀   288

디스크립션(설명)   289

버튼   289

Index   290

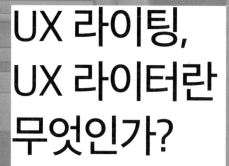

UX 라이팅,
UX 라이터란
무엇인가?

UX 라이팅의 정의와 기본 요소를 살펴보고,
이를 바탕으로 UX 라이팅의 목표를 확인합니다.
그리고 UX 라이팅을 수행하는 UX 라이터의
정체성과 주요 역할, 그리고 협업하는 주요 인
물에 대해 살펴봅니다.

Part

1

단어로 프로덕트를 돋보이게 만드는 직무 - UX 라이팅

UX(User eXperience) + 라이팅(Writing)의 정의

UX 라이팅의 4원칙

UX 라이팅을 부르는 다양한 용어들

UX 라이터란 누구인가?

UX 라이터의 업무 방식

UX 라이터의 하루

UX 라이터의 팀

단어로 프로덕트를 돋보이게 만드는 직무 – UX 라이팅

01

▲ '단어로 프로덕트를 돋보이게 만드는 방법(How words can make your product stand out)', 구글 I/O, 2017

2017년 구글^{Google} I/O에서 발표된 영상의 주제는 '단어로 프로덕트를 돋보이게 만드는 방법^{How words can make your product stand out}'이었습니다. 이때 UX 라이팅^{UX Writing}이라는 개념이 공식적으로 소개되면서 새로운 직무인 'UX 라이터'도 등장했습니다. 이전에도 UX 라이터는 존재했지만, 그때는 다른 이름으로 불렸습니다.

2017년 이전에는 UX 라이팅이라는 직무가 널리 보급되지 않았습니다. 당시 UX 라이터의 역할은 전문 UXer가 담당하지 않았고, 다른 직군에서 비슷한 역할을 수행했습니다. 예를 들어, 콘텐츠 전문가, 콘텐츠 마케터, 테크니컬 라이터, 프로덕트 오너^{PO, Product Owner: 오너십을 갖고 제품에 대한 비전 개발부터 잠재적 고객을 발굴해 출시까지 모든 것을 책임지는 직군}, UX 디자이너 등 사용자와 밀접한 연관이 있는 직무가 UX 라이터를 대신하여 문구를 작성했습니다. 이런 측면에서 UX 라이팅이라는 직무가 보급되기 전 콘텐츠 전략, 콘텐츠 개발, 콘텐츠 디자인 등 현재 UX 라이팅과 관련된 용어로써 더 흔하게 사용되었죠.

그러나 사용자 중심 디자인과 프로덕트 개발의 중요성이 부각되면서 UX 라이팅은 독립된 직무로 자리잡았습니다. 이에 따라 UX 라이팅을 다룬 책들도 출간되었죠. 그중 하나는 2017년에 발간된 킨너렛 이프라^{Kinneret Yifrah}의 「마이크로카피^{Microcopy}」이며, 다른 하나는 토레이 파드마저스키^{Torrey Podmajersky}의 「전략적 UX 라이팅^{Strategic Writing for UX}」입니다. 이렇게 2017 구글 I/O에서 소개된 주제는 대중이 UX 라이팅 직무에 대한 관심을 높이는 계기가 되었습니다

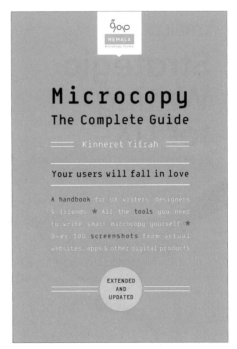

▲ 킨너렛 이프라(Kinneret Yifrah)의 「마이크로카피
(Microcopy)」

이때부터 UX 라이팅의 개념이 조금씩 정립되기 시작했습니다. 킨너렛 이프라 Kinneret Yifrah의 「마이크로카피Microcopy」에서는 다음과 같이 설명하고 있습니다.

- UX 라이팅은 사용자가 프로덕트와 상호 작용하는 과정에서 사용되는 텍스트 작성을 의미한다.
- UX 라이팅은 사용자 경험을 개선하고, 사용자가 목표를 달성할 수 있도록 돕기 위해 텍스트를 디자인하고 편집하는 것을 포함한다.
- UX 라이팅은 명확하고 간결한 텍스트를 통해 사용자에게 정보를 전달하고, 사용자의 이해를 돕고, 행동을 유도하며 일관된 사용자 경험을 제공하는 것을 목표로 한다.

요컨대, UX 라이팅은 사용자가 프로덕트와의 상호 작용에서 중요한 역할을 한다는 겁니다. UX 라이팅이 단순히 문장을 작성하는 것이 아니라, 사용자의 이해와 목표 달성을 돕기 위한 도구로써 작동하는 부분을 강조하죠.

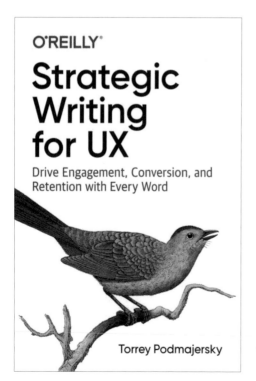

◀ 토레이 파드마저스키(Torrey Podmajersky)의 「전략적 UX 라이팅(Strategic Writing for UX)」

토레이 파드마저스키^{Torrey Podmajersky}의 「전략적 UX 라이팅^{Strategic Writing for UX}」에서는 UX 라이팅을 다음과 같이 정의합니다.

> ・ UX 라이팅은 사용자 경험을 개선하기 위해 디자인과 글쓰기를 결합한다.
> ・ UX 라이팅은 디지털 경험에 대한 콘텐츠를 작성하고, 그 콘텐츠가 사용자에게 명확하고 유용한 정보를 제공하는 것에 초점을 둔다.

위 정의에서 특히 주목해야 할 것은 바로 첫 번째 정의입니다.

'디자인과 글쓰기를 결합한다.'

이 정의는 UX 라이팅이 단순한 글쓰기의 영역이 아니라, UX^{User eXperience} 영역까지 포괄하고 있다는 사실을 의미합니다.

요컨대, UX 라이팅은 사용자가 프로덕트를 쉽게 이해하고, 사용할 수 있도록 돕는 데 중점을 둔다는 것이죠. 이를 위해 사용자가 필요로 하는 정보만 명확하게 전달해야 합니다.

UX(User eXperience) +라이팅(Writing)의 정의

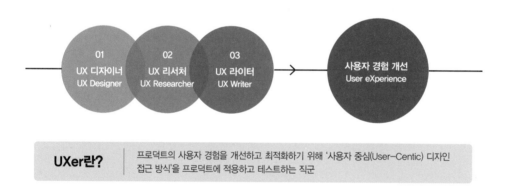

'UX 라이팅은 UX의 영역을 포괄한다.'

UX 라이팅 직무는 UXer의 직종 중 하나입니다. UXer는 다음과 같이 정의할 수 있습니다.

'UXer는 사용자 경험 디자이너 또는 전문가를 가리킨다.'

UXer는 프로덕트의 사용자 경험을 개선하고 최적화하기 위해 '사용자 중심$^{User-}$ ^{Centric} 디자인 접근 방식'을 프로덕트에 적용하고 테스트하는 직군이라고 설명할 수 있습니다. 이들은 사용자의 상호 작용, 감정, 태도 등을 고려하여 테스트를 진행하며, 이를 통해 사용자 만족도를 향상시키고 유용한 서비스 경험을 제공하는 것을 목표로 합니다.

UXer 직군의 종류

UXer의 직군은 다음과 같이 세 가지로 정리할 수 있습니다. UX 디자이너^{Designer}와 UX 리서처^{Researcher}, 그리고 UX 라이터^{Writer}입니다. 각 직군은 다음과 같은 역할을 수행합니다.

UX 디자이너

UX 디자이너는 단순히 프로덕트의 시각적인 요소뿐만 아니라 사용자가 프로덕트를 이용하는 전체적인 경로와 상호 작용을 고려해 디자인을 설계합니다. 이는 사용자의 요구 사항과 맥락을 분석하여 프로덕트 사용 시 발생하는 모든 경험을 향상시키는 디자인을 설계하는 것을 의미합니다.

뿐만 아니라 UX 디자이너는 사용자가 프로덕트와 상호 작용할 때 느끼는 감정과 반응을 세심하게 고려합니다. 이를 위해 사용자 조사와 프로토타입 제작 등 다양한 방법을 활용하여 사용자의 피드백을 수집하고, 이를 바탕으로 사용자 중심 디자인 전략을 수립합니다. 이러한 과정을 통해 사용자가 더욱 직관적으로 프로덕트를 활용하며, 사용 경험을 개선하는 것이 목표입니다.

UX 리서처

UX 리서처는 사용자 경험^{UX}을 심층적으로 이해하고 분석하는 전문가로서, 프로덕트 또는 서비스의 설계와 개선에 중요한 역할을 합니다. 이들은 단순한 요구 사항을 넘어 사용자의 심리, 감정, 동기 등의 심도 있는 정보를 파악하여 사용자 중심의 디자인 설계에 필요한 필수 정보를 제공합니다.

이를 위해 UX 리서처는 사용자 조사, 인터뷰, 설문 조사 등의 보편적인 방법 이외에 사용자 테스트, 경쟁사 분석, 페르소나^{Persona} 생성, 저니 맵$^{Journey\ Map}$ 설계 등 다양한 연구 방법론을 적용하여 정보를 수집합니다. 이러한 방법론을 통해 얻은 결과물을 팀과 공유하여 프로덕트가 사용자의 요구와 기대에 부합하도록 돕습니다.

또한, UX 리서처는 사용자 데이터를 정량적 및 정성적으로 분석하는 능력을 갖추고 있습니다. 정량적 데이터 분석을 통해 사용자 행동의 패턴과 트렌드를 파악하고, 정성적 분석을 통해 사용자의 생각과 감정을 이해합니다. 도출된 인사이트는 프로덕트 개발 과정에서 사용자 경험을 개선하는 데 필수 자료로 활용됩니다.

UX 리서처는 디자이너, 개발자, 프로덕트 오너 등 다양한 분야의 전문가들과 협력하여, 사용자의 목소리를 프로덕트 개발 과정에 반영하는 브릿지^{가교} 역할도 합니다. 이 과정에서 제공되는 인사이트와 권장 사항은 프로덕트가 시장에서 성공적으로 자리잡는 데 큰 도움을 줍니다.

UX 라이터

UX 라이터는 사용자 경험^{UX} 디자인에서 중요한 역할을 수행합니다. 이들은 프로덕트의 사용성을 향상시키기 위해 필수적인 문장과 단어를 심도 있게 선택하고 구성합니다. 사용자 인터페이스$^{User\ Interface}$ 텍스트, 버튼 레이블, 메시지 유형 등 다양한 콘텐츠를 작성하여 사용자가 프로덕트를 직관적으로 이해하고 쉽게 활용할 수 있도록 돕습니다.

UX 라이터는 사용자와 프로덕트 간의 소통을 최적화하여 사용자의 만족도를 높이는 것을 목표로 삼습니다. 이를 위해 사용자의 언어와 문화적 배경을 고려한 맞춤형 콘텐츠를 제공하고, 사용자가 예상하는 행동과 반응에 부합하는 명확하고 이해하기 쉬운 문구를 작성합니다.

또한, UX 라이터는 적절한 톤과 어조를 설정하여, 프로덕트가 브랜드 정체성과 일관성을 유지할 수 있도록 도와 사용자와의 신뢰 관계를 구축합니다.

이러한 작업은 사용자 만족도의 신뢰도에 직접적인 영향을 미치며, 이는 심리적 요인과 실질적 행동 유도에 관여하여 프로덕트의 성공에 큰 영향을 미칩니다. 그렇기에 UX 라이터는 사용자에게 최상의 경험을 제공하기 위한 '하나의 포인트'를 발견하기 위하여 끊임없이 도전합니다.

UX 라이팅의 개념

UX 라이터 직무가 국내에 완전히 자리를 잡지 못했지만, 서서히 UXer의 일부로서 자리매김하고 있습니다. 이를 고려해 UX 라이팅의 개념을 저만의 언어로 정의하면 다음과 같습니다.

UX 라이팅은 UI 디자인과 글쓰기를 결합하여, 사용자가 프로덕트와 상호 작용 시 마주하는 텍스트를 최적화하는 작업입니다. 사용자에게 정확한 안내를 제공하고, 이를 통해 프로덕트가 추구하는 비즈니스에 맞는 사용자의 능동적인 행동과 빠른 피드백을 유도합니다.

또한, 사용사가 빠르게 복적을 달성할 수 있도록 돕는 도구로서의 역할을 수행합니다. 이러한 측면에서 UX 라이팅은 사용자 경험을 개선하기 위해 텍스트를 설계하고 작성하는 '텍스트 디자인' 그 자체를 의미합니다.

UX 라이팅은 사용자에게 명확하고 간결한 문구를 제공하어 정보와 프로덕트의 기능을 쉽게 설명합니다. 이를 통해서 사용자가 프로덕트의 요청을 이해하고, 적절한 행동을 취할 수 있도록 돕습니다.

UX 라이팅은 웹이나 앱뿐만 아니라, SMS나 LMS[1]와 같은 메시지를 사용하는 영역에도 적용할 수 있습니다. 그러나 좁은 의미에서는 주로 사용자 인터페이스[UI]를 대상으로 합니다. 여기에는 버튼, 서브 헤더, 팝업, 바텀 시트, 텍스트 필드, 공백, 내비게이션 바 등 프로덕트 내에 작성되는 모든 문구가 포함됩니다.

---

[1] SMS(Short Message Service)는 단문 메시지 서비스의 약어이며, LMS(Long Message Service)는 장문 메시지 서비스의 약어입니다.
  • 출처 – 두산 지식백과

UX 라이팅의 4원칙

03

필자는 UX 라이팅의 원칙을 대표하는 속성으로 '사용성', '명확성', '일관성', '간결성'의 네 가지를 고려합니다. 그러나 이런 속성은 서비스의 특징과 비즈니스의 방향성에 따라 달라질 수 있습니다. 따라서 이 네 가지 속성은 절대적인 원칙은 아니며, 국내 서비스 분석 및 여건을 고려했을 때 적절하다고 판단해 선택했습니다.

사용성은 명확성, 일관성, 간결성이 조화를 이룰 때 형성됩니다. 다시 말해, 이 세 가지 원칙이 사용성을 지지하는 구조를 형성하죠. 이 구조에 따르면 UX 라이팅의 최상위 목표는 사용성 개선이라고 할 수 있습니다. 따라서 사용성을 최상위 개념으로 설정하고, 나머지 세 가지 원칙을 하위 개념으로 배치했습니다. 이에 대한 자세한 이야기는 이후에 다룰 예정이며, 여기서는 간단히 개념만 짚고 넘어가겠습니다.

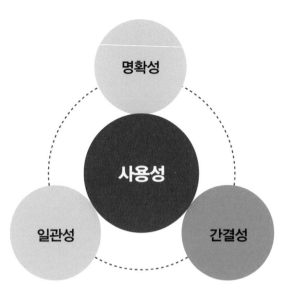

▲ 저자가 생각하는 UX 라이팅의 4원칙

사용성

사용성^{Usability}은 사용자가 느끼는 전반적인 경험을 의미하며, 프로덕트를 쉽고 편리하게 사용할 수 있도록 돕습니다. 이는 사용자의 효율성과 만족도에 직접적인 영향을 미칩니다.

명확성

명확성^{Clear}은 프로덕트의 인터페이스나 기능이 명확하게 이해되고 사용자에게 투명하게 전달되는 정도를 의미합니다. 이는 사용자가 프로덕트를 쉽게 이해하고 사용할 수 있도록 하는 데 중요한 역할을 합니다. 명확성이 부족하면, 올바른 안내가 되지 않아 사용자는 프로덕트 사용 시 혼란에 봉착하게 될 것입니다. 이에 따라 잘못된 행위를 수행할 가능성이 높아집니다.

일관성

일관성^{Consistency}은 프로덕트의 인터페이스, 기능, 디자인, 용어 등이 일관되게 적용되는 정도를 나타냅니다. 이는 사용자가 프로덕트를 이용할 때 혼란을 줄이고 효율성을 높이는 데 도움을 줍니다. 일관성이 결여되면 사용자는 매번 새로운 방법을 배우고 적응해야 하기 때문에 사용자 경험에 부정적인 영향을 미칠 수 있습니다.

간결성

간결성^{Concise}은 프로덕트에 사용된 문구가 한눈에 들어오고 쉽게 이해할 수 있도록 표현하는 것을 의미합니다. 사용자는 프로덕트 내 전체 문구를 자세히 읽지 않습니다. 이에 따라 간결성이 결여되면 복잡한 인터페이스나 정보 과부화로 인해 사용자에게 혼란과 부담을 줄 수 있습니다.

UX 라이팅을 부르는
다양한 용어들

04

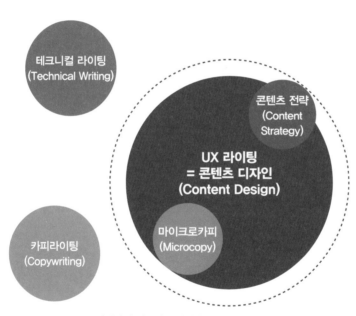

▲ UX 라이팅과 테크니컬 라이팅, 카피라이팅의 차이

    2017년 이후 UX 라이팅 직무가 생겨난 지 7년이 지났지만, 여전히 UX 라이팅과 카피라이팅의 차이에 대해 많은 질문이 제기됩니다. 그러나 UX 라이팅과 동일한 의미로 사용되는 콘텐츠 전략, 콘텐츠 디자인, 마이크로카피와의 차이에 대하여 묻는 사람은 거의 없습니다. 이는 여전히 국내에서 UX 라이팅의 인지도가 낮다는 것을 보여주는 증거죠. 저는 UX 라이팅과 동일한 의미를 지닌 용어들 간의 차이에 대해 더 많은 질문이 제기되기를 기대하고 있습니다. 이는 UX 라이팅에 대한 올바른 인식이 증가했음을 나타내는 지표로 활용될 수 있을 것입니다. 이러한 변화를 끌어내기 위해서는 우선 UX 라이팅과 관련된 용어를 명확하게 정의하는 것이 필요합니다. 위에서 제시한 다이어그램을 기반으로 각 용어의 개념을 자세히 살펴보고자 합니다.

01   UX 라이팅은 테크니컬 라이팅이나 카피라이팅이 아니다.

02   UX 라이팅과 콘텐츠 디자인은 같은 개념이다.

03   UX 라이팅 안에 마이크로카피 개념이 있다.

04   UX 라이팅 안에 콘텐츠 전략 개념이 있다.

콘텐츠 디자인, 마이크로카피, 콘텐츠 전략은 모두 UX 라이팅과 관련된 용어입니다. 그러나 테크니컬 라이팅과 카피라이팅은 UX 라이팅과는 직접적인 관련이 없는 용어입니다. 각 용어의 개념을 명확히 이해하면 UX 라이팅의 개념을 더욱 확고히 정립할 수 있을 것입니다.

❶ UX 라이팅은 테크니컬 라이팅과 카피라이팅이 아니다.

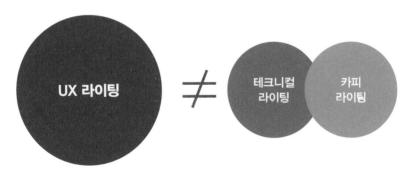

▲ UX 라이팅은 테크니컬 라이팅이나 카피라이팅이 아니다.

테크니컬 라이팅, UX 라이팅, 카피라이팅은 모두 텍스트를 작성하는 분야이지만, 각각의 타깃과 목적이 다릅니다.

UX 라이팅은 사용자 경험을 개선하는 것을 목적으로 합니다. 그렇기에 이미 프로덕트를 사용하는 사용자가 주 타깃입니다. 사용자 인터페이스 문구를 수정하거나, 필요한 정보를 제공하여 사용자 경험을 향상시킵니다. 명확하고 간결한 문장을 사용하여 사용자가 원하는 정보를 빠르게 찾도록 돕습니다. 주로 안내문을 작성하고, 글머리 기호 등을 활용하여 가독성을 높입니다.

카피라이팅은 외부 고객을 프로덕트로 유인하는 것을 목적으로 합니다. 타깃은 프로덕트를 아직 경험하지 않은 고객이므로, 창의적이고 매력적인 문구를 통해 프로덕트를 소개하고 고객의 시선을 끄는 역할을 합니다. 감성적인 언어와 이미지를 활용하여 고객의 니즈를 자극하고 프로덕트의 가치를 강조합니다.

테크니컬 라이팅은 프로덕트를 구매한 고객이 프로덕트의 기능과 사용 방법을 명확하게 이해할 수 있도록 하는 것이 목적입니다. 타깃은 개발자, 엔지니어, 특정 서비스를 사용하는 사용자이며, 복잡한 기술적 내용을 이해하기 쉽게 전달합니다. 전문 용어와 긴 문장을 사용해 정보를 구체적으로 제공하며, 고객이 프로덕트를 효율적으로 사용할 수 있도록 돕는 것이 중요합니다.

❷ UX 라이팅과 콘텐츠 디자인은 같은 개념이다.

▲ UX 라이팅과 콘텐츠 디자인은 같은 개념이다.

이번에는 두 가지 외국 사례를 통해 UX 라이팅과 콘텐츠 디자인이 사실상 동일한 개념인지 살펴보고자 합니다.

첫 번째 사례는 이 두 개념이 서로 다른 역할과 목적을 갖고 있다고 보는 관점을 다룹니다.[2]

UX 라이팅은 웹이나 앱에서 사용자 경험을 개선하기 위해 작은 문구를 수정하는 것이 주요 목표입니다. 이는 사용자에게 직관적이고 자연스러운 경험을 제공하기 위한 것입니다.

반면, 콘텐츠 디자인은 브랜드 메시지를 전달하고 사용자와 상호 작용하는 것에 중점을 둡니다. 다양한 콘텐츠를 활용하여 사용자에게 정보를 제공하고 브랜드와의 연결을 강화합니다.

두 용어는 사용자 경험을 향상시킨다는 공통된 목표를 가지고 있습니다. 이런 측면에서 UX 라이팅과 콘텐츠 디자인을 조화롭게 결합하면 사용자에게 더 나은 경험을 제공할 수 있습니다.

두 번째 사례는 두 용어가 거의 동일한 개념으로 간주된다는 것을 보여줍니다.[3]

콘텐츠 디자인이란 기본적으로 콘텐츠를 통해 사용자 경험을 디자인하는 작업을 의미합니다. 이에 따라 UX 라이팅이 이를 더 잘 설명한다고 생각됩니다. 그러므로 콘텐츠 디자인은 사용자의 요구와 목표를 이해하고, 그에 알맞은 콘텐츠를 제작하여 사용자 경험을 개선하는 업무로 이해하죠.

또한, UX 라이터의 업무와 동일하게 콘텐츠 디자인 업무를 글쓰기 이상으로 확장합니다. 화면 레이아웃과 형식, 그리고 콘텐츠의 흐름까지 고려하는 것이죠.

---

[2] 출처 – https://uxwritinghub.com/ux-writing-vs-content-design

[3] 출처 – https://www.frontitude.com/glossary-posts/what-is-content-design

이는 단어를 통해 소통하는 동시에, 프로덕트의 비즈니스 측면을 고려하고 최종 사용자에게 전달되는 의미를 해석하는 디자인 씽커를 의미합니다.

디자인 씽커Design Thinker는 사용자가 직면할 수 있는 잠재적인 문제를 파악하고 예방하는 등 사용자와의 명확한 커뮤니케이션에 중점을 둡니다. 결과적으로, 사용자 경험의 핵심적인 역할을 수행합니다. 사용자에게 필요한 정보를 적시에 제공하기 위해 최적의 단어와 해당 단어가 들어갈 레이아웃을 결정하는 것이 그들의 임무입니다. 하지만 콘텐츠 전략가와는 다릅니다. 콘텐츠 전략가는 전략을 수립하고 팀에게 실행을 맡기지만, 콘텐츠 디자이너는 모든 단계에 관여하여 사용자 중심의 문구를 디자인합니다.

전자는 UX 라이팅과 콘텐츠 디자인을 협의 측면에서 바라본 시각을 나타내며, 후자는 광의 측면에서 바라본 시각을 보여줍니다. 그러나 두 사례 모두를 광의 측면에서 바라볼 때, 두 직무가 실제로 매우 유사하다는 사실을 강조하고 있습니다.

이어서, 대중적 시각인 채용 공고에 나타난 직무 요구 사항을 살펴볼 필요가 있습니다. 대중적 시각은 채용 공고에 기재된 직무 설명Job Description을 의미하며, 기업과 구직자 모두가 공유하는 시각입니다. 그래서 외국의 UX 라이팅과 콘텐츠 디자인 채용 공고에서 공통된 요소를 추출해 보았습니다.

· 사용자를 최우선으로 생각해요.
· UX 라이팅 가이드라인을 만들고 관리해요.
· 메이커스(Makers)와 끊임없는 커뮤니케이션을 통해 최고의 사용자 경험을 만들어요.
· 프로젝트의 초기부터 마지막 단계까지 모든 단계에 참여해요.
· UX 라이팅 가이드라인을 업데이트하고 교육해요.
· 회사의 브랜드 가치를 담아 라이팅을 진행해요.

- AB 테스트 등을 진행하여 UX 라이팅을 최적화해요.
- 특정 프로덕트에 대한 콘텐츠 전략을 구성하고 사용자가 쉽고 명확히 이해하게 문구를 작성해요.

직무 설명[JD]을 살펴보면 '문구를 읽는 대상, 목적, 사용 단어의 특징'이 같습니다. 이는 UX 라이팅과 콘텐츠 디자인이 실제로 매우 유사한 역할을 수행한다는 것을 시사합니다. 콘텐츠 디자인이라는 용어가 UX 라이팅의 이전 형태로 사용되었기 때문에 이러한 유사성이 자연스럽게 나타나는 결과일 것입니다.

❸ UX 라이팅 안에 마이크로카피 개념이 있다.

▲ UX 라이팅 안에 마이크로카피 개념이 있다.

UX 라이팅은 사용자 경험에 관련된 모든 언어적 요소를 다루는 반면, 마이크로카피[Microcopy]는 사용자의 주요 행동을 유도하는 짧고 행동 지향적인 문구를 다룹니다. 보통 CTA[Call To Action] 버튼에 사용되는 문구가 대표적인 예죠. 마이크로카피는 사용자에게 동기를 부여하고, 다음 행동을 예측할 수 있는 결과 지향적 단어를 제시해야 합니다.

▲ 구글이 사용자의 심리와 필요를 세심하게 고려한 결과

구글의 호텔 예약 서비스를 통해 UX 라이팅과 마이크로카피의 중요성을 살펴보겠습니다. 2017년 구글 I/O에서 구글의 UX 라이터 매기 스탠필[Maggie Stanphill]과 그의 팀은 '객실 예약[Book a room]'이라는 표현을 구체적이고 행동 지향적인 '예약 가능 여부 확인[Check availability]'으로 변경했습니다. 이 작은 변화로 인해 사용자의 버튼을 누르는 행위가 17% 증가했습니다. 이 증가의 배경에는 다음과 같은 두 가지 문제가 있었습니다.

첫째, 사용자들은 아직 예약을 하기에는 이르다고 생각했습니다. 호텔 예약을 고려할 때 사용자는 일정, 객실, 가격 등을 모두 고려합니다. 그러나 앞에 해당되는 정보를 확인할 수 없는 상황에서 [객실 예약] 버튼을 클릭하면 예약 페이지로 이동할 것으로 예상되어, 버튼을 클릭하지 않았습니다.

둘째, [객실 예약] 버튼을 클릭했을 때 어떤 일이 발생하는지 명확하게 알려주지 않았습니다. 사용자들은 버튼 클릭 시 예약 페이지로 이동할 것이라 생각했지만, 실제로는 다른 페이지로 이동되었습니다. 이러한 불일치는 사용자들의 혼란을 가중시키고, 결국 서비스 이탈을 유발했습니다.

'예약 가능 여부 확인'이라는 새로운 표현은 위의 문제를 해결하는 열쇠가 되었습니다. 이 표현은 아직 예약을 하기에는 부담스러운 사용자의 심리를 고려한 표현으로, 사용자에게 예약이 가능한지 확인해 보도록 하는 동기를 제공했습니다. 또한, 다음에 일어날 결과를 정확하게 예측할 수 있도록 안내했죠. 이를 통해서 사용자의 혼란이 줄어들었고, 서비스 이탈률도 낮아지는 결과를 만들었습니다.

이렇듯 마이크로카피가 사용자가 서비스를 이용하는 과정에서 직면하는 잠재적인 혼란이나 문제를 최소화하고, 사용자가 서비스를 더 쉽고 즐겁게 이용할 수 있도록 도와준다는 역할을 확인할 수 있습니다.

❹ UX 라이팅 안에 콘텐츠 전략 개념이 있다.

콘텐츠 전략^{Content Strategy}은 사용자에게 메시지를 효과적으로 전달하기 위한 체계적인 방법론을 의미합니다. 이는 사용자 경험을 향상시키는 것을 목표로 하면서 동시에 비즈니스 목표 달성을 위해 콘텐츠의 생성, 관리 그리고 배포 과정에서 고품질과 일관성을 유지하는 것을 중요시합니다.

콘텐츠 전략의 핵심은 두 가지 요소로 설명할 수 있습니다. 첫 번째는 콘텐츠 라이프 사이클^{Content Life-Cyle}, 콘텐츠의 전체 수명주기를 체계적으로 이해하고 관리하는 것입니다. 콘텐츠 라이프 사이클은 다음과 같은 주요 단계로 구성됩니다.

- **감사(Audit)**: 현재의 콘텐츠 상태를 평가하는 단계
- **전략(Strategy)**: 목표 달성을 위한 방향성 설정
- **계획(Plan)**: 구체적인 실행 계획 수립
- **생성(Create)**: 콘텐츠 제작
- **유지(Maintain)**: 콘텐츠를 지속적으로 관리하고 최신 상태로 유지하는 과정

두 번째는 네 가지 핵심 구성 요소를 고려하는 것으로, 구성 요소들은 다음과 같습니다.

01 **편집 전략(Editorial Strategy)**

콘텐츠의 목적, 어조, 스타일을 명확히 정의하는 과정으로, 콘텐츠가 어떻게 사용자 경험과 상호 작용을 하는지 고려합니다. 이는 콘텐츠 디자인을 수립하는 경험 디자인과 밀접하게 연결되죠. 편집 전략을 통해 콘텐츠 목표를 설정하고, 타깃 대상에 맞는 적절한 어조와 스타일을 결정합니다.

02 **경험 디자인(Experience Design)**

사용자의 관점에서 콘텐츠를 디자인하며, 이를 통해 콘텐츠와 사용자 경험의 상호 작용을 최적화합니다. 이 과정은 사용자가 웹사이트, 앱, 또는 다른 디지털 플랫폼에서 콘텐츠를 더 쉽고 효과적으로 이해하고 활용할 수 있도록 도와줍니다. 경험 디자인은 사용자 인터페이스, 정보 구조, 내비게이션, 시각적 디자인을 포함하여 콘텐츠 디자인을 최적화하는 데 중점을 둡니다.

03 **구조 엔지니어링(Structure Engineering)**

콘텐츠의 구조와 정보를 체계적으로 조직하는 역할을 담당합니다. 콘텐츠의 계층 구조, 메타데이터, 분류 체계 등을 설계하고 관리함으로써, 콘텐츠의 효율성과 접근성을 향상시킵니다. 또한, 사용자가 원하는 정보를 쉽게 찾을 수 있도록 도와주며, 검색 엔진 최적화(Search Engine Optimization)를 고려해 콘텐츠가 더 광범위한 대중에게 발견될 수 있도록 합니다.

04 **프로세스 디자인(Process Design)**

콘텐츠 생성과 관리를 위한 효율적인 프로세스를 설계합니다. 콘텐츠 작성, 편집, 검토, 배포, 업데이트 등의 단계를 체계적으로 정의하고 관리함으로써, 콘텐츠 제작의 생산성과 품질을 향상시키는 데 기여합니다. 효율적인 프로세스 디자인은 다양한 팀과 이해관계자 간의 협업을 원활하게 조정하고, 시간 및 비용을 절감하여 콘텐츠 관리를 효과적으로 수행하도록 돕습니다.

UX 라이팅에서 콘텐츠 전략은 다양한 터치 포인트[디지털 프로덕트의 사용자 인터페이스, 웹사이트, 앱 등]를 통해 콘텐츠의 목표 설정, 제작, 관리, 배포를 다룹니다. 터치 포인트 간 일관된 메시지를 제공하여, 사용자의 니즈를 충족시키고 서비스의 비즈니스 목표를 달성하는 데 도움을 줍니다.

콘텐츠 전략의 주요 책임자는 조직의 구조에 따라 UX 디자이너 또는 UX 라이터, UX 기획자가 될 수 있으며 콘텐츠 원칙, 정책, 보이스 톤, 로드맵, 검수 등 다양한 역할을 수행합니다. 콘텐츠 전략가는 여러 경로를 통해 콘텐츠를 수집하고, 이를 제작하기 위해 다양한 부서와 협력합니다. 예를 들어, 블로그와 기타 장문 콘텐츠는 콘텐츠 에디터가, 사용자 인터페이스의 문구와 메시지는 UX 라이터가 작성합니다. 또한, 그래픽 디자이너는 시각적 요소를, UI/UX 디자이너는 사용자 인터페이스를 디자인합니다. 요컨대, UX 라이팅에서의 콘텐츠 전략은 프로덕트 사용자 경험을 개선하고 비즈니스 목표를 달성하기 위하여 콘텐츠 제작과 운영을 조율하는 중요한 역할을 합니다.

국내 기업 중 콘텐츠 전략가를 보유한 곳은 쿠팡으로, 앞서 콘텐츠 전략과 동일한 역할을 수행하고 있습니다.

coupang

쿠팡은 고객 경험을 직접적으로 설계하고 내부 구성원들을 위한 콘텐츠 제작을 통해 업무 효율성을 향상시키며 서비스의 질을 높이는 역할을 합니다. 또한, 채용과 브랜딩 분야에서도 쿠팡만의 목소리를 담은 콘텐츠를 통해 브랜드 가치를 전달하고 있습니다.[4] 쿠팡과 같이 콘텐츠 전략은 고품질의 콘텐츠를 프로덕트 내외로 제공함으로써, 브랜드 충성도와 인지도를 증가시킵니다. 유용하고 가치 있는 콘텐츠는 사용자와의 신뢰로 이어지고, 긍정적인 인상을 남겨 장기적으로 사용자와의 관계를 유지하게 만들죠. 결과적으로 콘텐츠 전략은 프로덕트의 사용자로 전환시키고, 브랜드 가치를 전달하며, 궁극적으로 판매와 수익성을 증가시키는 데 도움을 줍니다.

---

[4] 출처 – https://brunch.co.kr/@coupangdesign/65

UX 라이터란 누구인가?

아메리칸 익스프레스^{American Express}의 선임 UX 라이터 리리 나가오
^{Riri Nagao}는 UX 라이팅을 다음과 같이 설명합니다.

> UX 라이팅은 상당히 복잡합니다.
> 직무 명에 글쓰기라는 단어가 포함되어
> 있지만, 실제 하는 업무의 일부에 불과합
> 니다.[5]

▲ 아메리칸 익스프레스(American Express) 시니어
UX 라이터 리리 나가오(Riri Nagao)[6]

UX 라이터의 업무는 단순히 글을 쓰는 것만이 아닙니다. 글 한 줄 한 줄을 UX 디자이너의 시각으로 바라보며 문제를 탐색하고, 사용자 친화적인 방식으로 접근해야 하죠. 이를 위해 UX 라이터는 다양한 배경을 지닌 사람들과 깊은 대화를 나누며, 서비스 전반을 횡적으로 검토하는 중요한 역할을 맡습니다.

'횡적으로 검토한다.'는 것은 서비스 내 다양한 프로덕트를 폭넓게 이해하고 검토하는 과정을 의미합니다. 이를 통해 사용자가 프로덕트를 쉽게 이해하고 사용할 수 있는 사용자 친화적인 콘텐츠 작성에 주력하죠.

구글 지도 UX 라이터 티파니 리[Tiffany Lee]는 인터뷰에서 사용자 친화적인 콘텐츠 작성에 대한 자신의 접근법을 공유했습니다.

저는 프로젝트의 맥락을 파악하고 검증하는 과정에 대부분의 시간을 소비합니다. 해당 프로덕트에 대한 지식이 없는 상태에서도 효과적으로 글을 쓸 수 있는 사람은 없기 때문이에요. 그래서 저는 단어 하나라도 입력하기 전에 디자이너, 프로덕트 관리자, 개발자, 동료 UX 라이터, 그리고 연구원들과 끊임없이 소통하고 있습니다. UX 라이터가 프로덕트 전반에 관여하는 이유는 그들이 지식의 중심 역할을 맡기 때문이에요.[7]

▲ 구글 지도 UX 라이터 티파니 리(Tiffany Lee)

[b] "UX writing is extremely complex. Even though the name of the role includes the word writing, it's actually a sliver of what I do."
  • 출처 – https://medium.com/ux-writers-learn/week-2-role-of-the-ux-writer-and-how-they-fit-in-the-design-process-969f3919a256
[6] 출처 – https://www.linkedin.com/in/ririnagao
[7] 출처 – https://blog.prototypr.io/interview-with-a-ux-writer-from-google-d465275109f0

티파니 리에 따르면, UX 라이터는 사용자가 프로덕트를 사용하는 '맥락'을 이해하는 것이 매우 중요하다고 강조합니다. 이러한 맥락을 파악하는 데에는 '리서치'와 '의사소통'이 중요한 역할을 한다고 하죠.

리서치는 주로 사용자 조사를 통해 이루어지며, 그 목표는 사용자의 맥락을 이해해 적절한 문구로 사용자 경험을 개선하는 것입니다. 티파니 리는 사용자의 맥락을 이해하지 못하면 효과적인 문구를 작성하기 어렵다고 언급했습니다. 리서치 과정에는 사용자 조사와 분석, 경쟁사 분석, 벤치마킹 등이 포함되며, 이를 통해 사용자의 요구와 니즈를 파악합니다. 그 후에는 조사 결과를 기반으로 적절한 콘텐츠 전략을 수립하고, 사용자가 프로덕트를 쉽게 이해하고 원하는 목표를 달성할 수 있도록 문구를 작성합니다.

리서치를 마친 후 UX 라이터는 프로덕트에 관련된 다양한 이해 관계자들과 소통을 시작합니다. 그들은 사용자의 시선을 통해 프로덕트를 평가하고, 문구를 통해 사용자와 비즈니스 측면의 목소리를 조화롭게 전달합니다. 이러한 역할은 프로덕트에 사용되는 문구를 최적화하는 것을 포함하여 다음과 같은 두 가지 주요 요소를 갖추고 있습니다.

❶ 문구는 비즈니스 성과에 기여해야 한다.

사용자 경험을 향상시키는 문구 작성은 비즈니스 목표를 달성하기 위한 목적을 반영해야 하죠. UX 라이터가 작성한 문구는 사용자의 참여와 구매 전환에 직접적인 영향을 미쳐야 합니다. 예를 들어 토레이 파드마저스키[Torrey Podmajersky]의 연구에 따르면 명확하고 간결한 CTA[Call To Action] 버튼은 사용자의 클릭 유도에 효과적입니다.

❷ 문구는 사용자의 관점을 명확하게 대변해야 한다.

이는 사용자가 원하는 목표를 빠르게 달성할 수 있도록 도와주는 의사소통을 의미하죠. 따라서 UX 라이터는 프로덕트가 사용자와 명확하게 소통하고 효과적으로 작동할 수 있도록 보장합니다.

사용자는 문구를 통해 프로덕트를 자연스럽게 이해하고 사용합니다. 문구가 없다면, 사용자는 어떻게 행동해야 할지 알 수 없게 됩니다. 시각적인 이미지만으로는 프로덕트의 기능과 이점을 충분히 전달하기 어렵습니다. 일상에서 우리가 얼마나 자연스럽게 문구를 통해 정보를 얻고 있는지를 생각해 보면 이는 명백합니다. 사용자에게 '읽기'는 익숙한 활동이므로 다음 예를 한번 살펴보겠습니다.

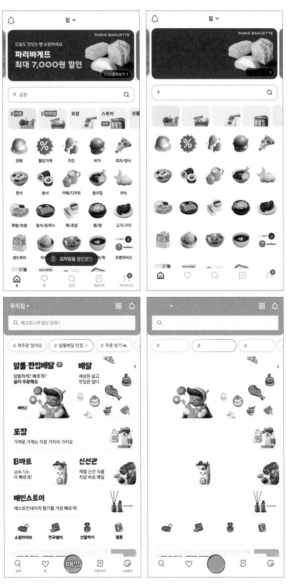

▲ 텍스트를 제거한 인터페이스 − 요기요(위), 배달의 민족(아래)

앞의 예를 통해 우리는 문구가 프로덕트를 쉽게 사용할 수 있도록 돕는 내비게이터 역할을 한다는 사실을 다시 한 번 상기하게 됩니다. 또한, 사용자는 시각적 자극보다는 문구를 통한 정보 전달을 더 자주 접하며, 이를 통해 자연스럽게 피드백을 받아들인다는 것도 알 수 있죠. 문구는 이미지만으로 설명하기 어려운 부분을 보완해주며, 이는 결코 부가적인 역할이 아닙니다.

문구와 이미지는 모두 사용자가 프로덕트를 쉽게 이해하고 사용할 수 있도록 돕는 중요한 역할을 합니다. 이 두 매체는 서로를 보완하며, 프로덕트가 UX 라이터를 간과하고 이미지에만 초점을 맞출 경우, 사용자는 의미를 파악하는 데 더 많은 시간과 노력을 소모할 것입니다.

과거에는 많은 사람이 문구가 인터페이스에 부담을 준다고 생각했고, 아무도 문구를 읽지 않을 것이라고 주장했습니다. 하지만 시간이 지나면서 웹이나 앱 서비스에서 문구의 중요성이 점점 더 부각되고 있으며 UX 라이터라는 직무의 등장이 이를 증명하고 있습니다. UX 라이터는 마치 오프라인 매장의 직원처럼 온라인에서 프로덕트를 소개하고, 구매를 유도하며, 구매 시 필요한 정보를 제공합니다. 따라서 UX 라이터는 사용자가 필요로 하는 정보를 명확하게 전달하는 중요한 역할을 담당하고 있습니다.

UX 라이터의 업무 방식

사용자가 서비스에서 멀어지지 않도록 하려면, 그들이 겪는 어려움을 최소화해야 합니다. 그렇다면 어떻게 사용자의 어려움을 줄일 수 있을까요? UX 라이터는 여러 팀원과 대화하며 프로덕트를 더욱 잘 이해해야 합니다. 이는 프로덕트 전체를 사용자 시각에서 바라보는 역할이기 때문이죠. 이를 위해 UX 라이터는 프로덕트 전반에 대한 깊은 이해가 필요합니다.

UX 라이터의 업무 이해 범주	Rocket 담당자 Rocket Product	Warehouse 담당자 Warehouse Product	Payment 담당자 Payment Product
	• 프로젝트 오너 • 디자이너 • 개발자 • 미게디	• 프로젝트 오너 • 디자이너 • 개발자 • 마케터	• 프로젝트 오너 • 디자이너 • 개발자 • 마케터

▲ UX 라이터의 업무 이해 범주

프로넉트 담당자, 디자이너, 개발자, 마케티는 각자의 전문 분야를 깊이 있게 이해하고 있습니다. 반면 UX 라이터는 그들이 이해한 영역을 모두 숙지해야 하죠. 이는 전체 서비스 방향을 고려하여 일관된 메시지와 어조로 사용자에게 정보를 전달할 수 있게 해줍니다. 이를 위해 다음과 같은 세 가지 능력이 필요합니다.

01   사용자와 프로덕트 간의 상호 작용을 철저히 파악해야 합니다.
      사용자의 프로덕트 사용 방식과 문구들의 연결성을 고려해야 하죠. 사용자 경험의 흐름을 이해
      하고, 발생할 수 있는 문제를 사전에 예측하여 해결해야 합니다.

02   서비스 전반에 걸친 일관된 메시지 전략을 세워야 합니다.
      서비스의 각 부분에서 동일한 목소리와 어조를 유지하는 것이 중요하며, 이는 사용자에게 신뢰
      감을 줄 수 있습니다.

03   사용자의 요구를 정확히 이해해야 합니다.
      사용자의 프로덕트 사용 성향을 파악하고, 맞춤형 콘텐츠를 제공해야 합니다. 필요한 정보를 명
      확하게 전달하고, 콘텐츠를 통해 프로덕트의 방향성을 반영함으로써 사용자 요구를 충족시킬
      수 있습니다.

UX 라이터가 서비스를 전반적으로 파악하기 위해 필요한 자료는 무엇일까요? 주로 UX를 문구 중심으로 이해할 수 있는 자료가 그 대상입니다. 회사마다 사용하는 용어가 다르겠지만, 일반적으로는 다음과 같이 세 가지로 정리할 수 있습니다.

- 사용자 플로우(User Flow)
- PRD(Product Requirement Document)
- 문구 초안

사용자 플로우

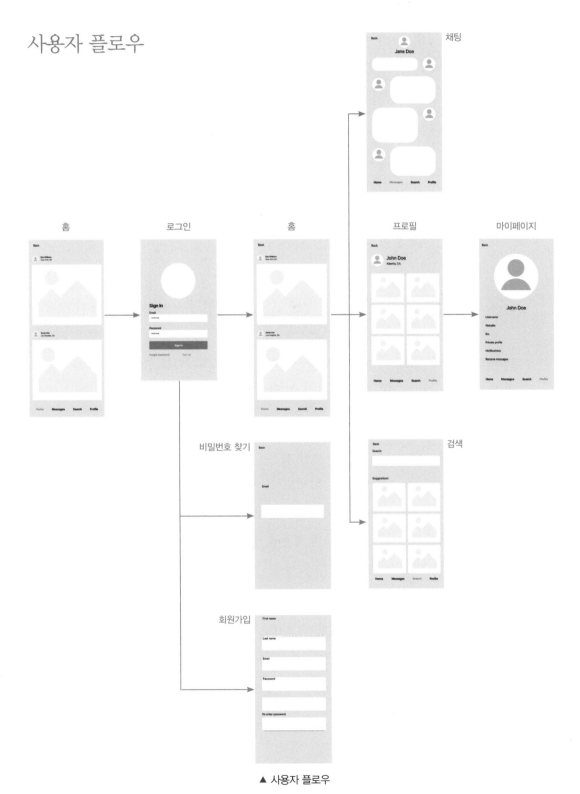

홈　　　　로그인　　　　홈　　　　프로필　　　　마이페이지

채팅

비밀번호 찾기

검색

회원가입

▲ 사용자 플로우

사용자 플로우는 UX 라이디에게 매우 중요한 자료입니다. 이는 사용자가 프로덕트나 서비스를 어떻게 사용하는지를 시각적으로 보여주는 그림 또는 다이어그램으로, 사용자의 경험을 쉽게 이해할 수 있도록 도와줍니다.

사용자 플로우는 디지털 프로덕트를 이용하는 과정에서 사용자가 겪는 경험의 전체적인 흐름을 나타냅니다. 이는 사용자의 상호 작용을 기반으로 작성되고, 각 기능을 사용할 때 어떤 단계를 거치며, 필요로 하는 정보는 무엇인지 등 사용자의 경험을 세밀하게 분석하는 데 중요한 자료입니다. 사용자 플로우를 분석하는 것은 프로덕트의 사용성을 향상시키는 데 필수적이며, 이를 통해 사용자 경험을 개선할 수 있습니다.

이러한 사용자 플로우 분석은 조사와 사용자 테스트를 통해 얻은 정보를 기반으로 이루어집니다. 이 과정에서는 사용자가 프로덕트나 서비스를 사용하는 동안 겪는 어려움과 만족도를 다양한 피드백을 통해 파악합니다. 이를 통해 사용자의 경험을 더욱 개선할 방법을 모색하며, UX 라이터에게 사용자와의 소통에 대한 중요한 통찰력을 제공합니다.

UX 라이터는 이러한 사용자 플로우 분석 결과를 바탕으로 사용자가 필요로 하는 정보를 제공하거나, 목표를 달성할 수 있도록 안내 문구를 작성합니다. 이를 통해 사용자가 프로덕트를 보다 효율적으로 사용할 수 있도록 돕는 역할을 합니다. 사용자의 만족도를 높이고 프로덕트의 가치를 향상시키는 데 기여하며, 사용자 플로우를 깊이 이해함으로써 사용자 중심의 접근 방식을 강화할 수 있습니다.

사용자 플로우가 UX 라이터에게 주어지지 않는다면, 프로덕트의 사용자 맥락을 파악하는 데 어려움을 겪을 것입니다. 그러므로 사용자 플로우는 UX 라이팅 작업을 위한 필수적인 자료로서, 중요한 역할을 합니다.

프로덕트 요구 사항 정의서, PRD

▲ 프로덕트 개발에서 필수적인 도구인 프로덕트 요구 사항 정의서, PRD(Product Requirements Document)

프로덕트 요구 사항 문서인 PRD^{Product Requirements Document}는 프로덕트 개발에서 필수적인 도구로 모든 기능, 기술 사양, 사용자 요구 사항 등을 상세히 기록합니다. 이 문서는 프로젝트 관리자, 개발자, 디자이너 등 프로덕트 팀 내의 모든 구성원이 프로덕트 개발의 방향성과 목표를 명확하게 이해하고, 각자의 역할에 따라 필요한 작업을 효율적으로 진행할 수 있도록 돕습니다. 이를 통해 소통 누수를 최소화하고 효율적인 협업을 끌어내 프로젝트의 성공 가능성을 높입니다.

특히, UX 라이터에게 PRD는 매우 중요한 자료입니다. UX 라이터는 사용자가 프로덕트를 사용하며 느낄 수 있는 경험을 설계하는 역할을 맡으며, 프로덕트의 목표를 효과적으로 전달하기 위해 콘텐츠를 기획하고 설계합니다.

PRD를 통해 프로덕트의 기능, 목표, 타깃 사용자 등에 대한 깊은 이해를 얻으면 이를 기반으로 일관된 보이스 톤과 스타일을 가진 콘텐츠를 만들 수 있습니다. 이는 사용자가 프로덕트를 직관적으로 이해하고 사용할 수 있게 함으로써 사용자 경험을 향상시키는 데 기여합니다. 따라서 PRD는 UX 라이터가 프로덕트의 핵심 가치와 사용자의 요구를 파악하여 고품질의 콘텐츠를 제작하는 데 필수적입니다.

문구 초안

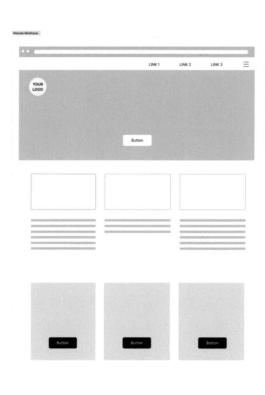

프로덕트의 초안 작성은 글쓰기 능력뿐만 아니라 프로덕트의 본질과 가치를 이해하고, 이를 사용자에게 효과적으로 전달할 수 있는 능력이 필요합니다. 따라서 초안은 주로 프로덕트 오너나 디자이너와 같이 해당 프로덕트에 대한 깊은 이해도를 지닌 직무가 적는 것이 적합합니다. 이들은 프로덕트의 기능, 설계 및 사용자 경험을 깊이 이해하고 있기 때문에 중요한 내용을 누락하지 않으면서도 프로덕트의 가치를 효과적으로 담아낼 수 있습니다.

만약 UX 라이터가 문구 초안을 작성한다면, 프로덕트 오너나 디자이너와의 의사소통이 비효율적으로 증가하게 됩니다. UX 라이터는 사용자 맥락과 프로덕트 기능을 올바르게 이해했는지, 필수 내용이 들어가 있는지 등을 확인하기 위해 불필요한 시간을 할애해야 하기 때문이죠. 이러한 측면에서 초안 이후에는 UX 라이터가 기술 용어와 전문 용어를 사용자가 이해하기 쉬운 언어로 번역하여 사용자가 복잡한 기능이나 특징을 쉽게 이해하고 그 가치를 인식할 수 있도록 도와야 합니다.

UX 라이터의 하루

07

UX 라이터의 업무 이해도가 낮을 경우, 다음과 같은 질문을 던질 수 있습니다.

"UX 라이터는 하루 종일 고작 글 수정만 하는 거야?"

이는 앞서 설명한 것처럼 UX 라이터 직무에 대한 인식이 충분히 자리하지 못해 던지는 질문입니다. 많은 기업이 UX 라이터를 마케팅이나 브랜딩 전략을 수립하는 역할로 오해하기도 하죠. 이로 인해 UX 라이터는 사용성

DAILY PLANNER

| 오늘 목표 : A서비스 문서 F/U, C서비스 작업 등 | DATE : 2023년 09월 30일 |

시간	TODAY SCHEDULE	
6시	기상 및 출근 준비	○
7시	출근 완료 및 하루 일정 정리	○
8시	서비스&프로덕트 사용자 맥락 파악	○
9시	미팅(A서비스 킥오프)	○
10시	미팅(A서비스 킥오프)	○
11시	미팅(B서비스 UT 참관)	○
12시	미팅(B서비스 UT 참관)	○
13시	미팅(C서비스 문구 작업)	○
14시	미팅(C서비스 문구 작업)	○
15시	미팅(D서비스 문구 전달)	○
16시	미팅(UX라이팅 가이드라인 운영 회의)	○
17시	미팅(UX라이팅 가이드라인 운영 회의)	○
18시	UX라이팅 가이드라인 작업	○
19시	UX라이팅 가이드라인 작업	○
20시	퇴근	○
21시	UX라이팅 업무 관리(재택)	○
22시	UX라이팅 다음 미팅 준비(재택)	○
23시	휴식	○
24시	휴식	○

▲ UX 라이터의 업무 계획

개선 작업보다는 광고 문구를 만들거나 브랜드 이미지를 강화하는 데 초점을 맞춰 작업을 요청받는 경우가 많습니다.

하지만 실제로 UX 라이터의 핵심 역할은 UI 내에서 사용자와 소통하는 문구를 작성하는 것입니다. 이 점을 결코 잊으면 안 됩니다. 이것은 UX 라이터를 채용하는 기업이나 해당 직무에 관심 있는 사람들에게도 동일합니다.

이러한 설명이 없었다면 좋았겠지만, UX 라이터를 채용하는 기업조차도 여전히 UX 라이터가 정확히 무엇을 하는지 이해하지 못하는 경우가 많습니다. 제가 만난 어떤 면접관은 다음과 같은 질문을 하기도 했습니다.

> *"UX 라이터로 들어오면 어떤 업무를 하나요? '그저' 프로덕트 내 문구만 수정하는 건가요? 문구 수정에 그렇게 많은 시간이 소요되나요?"*

여러 산업 분야에서 활동하는 UX 라이터들과의 대화를 통해, 많은 기업이 UX 라이터의 역할을 오해하고 있음을 깨달았습니다. 이들은 UX 라이터를 채용하나 실제로는 회사의 '문구 편집자'로 취급하는 경우가 많습니다.

특히, 앱이나 웹 서비스와 관련 없는 문구 수정을 요청하는 경우가 빈번합니다. 예를 들어, 사용성 개선을 위한 문구 수정이 아니라 창의적이고 사용자를 끌어들일 수 있는 카피라이팅을 작성하라는 요청을 받기도 합니다. 이는 전환율을 높일 수 있는 문구가 필요하다는 이유에서 비롯됩니다. 더욱이, 담당 카피라이터가 있는데도 불구하고 UX 라이터에게 이러한 요청을 하는 경우가 있죠. 이런 요청의 이유를 명확히 이해하기 어렵습니다.

이해하려 노력해 보면 요청받은 문구가 사용자가 이용하는 프로덕트와 직접적으로 연결되어 사용성 향상에 기여할 수 있다고 생각할 수 있습니다. 그러나 실제로는 마케팅 또는 브랜딩에 필요한 문구만 요청되며, 때로는 프로덕트 범주를 벗어난 문구 작성 요청도 하고는 합니다. 예를 들어, 오프라인 행사장에 사용할

입간판에 들어갈 문구를 작성해 달라고 하는 거죠.

이러한 요청들에는 공통점이 내재해 있습니다. UX 라이팅을 해 달라는 것이 아니라 '문구'를 수정해 달라는 것이죠. 그래서 저는 앞선 질문에 대해 다음과 같은 답변을 전달했습니다.

> "여러 분야에서 활동하는 UX 라이터들과의 교류를 통해 많은 기업이 UX 라이터의 진정한 역할에 대해 잘못 이해하고 있음을 발견했습니다. 이들은 UX 라이터를 단순히 '문구 편집자'로 여기며, 프로덕트의 사용성 개선이 아닌 마케팅과 브랜딩을 위한 카피라이팅에 초점을 맞추도록 요청합니다. 이는 사용자 경험을 향상시키기 위한 우리의 노력과는 거리가 멀고, 때로는 서비스와 관련 없는 내용의 작성을 요구하기도 합니다. 이러한 요청이 왜 이루어지는지 명확히 알 수 없으나 사용자 경험을 진정으로 개선하고자 한다면 UX 라이터의 역할을 제대로 이해하고 활용하는 것이 중요합니다."

이에 대한 내용을 아주 잘 설명한 문구가 있습니다. "숨겨진 언어의 정원을 가꾸는 정원사"[8]라는 문구입니다. 이에 대해 다음과 같이 부가 설명을 하고 있습니다.

> "앱 하나에는 정말이지 수많은 다른 기능들이 붙어 있어서 마치 거대한 개미굴처럼 끝없이 방이 이어지는 느낌이 들 때가 있어요. 제가 지하 도시 데린쿠유의 관리자로 고용되었는데, 몇 날 며칠을 돌아봐도 내가 담당해야 할 이 도시의 끝이 보이지 않는 그런 기분이랍니다."

---

[8] "가끔 스스로가 숨겨진 언어의 정원을 가꾸는 정원사 같다는 생각을 한다. 라인(LINE)과 같은 거대한 서비스 생태계에는 정말 많은 기능들이 존재하는데, 보통 각 기능의 텍스트들은 화초처럼 화면 이곳저곳에 피어 있다가 연관된 다른 기능의 텍스트 군락지로 스르르 이어지곤 한다. UI 텍스트들은 마치 생물 같아서 서비스 런칭 시에 생겼다가, 업데이트와 함께 변화하고, 서비스 종료로 인해 조용히 소멸된다.
나는 몇십만 개의 텍스트가 존재하는 이 거대한 언어의 정원이 꽤나 마음에 든다. 이들을 관리하는 일은 까다롭지만 무척 즐거운 일이기도 하다. 수많은 사용자들이 정원 한쪽 귀퉁이로 들어와 내가 심어놓은 언어의 잎사귀를 스치며 거닐다가, 다시 정원 저편으로 이동하는 것을 보고 있으면 마음이 평온해진다. 우리 사용자들이 잘 짜인 언어의 정원을 충분히 즐겼기를 바라며, 나는 오늘도 언어를 심고 가꾸는 일을 계속하고 있다."
• 출처 – 전주경, 「그렇게 쓰면 아무도 안 읽습니다」, 윌북, 273-274쪽.

UX 라이터는 겉으로 보이는 문구를 넘어서서, 서비스 전체를 아우르는 방대한 양의 문구를 관리합니다. 프로덕트를 처음부터 끝까지 직접 만들어 본 사람이라면 이 일이 얼마나 복잡하고 어려운지 이해할 수 있을 것입니다. 프로덕트 내 다양한 상황과 맥락을 파악하고, 그에 맞는 최적의 문구를 찾아내는 일은 결코 쉽지 않죠.

프로덕트를 만들 때 가장 기본이 되는 사용자 맥락에 따라서 사용자 플로우를 그려보고, 그에 맞는 문구를 작성하는 과정을 생각해 보세요. 이 과정에서 빠진 부분이 없는지, 사용자에게 더 도움이 될 수 있는 내용은 무엇인지 고민해 추가적인 문구를 제안합니다. 프로덕트 사용 흐름이 어색하다고 생각되면, 그 부분을 개선해야 한다고 의견도 제시합니다. 사용자 경험에 문제가 있다고 판단되면 UI 컴포넌트 변경까지 제안하는 것도 UX 라이터의 역할입니다.

이러한 역할은 특정 프로덕트에 국한되지 않습니다. 서비스가 하나의 프로덕트만을 운용하지 않기 때문에, 서비스 전반에 걸쳐 다양한 프로덕트를 고려해야 하는 거죠. 따라서 UX 라이터는 프로덕트를 이해하기 위하여 많은 시간을 할애하며, 필요한 경우 같은 결의 PRD를 면밀히 검토하고, 프로덕트 오너나 디자이너와 미팅을 진행해 사용자 맥락의 본질을 파악하려고 노력합니다.

간단히 말해서, UX 라이터는 프로덕트의 사용자 경험을 최적화하기 위해 서비스의 모든 문구를 면밀히 검토하고 조정하는 역할을 합니다. 이는 사용자에게 더 나은 경험을 제공하기 위한 중요한 과정입니다.

따라서 UX 라이터들의 일정은 회의로 꽉 차 있는 것이 일반적입니다. 이 회의들은 프로덕트를 이해하고, 구성원의 목적을 파악하기 위한 것이죠. 또한, 사용자가 서비스나 프로덕트를 어떻게 사용하는지 직접 확인하기 위한 UT^{Usability Test} 참석[9]도 그들의 일입니다.

---

[9] UT(Usability Test, 사용성 테스트)는 사용자 중심의 인터랙션 디자인에서 사용자를 대상으로 제품을 테스트하여 평가하는 기법입니다.

앞서 진행한 모든 작업은 사용자를 최우선으로 업무를 수행하기 위한 일입니다. 이를 기반으로 우리는 사용자가 어떻게 우리의 프로덕트를 쉽게 사용할 수 있을지에 대해 심도 깊게 고민하죠. 또한, 사용자와 우리 회사 사이의 비즈니스 관계를 강화하고자 문구를 통해 소통하는 전략을 마련합니다. 이 과정에서는 프로덕트 오너, 디자이너와 긴밀하게 협업하여 문구가 실제 기능을 반영하고 있는지, 목표가 명확히 설정되어 있는지, 그리고 비즈니스 맥락이 잘 표현되고 있는지 검토합니다. 새로운 기능을 도입할 때는 각 팀의 스프린트[10]를 고려해 다양한 프로덕트 간의 일관성이 유지될 수 있도록 세심한 계획을 세웁니다. 이처럼 여러 방면에서 고려해야 할 사항이 많기 때문에, UX 라이터가 실제 문구 작업에 할애할 수 있는 시간은 한정적입니다.

UX 라이터는 사용성 개선을 목표로 주로 정성적인 내용을 다루지만 때로는 정량적 데이터 분석을 통해 문제를 해결하는 능력도 필요합니다. 예를 들어, 병목 현상이 발생한 부분이 문구 변경으로 해결될 수 있는지를 데이터 기반으로 분석하고 해결 방안을 제안하는 것이죠. 하지만 데이터 분석은 간단한 작업이 아닙니다. 특히 팀 내에 별도의 데이터 분석팀이 없는 경우 UX 라이터가 직접 데이터를 수집하고 분석해야 하는 상황도 발생합니다.

데이터를 분석하여 문구를 개선하는 작업은 대체로 레거시 시스템^{Legacy System, 기존 시스템}의 문제점을 해결하는 데 초점을 맞춥니다. UX 라이터는 입사 초기에는 사용자 경험보다는 기존 시스템의 불필요한 부분을 제거하는 데 더 많은 주의를 기울일 수밖에 없습니다. 레거시 시스템을 정비하여, 새롭게 런칭하는 프로덕트나 기존 프로덕트와의 일관성을 유지하기 위해서죠.

그러나 UX 라이터 혼자 모든 프로덕트의 레거시 문제를 해결하기는 어렵습니다.

---

10 스프린트(Sprint)는 팀이 정한 작업 분량을 정해진 짧은 기간 동안 완료하는 시간 단위입니다. 예를 들어, 2주로 설정된 스프린트는 2주 동안 정해진 작업을 완료하는 방식입니다.

대부분의 한정된 리소스 안에서 UX 라이터를 운영하기 때문이죠. 이를 보완하기 위해 UX 라이터는 UX 라이팅 가이드라인을 마련하고 이를 팀원들과 공유하여 모든 구성원이 효과적인 UX 라이팅을 할 수 있도록 지원하는 것이 중요합니다. 이는 UX 라이팅이 단순히 UX 라이터만의 업무가 아니라, 전체 팀이 함께 개선해 나가야 할 부분임을 보여줍니다.

팀의 UX 라이팅 역량을 끌어올리기 위하여, UX 라이터는 가이드라인을 제작해 배포하고 이를 통한 교육을 실시합니다. UX 라이터가 아닌 팀 구성원들도 마치 UX 라이터처럼 문구를 작성할 수 있도록 돕기 위한 거죠. 교육은 기회가 될 때마다 자주 진행하는 것이 좋으며, 가이드라인의 중요성도 함께 강조해야 합니다. 구성원과 가이드라인을 친숙하게 만들기 위한 거죠.

하지만 이런 노력도 통하지 않을 가능성이 높습니다. 대부분의 설명서, 가이드라인처럼 참고하지 않는 경향이 있기 때문이죠. 이러한 상황을 예상하고 구성원이 가이드라인을 더 편안하게 사용할 수 있도록 독려하는 것 역시 UX 라이터의 중요한 역할 중 하나입니다.

위에 대한 고민은 가이드라인 운영 방식과 연계되는데, 토스$^{toss.im}$는 이러한 고민을 해결하기 위해 디자인 시스템에 UX 라이팅 검수 시스템을 통합했습니다. 구성원들에게 최대한 직관적이고 사용하기 쉬운 가이드라인을 제공함으로써, 효과적인 문구 수정 방법을 지원하는 거죠. 이러한 고민도 UX 라이터의 업무 범위에 포함됩니다.

UX 라이터의 팀

08

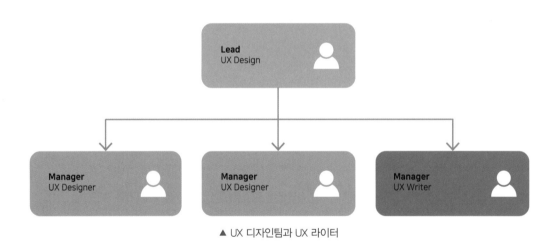

▲ UX 디자인팀과 UX 라이터

　　UX 라이터의 역할과 책임[R&R]은 속한 팀에 따라 달라지는데, 국내 대다수 기업에서는 UX 라이터가 UX 디자인팀에 속해 있습니다. 이는 UX 라이터가 디자이너의 시각에서 디자인 씽킹[Design Thinking]을 적용하여 문제를 정의하고, 이를 바탕으로 UI 컴포넌트 및 그래픽 내에 문구를 구성하기 때문이죠.

디자인적인 관점에서 업무를 수행할 때, 골든 서클 법칙을 따르는 것이 핵심입니다. 이는 문제 해결 과정에서 '왜Why'부터 시작하여, 마주한 문제의 근본 원인을 파악하는 것을 의미합니다. 이후 '어떻게How' 문제를 해결할지에 대한 방법을 고민하며 UI 컴포넌트와 그래픽에 적절한 문구를 배치하는 방식으로 접근합니다. 마지막으로는 '무엇What'이라는 UX 라이팅 결과물을 만들어 냅니다.

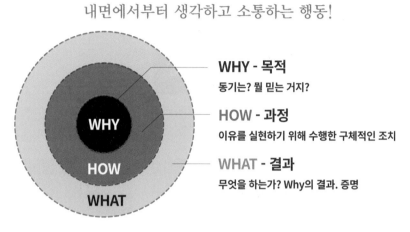

▲ 사이먼 사이넥(Simon Sinek)의 골든 서클(Golden Circle)

이러한 과정은 순서가 매우 중요합니다. 'Why-How-What'의 순서로 진행될 때, 사용자 중심으로 문제를 바라보고, 사용자를 깊이 이해해 올바른 해결책을 도출할 수 있습니다.

이 과정은 디자인 프로세스의 각 단계를 꿰뚫어 볼 수 있는 통찰력이 필요하며, UX 디자이너와의 긴밀한 협업을 요구합니다. UX 라이터와 디자이너는 함께 협력하여 디자인과 콘텐츠가 조화롭게 작동하는 전략을 수립해야 하죠. 이는 UI 컴포넌트에 알맞은 세부 규칙을 설정하여 콘텐츠 작성 방법을 일관되게 유지하는 것과 같은 구체적인 활동을 포함합니다. 콘텐츠와 디자인은 상호 보완적인 관계에 있으므로, 이러한 접근 방식이 가능합니다.

비록 UX 라이터는 프로덕트의 콘텐츠 전략을 담당하고 디자이너는 시각적 디자인과 사용자 상호 작용 디자인을 담당하지만 두 역할은 최적의 사용자 경험을 만드는 공통의 목표를 공유하고 있습니다. 이 공통의 목표를 향해 팀 내에서 협업할 때, 시너지가 발생합니다. 'UX 라이터는 프로덕트와 사용자 사이의 대화를 창조하고, 디자이너는 이 대화가 일어날 수 있는 직관적인 공간을 조성한다.'라고 비유할 수 있습니다.

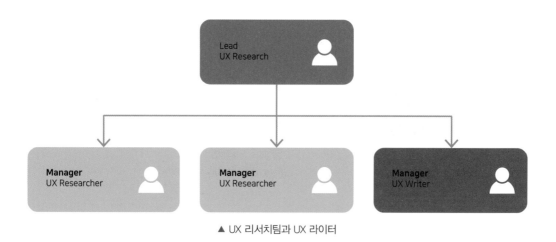

▲ UX 리서치팀과 UX 라이터

UX 라이터가 UX 리서치팀에 속하는 경우, 그들의 주요 업무와 우선순위는 크게 변하게 됩니다. 디자인팀의 일원일 때는 시각적 요소와 그 안에 담긴 콘텐츠의 조화에 주목하며 콘텐츠의 품질을 중점적으로 검토합니다. 반면, UX 리서치팀에 포함되면 사용자 조사와의 연결고리가 더욱 강해지며, 사용자의 요구와 프로덕트 사용 중 발생하는 문제들을 이해하고 해결하는 데 초점을 맞추게 됩니다.

이러한 위치에서 UX 라이터는 디자이너가 아닌 리서처와의 긴밀한 소통을 통해 리서치 결과와 사용자 피드백을 바탕으로 콘텐츠를 개선하는 역할을 맡습니다. 이 과정에서 사용자가 원하는 정보를 어떻게 효과적으로 전달할지, 어떤 단어나 문구가 적합할지에 대한 논의가 이루어지며 이때 디자인 요소보다는 콘텐츠의 질과 효과성에 더 큰 중점을 둡니다. 이는 UX 라이터의 디자인에 대한 이해도가 상대적으로 낮을 수 있기 때문이죠.

때로는 리서처와의 협력을 통해 문구의 효과를 검증하기 위한 사용성 테스트를 진행하기도 합니다. 이는 최적화된 문구를 찾아내는 데 매우 유용한 환경을 제공합니다. 이처럼 UX 리서치팀에 속한 UX 라이터는 사용자 중심의 콘텐츠를 만들기 위해 깊은 사용자 이해와 리서치 결과를 바탕으로 한 작업에 더 큰 비중을 두게 됩니다.

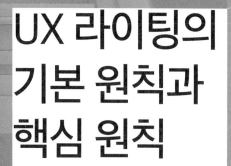

UX 라이팅의
기본 원칙과
핵심 원칙

UX 라이팅을 수행하는 UX 라이터의 기본
역량과 역할을 이해하며, UX 라이팅의 핵심
요소들을 자세히 살펴봅니다.

Part

2

좋은 UX 라이팅이란 무엇인가?

좋은 UX 라이터란 누구인가?

UX 라이터가 알아두면 좋은 콘텐츠 전략

전 세계가 UX 라이터에게 던진 네 가지 공통 질문

UX 라이팅에서 핵심 원칙은 왜 중요할까?

좋은 UX 라이팅이란 무엇인가?

01

UX 라이팅에 어떤 문제점이 있다고 가정해 봅시다. 이때, 우리는 어떻게 해야 할까요? 바로 질문을 던져야 합니다. 질문을 던지는 이유는 문제를 다시 정의하기 위해서입니다. 그러면 질문은 어떻게 던져야 할까요? 여기서 질문은 '이게 무슨 의미야?'라는 표면적인 의미를 알아내기 위한 것이 아닙니다. UX 라이팅에 내재되어 있는 문제를 밖으로 꺼내기 위한 질문인 거죠. 기존 문제를 UX 라이터의 시선으로 정의하는 행동이 좋은 UX 라이팅을 위한 첫 번째 조건입니다.

질문을 던지기 전, 우리는 두 가지에 집중해야 합니다. 하나는 '사용자'입니다. 사용자에게 집중할 때, 서비스의 비즈니스 방향성도 함께 살펴봐야 합니다.

구체적으로 설명하자면, 문구를 작성한 구성원의 입장에서 문구를 바라보면 이해하기 수월합니다. 구성원이 작성한 문구의 목표 끝에는 매출이 있을 겁니다. 사용자가 우리 서비스로부터 원하는 바를 얻으면 매출과 직결되기 때문이죠.

▲ 문제를 다시 정의하기 위한 질문

'매출을 위해 작성한 문구의 방향성을 중심'으로 문제 정의를 시작해야 합니다. 이와 같이 서비스의 비즈니스 방향성을 토대로 수립한 가이드라인이 UX 라이팅 '원칙Principle'입니다. UX 라이팅에서 말하는 원칙에는 기업의 비전과 핵심 가치가 포함됩니다. 기업이 추구하는 가치를 UX 라이팅으로 드러내는 거죠.

UX 라이팅은 사용성만 개선하지 않습니다. 비즈니스 방향성, 브랜드 이미지, 핵심 가치 등 회사 전반의 이미지를 담아냅니다. 하지만 아직 UX 라이팅을 도입한지 얼마 안 된 회사라면, 이 부분은 나중으로 미뤄두어도 좋습니다. 사용성 개선을 UX 라이팅의 최우선 달성 목표로 설정하고, UX 라이터의 역할과 책임R&R을 명확히 하는 것이 중요합니다.

비즈니스 방향성과 UX 라이팅의 관계를 기반으로, 앞서 말했던 두 가지 조건 중 하나인 사용자에게 집중해 보세요. 사용자라는 범주는 넓습니다. 다만, 좁힐 수 있는 질문이 있습니다. 세 가지 기본 사항과 각각의 사항을 구체화할 수 있는 질문 세 가지씩 안내드리고자 합니다.

사용자 특성 파악하기

사용자 특성을 알아보는 질문에는 크게 세 가지가 있습니다. 하지만 이 세 가지 질문을 던진다고 모든 특성을 파악할 수 있다는 말은 아닙니다. 대략적으로 우리 서비스를 사용하는 사용자의 특성을 파악하는 기본적인 방법이라는 점을 알아두시면 좋습니다.

❶ 사용자가 우리 서비스에 대해 무엇을 알고 있나요?

쉽게 설명하자면, 페르소나^{Persona}를 파악하는 질문입니다. 서비스가 거대할수록 한 그룹의 페르소나로 특정하기는 어렵습니다. 서비스가 거대하면 사용자의 범주도 넓기 때문이죠. 그래도 우리는 질문을 던져야 합니다. 대표 페르소나를 설정하고, 주 타깃을 파악하기 위해서죠. 이를 통해 우리 서비스 상에서 최대 효과를 얻을 수 있는 대상을 설정할 수 있습니다.

❷ 사용자가 우리 서비스로부터 원하는 것은 무엇인가요?

사용자가 우리 서비스로부터 느끼는 매력은 무엇인지 파악해야 합니다. 이어서 문구가 사용자에게 어떤 즐거운 경험을 주고 있는지, 개인화된 문구나 사용자의 공감을 끌어내는지, 그리고 문구를 통해 사용자가 유용한 정보를 얻는지도 확인해야 합니다.

❸ 사용자의 불만 사항은 무엇인가요?

사용자가 우리 서비스를 사용하면서 어려움을 겪었던 점을 파헤쳐야 합니다. 이 부분이 우리 서비스가 지니는 페인 포인트^{Pain Point, 문제}가 됩니다. 여기서 주목해야 할 점은 전문 용어, 기술 용어 등 이해하기 어려운 용어나 명확하지 않은 문구, 일관성 없는 문구 등이 해당될 거예요.

위의 세 가지 질문을 통해 우리가 주목해야 할 점은 다음과 같습니다.

> *"UX 라이터는 사용자에 대해 더 많이 알아야 UX 라이팅으로 사용자에게 더 많은 도움을 줄 수 있습니다."*

사용자 서비스 이용 환경 이해하기

UX 라이팅의 사용성과 직결된 원칙 중 하나가 있습니다. 바로 '접근성[1]'입니다. 대부분의 서비스는 '모든 사용자가 동등하게 이용할 수 있기'를 바랍니다. 이를 실행할 수 있게 만들어 주는 원칙이 접근성이죠.

이 접근성을 고려하여 우리는 다음과 같은 질문을 던져야 합니다.

❶ 사용자는 어디에 살고 있나요?

이 질문은 인구통계학적 접근을 통해 답할 수 있습니다. 우리 서비스를 사용하는 연령대는 어떻게 구성되어 있는지, 그들의 교육 수준은 어느 정도인지, 문화적 특성은 어떻게 되는지 등을 꼼꼼하게 살펴봐야 합니다.

❷ 어떤 기기를 주로 사용하나요?

사용자가 서비스를 이용할 때, 앱이나 웹 중 어떤 환경에서 사용하는지 고려해야 합니다. 현재는 모바일 시대이기 때문에 많은 사용자가 모바일 앱을 주로 이용합니다. 하지만 연령대나 서비스의 특징에 따라 웹 환경을 이용하는 사용자도 많으니, 이 부분을 충분히 고려해야 합니다. 또한, 주 타깃이 모바일 앱 환경이라면 안드로이드와 iOS 비율도 파악하여 알맞은 전략을 수립해야 합니다.

❸ 사용자 서비스 환경 여건을 고려했을 때, 사용자의 불만 사항은 무엇인가요?

사용자 특성에서 던졌던 질문과 동일하게 사용자의 문제[Pain Point]를 파악해야 합니다. 서비스가 개선해야 할 사항의 대표적인 예로 글로벌 서비스를 운영한다면 언어적인 문제나 문화적 차이 등이 발생할 수 있습니다. 이러한 문제는 현지화[Localization]를 통해 해결할 수 있습니다.

---

1 접근성(Accessibility)은 산업 디자인, 사용자 인터페이스 디자인, 건축, 시스템 공학, 인간공학 등의 분야에서 쓰이는 용어로, 사용자의 신체적 특성이나 지역, 나이, 지식수준, 기술, 체험과 같은 제한 사항을 고려해 가능한 한 많은 사용자가 불편 없이 이용할 수 있도록 프로젝트, 서비스를 만들어 제공하고 이를 평가할 때 쓰이는 말입니다.

위의 세 가지 질문을 통해 우리가 주목해야 할 점은 다음과 같습니다.

"서비스 이용 시 사용자가 놓인 환경을 이해하면, UX 라이팅은 해당 환경에 알맞은 콘텐츠와 언어를 제공하여 사용자에게 더 나은 경험을 제공할 수 있습니다."

사용자 여정 지도

사용자가 우리 서비스를 이용하게 된 경위에 대해 고민해 본 적이 있나요? 사용자가 서비스를 이용하게 된 배경을 살펴보면, 그들의 니즈를 파악할 수 있습니다. 이를 제대로 이해하면, 맞춤형 광고나 특정 채널에 맞는 콘텐츠 전략을 세울 수 있습니다. 이러한 접근은 UX 라이팅에서 중요한 역할을 합니다.

❶ 사용자는 어디서 우리 서비스를 처음 접하게 됐나요?

관련 서비스를 검색하다 우연히 발견했거나 소셜 미디어에서 광고를 보거나 지인들의 추천으로 서비스를 접할 수도 있습니다.

❷ 사용자는 우리 서비스를 사용하기 전 어떤 서비스를 사용하고 있었을까요?

사용자가 서비스를 이용하기 시작한 계기를 파악하는 것은 매우 중요합니다. 그들이 이전에 이용했던 서비스와 우리 서비스 간의 차별점을 이해함으로써 우리 서비스의 강점을 발전시킬 수 있는 기반을 마련할 수 있습니다.

❸ 사용자가 우리 서비스를 처음 접하고 난 후, 어떤 행동을 할 수 있을까요?

사용자가 우리 서비스를 쉽고 빠르게 이용하도록 가이드를 설계하는 데 필요한 질문입니다. 이는 사용자가 서비스를 처음 접할 때 중요한 역할을 합니다. 구체적인 행동을 따를 수 있는 지침은 새로운 사용자가 서비스를 빠르게 이해하고 활용할 수 있도록 도와줍니다. UX 라이터는 이러한 지침을 설계하여 사용자와 서비스 간의 상호 작용을 원활하게 만드는 역할을 수행합니다. 사용자가 서비스를 이용할 때 어떤 흐름을 따라야 하는지, 어떤 동선을 따라 이동해야 하는지를 파악하는 것이 중요합니다. 이러한 동선을 기반으로 UX 라이팅 콘텐츠를 설계하면 사용자 경험이 향상되고 서비스 이용이 원활해집니다.

위의 세 가지 질문을 통해 우리가 주목해야 할 점은 다음과 같습니다.

"사용자 여정 지도를 고려해 UX 라이팅을 하면 사용자에게 일관된 메시지 그리고 매력적인 메시지를 전달하여, 최고의 사용자 경험을 만들 수 있습니다."

위의 질문을 생각하며 저 스스로에게 질문을 던졌습니다. 'UX 라이팅이 사용자 경험을 좋게 만드는 방법은 무엇일까?' 결론은 디터 람스[Dieter Rams]의 'Less but Better[최소한 그러나 더 나은]'가 떠오르더군요.

디터 람스는 "디자인은 단순함을 추구해야 한다."라고 말합니다. 시각적인 화려함보다는 단순함 속에 디자인의 본질을 담아낼 수 있다는 것입니다. UX 라이팅 역시, 수식어를 제거했을 때 문구의 본질이 드러나게 됩니다. 문구가 담아내는 기능과 목적을 또렷하게 사용자에게 전달할 수 있죠.

디자이너 조너선 아이브[Jonathan Ive]도 단순함을 추구했습니다. 그 결과가 아이폰입니다. 이에 대해 스티브 잡스[Steve Jobs]는 "단순함은 궁극적인 정교함이다."라는 말을 남겼습니다. 저는 아이폰이 국내에 처음 들어왔을 때를 기억합니다. 아이폰을 보고 제 주변 사람들은 다들 이렇게 말했습니다. "버튼이 없으면 어떻게 휴대폰을 사용할 수 있어?"라고 말입니다. 동시에 아이폰 사용법을 보며 충격을 받았습니다. "이것이 가능하구나!"라는 말과 함께 말입니다.

이 같은 관점에서 사용자에게 간결한 문구로 최적의 효율을 제공하는 것이 최고의 UX 라이팅이라 생각합니다. 한때 '문구 없이 디자인만으로 사용자가 목적지에 도달할 방법은 무엇일까?'라는 생각을 해본 적이 있습니다. 하지만 그건 불가능하다는 결론에 도달하더군요. 문구 없는 UX를 완성할 수 없었습니다. 문구는 UX에서 상당히 중요한 요소였던 거죠. 그래서 UX 라이터라는 직무도 생겨나지 않았을까 합니다.

앞선 이야기를 이어가면 '단순함을 추구한다.'는 곧 '간결성'으로 이어집니다. 간결성을 추구하다 보면 명확성과 상충하는 일이 발생합니다. 특정한 내용을 명확하게 전달하려면 부연 설명이 필요합니다. 이 부연 설명을 위해서 간결성이라는 원칙을 깨뜨려야 할 때도 있는 거죠. 이런 상황에서는 사용자 맥락상 간결성이 중요한지, 명확성이 중요한지 우선순위를 따져 봐야 합니다.

Journal of Next-generation Convergence Information Services Technology
ISSN 2384-101X(p) 2672-1163(e)

Vol.11, No.4, August (2022), pp.407-417
http://dx.doi.org/10.29056/jncist.2022.08.06

모바일 금융 애플리케이션 라이팅 사용자 경험 연구
: KB스타뱅킹과 신한 쏠(SOL)을 중심으로

A Study of UX Writing on Mobile Banking Application
: Focused on KB Star Banking and Shinhan SOL

정희주1, 김승인2*

▲ 〈모바일 금융 애플리케이션 라이팅 사용자 경험 연구: KB스타뱅킹과 신한 쏠(SOL)을 중심으로〉

최근 연구에 따르면 명확성이 서비스의 신뢰도를 높여준다는 결과가 있습니다.[2] 간결성보다 명확성을 우선해야 한다는 결과로 이어지죠. 하지만 다음의 특성에 집중해야 합니다. 바로 '금융 산업'이라는 특성입니다.

---

[2] 정희주, 김승희, 〈모바일 금융 애플리케이션 라이팅 사용자 경험 연구: KB스타뱅킹과 신한 쏠(SOL)을 중심으로〉, 2022.

금융 산업은 심리적 장벽이 높은 영역입니다. 또한, '돈', '재산'과 연관되어 있어 보수적입니다. 보수적인 산업군은 말을 쉽게 써주는 것, 구체적으로 설명해 주는 것을 긍정적으로 여깁니다. 그리고 사용자는 대체로 많은 시간을 할애하여 실수하지 않게 살펴보는 경향도 무시할 수 없습니다. 이렇듯 사용자 특성에 따라서 간결성과 명확성 중, 우선순위가 정해지게 됩니다.

하지만 두 요소를 어우러지게 쓰는 것이 UX 라이터의 고급 기술입니다. 명확성과 간결성 간의 비율을 조율하여 문구를 작성하는 것이죠. 여기서 UX 라이터의 역량 차이가 발생합니다. 가끔 〈KBS 우리말 겨루기〉를 보면 '어, 아는 단어인데 떠오르지 않네.'라는 말을 입 밖으로 꺼내는 사람들을 마주합니다.

이 말을 외친 사람들은 그 단어를 진짜로 알고 있을까요? 아닙니다. 단어의 의미, 적합한 예시 그리고 실제 용례를 알지 못하기 때문이죠. 그런 의미에서 앞서 말한 문장은 '나는 그 단어를 모른다.'라고 선언하는 행동입니다. UX 라이팅을 예로 들면 '단어의 느낌을 알지만 정확한 단어를 떠올리지 못했다.'라는 건 'UX 작업을 수행하지 못했다.'와 같은 의미입니다.

그러면 UX 라이팅을 위해 '단어'를 학습하는 것은 역량 강화에 도움이 될까요? 특히, 〈KBS 우리말 겨루기〉, 「KBS 한국어 능력 시험」, 「토클TOKL, 국어능력인증 시험」 준비가 UX 라이팅 역량 향상에 도움이 될까요? 저는 '아니요'라고 말할 수 있습니다.

이 세 가지 시험에는 한 가지 특징이 있습니다. 사람들이 '일상에서 사용하지 않는 단어'가 시험 문제로 나옵니다. 일반 대중이 사용하는 단어가 아니라, 시험을 위한 단어들로 구성되어 있는 거죠.

그러면 UX 라이터는 '어떤 단어'를 익혀야 할까요? 서비스의 단어와 사용자의 언어를 학습하세요. 먼 곳을 내다보지 말고, 바로 앞을 내다봤을 때, 필요한 단어들을 찾아낼 수 있습니다. 그리고 '사전'으로 정리하세요. 구성원과 공유하여 일관된 언어를 구성할 수 있습니다.

실제 제가 행했던 예시를 들고자 합니다. 과거 리걸테크^{법률과 기술의 결합으로 새롭게 탄생한 서비스} 기업에 재직했을 때, 초기 스타트업이라 UT^{Usability Test}를 진행할 여력이 없었습니다. 사용자의 언어를 접할 기회가 없었던 거죠. 대신 대표이사가 사용자와 상담하는 통화를 많이 들을 수 있었습니다. 이때, 각각의 용어를 어떻게 설명하는지, 사용자는 어떻게 받아들이는지 관찰하여 용어를 정리했습니다. 대표이사의 언어는 공급자의 언어, 상담자의 언어는 사용자의 언어로 정리하여, 공급자의 언어를 사용자의 언어로 '번역'했습니다.

번역할 때 사용자가 사용하는 실제 용례를 찾아봤습니다. 해당 용어를 일반인들이 블로그에서 사용하는 방식을 찾아 분석했고, 분석 결과를 중심으로 문구를 수정했습니다. 수정 후 사용자의 이해도를 측정해 보니 이해도가 상승했습니다. 이해도 상승의 원인은 간단했는데, '사용자가 일상에서 사용하던 용어'를 사용한 점이었습니다. 평소 접하던 용어라 사용자들은 어렵지 않게 받아들일 수 있었던 것입니다.

이처럼 UX 라이터는 전문 용어와 기술 용어를 분해하여 사용자 중심 용어로 재구성하는 것이 중요합니다. 수많은 단어를 나열하고, 재구성하다 보면 그 끝에는 서비스에 적합한 단어만 남게 됩니다. 이때 놓치면 안 되는 것이 있습니다. '사용자 맥락', 그 안에서 단어를 재구성해야 사용자 언어로 번역할 수 있습니다.

좋은 UX 라이터란 누구인가?

좋은 UX 라이터는 누구일까요? 아니, 좋은 UX 라이터는 무엇을 잘할까요? 한국어 문법을 잘 아는 사람이 좋은 UX 라이터일까요? 더 많은 어휘를 알고 다양한 표현을 하는 사람이 좋은 UX 라이터일까요? 앞선 조건들은 좋은 UX 라이터가 되기 위한 최소 조건입니다.

내용을 바꿔 질문을 던질 수 있습니다. 좋은 UX 라이터는 어떠한 과정을 거쳐 UX 라이팅 결과물을 만들까요? 구성원과의 원활한 커뮤니케이션을 통해 UX 라이팅 결과물을 만듭니다. 그래서 좋은 UX 라이터의 제1조건은 커뮤니케이션 역량입니다. 이 외에도 필요한 스킬은 하드 스킬과 소프트 스킬로 나눌 수 있습니다. 다음의 내용은 UX 라이터 직무 전환 코치와 UX 라이팅 커뮤니티 질문을 통합하여 정리한 내용입니다.

하드 스킬

하드 스킬은 직무 수행에 필요한 전문 기술입니다. 이런 스킬은 학습과 경험을 통해 습득할 수 있습니다. 노력과 학습을 통해 습득할 수 있는 명시적인 지식과 기술입니다. 실무 경험을 통해 더욱 성장할 수 있는 암묵적인 경험도 포함될 수 있습니다.

UX 라이팅 작성 능력

UX 라이팅은 글쓰기의 기본기가 필요한데, UX 요소가 추가되면서 새로운 요구 사항이 생깁니다. 특히, 모바일 환경에 적합한 문체와 글쓰기 기술이 필요합니다. 짧고 간결한 문장을 사용하고, 구어체를 선호하는 경향이 있습니다.

UX 라이터는 UI 컴포넌트나 메시지에 맞는 문구를 작성합니다. 이를 위해서는 앞서 언급한 능력이 요구됩니다. 예를 들어 UI 컴포넌트에 사용하는 문구는 길이에 제한이 있습니다. PRD^{Product Requirements Document, 프로덕트 요구 사항 정의서}나 초안이 너무 길어질 경우, UX 라이터는 문구를 압축해야 합니다. 이는 UI 컴포넌트의 기능과 문구의 역할, 그리고 작성자의 의도를 모두 고려하여 수행됩니다.

UI/UX 디자인 기초

UX 라이터는 디자인 감각이 필수는 아니지만, 디자이너처럼 사고해야 합니다. 디자인을 처음부터 다시 하진 않지만, 문구에 적합한 디자인 요소에 대해 UX 디자이너에게 의견을 전달할 의무가 있죠. 또한, 탄탄한 기초가 있다면 디자이너와 원활한 커뮤니케이션을 할 수 있습니다. 회사별로 정립된 디자인 원칙을 논의하고, UI 컴포넌트에 적합한 문구 가이드도 제공할 수 있습니다.

UX 디자인 기초를 배우면 사용자 페르소나를 기반으로 '사용자 여정 지도'를 그릴 수 있습니다. 사용자 플로우를 직접 그려보고, 그에 알맞은 메시지를 전달할 수 있죠. 사용자 페르소나가 있다면, 공급자의 시선에서 벗어나 사용자의 시선으로 디자인을 평가할 수 있습니다.

언어 능력

문해력, 텍스트 검토 능력, 편집 능력은 필수적입니다. 이런 능력은 UX 라이팅 가이드라인을 제작할 때 큰 도움이 됩니다. 이는 현장에서 실용적으로 활용할 수 있는 능력입니다. 또한, UX 라이터로서 협업 대상자들을 설득하는 데 유용하게 활용할 수 있습니다.

대부분의 한국인이라면 모든 형태소를 분석하는 방법이나 단어의 모든 뜻, 어문 규정에 나온 모든 어법, 예외 규칙을 담아낸 띄어 쓰기 등을 모두 숙지하지 않습니다. UX 라이터도 마찬가지입니다. 대신에 사전을 많이 참고하고 용례와 실례를 찾아보며 적합한 예시를 도출하죠. 이는 사용자의 이해도를 향상시키기 위한 노력입니다. 또한, 다양한 툴을 탐색하고 적용 방법에 대하여 고민하는 것도 유용한 방법입니다.

UX 라이팅 가이드라인 운영 능력

기업에 UX 라이터가 있다는 것은 UX 라이팅 가이드라인이 '존재하거나', '만들어지고 있다.'라고 할 수 있습니다. 국내 기업 중 UX 라이팅 가이드라인이 있는 곳은 드뭅니다 기업의 첫 번째 UX 라이터라면 UX 라이팅 가이드라인을 '만들어야' 할 것입니다. 기업에 따라, 로드맵 수립 방식에 따라 가이드라인 수립 기간이 다릅니다. 이미 거대한 기업이라면 1년을 잡고 진행해 보세요. 서비스 A to Z를 검토하고, 서비스, 구성원, 사용자에게 적합한 가이드라인을 제작하면 됩니다.

다만 놓치면 안 되는 점이 있습니다. UX 라이팅 가이드라인은 끊임없이 성장하는 유기체와 같습니다. 기업의 비즈니스 방향성에 맞춰 변화하죠. 시장이 변화

하면 기업의 비즈니스도 변화합니다. 이를 놓치지 않고 UX 라이팅 가이드라인
을 업데이트해야 합니다.

디자인 툴 역량

UX 라이터는 프로덕트 문구를 다루며, 프로덕트는 디자인 툴 안에서 만들어지
므로 디자인 툴을 능숙하게 다뤄야 합니다. 현 시점에 한 가지 툴만 다룰 수 있
다면 충분하다고 생각합니다. 바로 피그마Figma입니다. 물론, 디자이너가 아니기
때문에 피그마의 세부 기능을 모두 다룰 필요는 없습니다. 다만, 문구를 프로덕
트에 적용할 수 있는 능력이 필요합니다.

피그마를 이용하여 디자이너와의 공동 작업을 원활히 할 수 있고, 프로덕트에
직접 문구를 적용해 보며 결과물을 구현할 수 있습니다. 문구를 시각화하여 전
달하면, 설득 포인트를 보여줄 수 있습니다. 실제 변화를 짚어내 보여주기 때문에,
설득력이 높아집니다. UX 라이터가 결과에 대해 설명하기도 편합니다.

소프트 스킬

소프트 스킬은 하드 스킬보다 습득하기 어렵습니다. 기준이 개인의 인성과 습관
에 따라 달라지기 때문이죠. 암묵지가 형성되어도 개성에 따라 달라지는데, 이 부
분까지 충분히 소화할 수 있어야 소프트 스킬이 역량으로 발전할 수 있습니다.

공감 능력

UX 라이터는 구성원에게 공감하지 않습니다. 협업 시에는 필요하지만 문구를 작업할 때는 '사용자'에게 공감해야 합니다. 사용자의 마음으로 서비스를 보고 문구를 읽어내며, 사용자에게 적합한 문구를 찾아내야 합니다. 공감 능력은 문구에서 드러나는 미묘한 차이를 발견할 수 있고, 적합한 단어로 수정할 기회를 창출합니다. 공감 능력을 이해할 때 주의점은 '동정'과 혼동하지 않는 겁니다.

영문으로 동정^{Sympathy}과 공감^{Empathy}은 유사해 보이지만 어원을 거슬러 올라가면 큰 차이가 있습니다. 동정은 그리스어인 'Sun^{함께}'과 'Pathos^{감정}'를 합친 데서 연유합니다. 동정은 어떤 사람의 바깥에서 그의 어려움과 고통을 이해하는 데 그칩니다.

반면에 공감은 그리스어인 'Em^{안}'과 'Pathos^{감정}'를 합친 데서 연유합니다. 타인의 감정을 그의 안에 들어가서, 마치 그 사람의 가죽을 입고 느끼듯이 이해하는 것입니다.

동정은 고통을 겪고 있는 주체의 아픔을 이해하는 것처럼 보이지만, 동시에 철저히 타자화합니다. 고통을 겪는 사람을 연민하지만, 그 아픔에 개입하지는 않는 것입니다. 따라서 동정심은 나와 고통을 느끼는 주체 사이의 관계를 단절시킵니다.

반면, 공감은 고통을 겪는 사람의 입장에서 세상을 바라보고 생각하는 것입니다. 진심 어린 공감은 타인이 고통을 실제로 덜어주며, 그 행위로 이어집니다. UX 라이터가 사용자를 이해하기 위한 키워드 하나를 꼽으라면 '공감'을 꼽을 수 있습니다.

끈기와 호기심

하나의 문구를 작성하기 위해 수많은 질문과 고민을 하는 행위를 하나의 단어로 바꾸면 '끈기'가 됩니다. 단어 하나, 문장 하나, 문단 하나가 사용자를 위해 작성했는지, 사용자 플로우에 따라 적절한 단어가 들어갔는지, PRD 문서와 비교했을 때, 기능이 제대로 구현이 되었는지 등을 시도 때도 없이 고민해야 합니다.

호기심은 사용자 이해, 지속적인 학습, 창의적인 문제 해결, 사용자 니즈를 발견하기 위해 필요합니다. 사용자 이해는 사용자가 특정 기능을 사용하는 이유, 사용자의 어려움, 사용자의 니즈를 발견하는 데 도움을 줍니다.

UX 라이터는 지속적인 학습이 필요합니다. 최신 트렌드, 디자인 도구, UX 라이팅 기술을 습득해야 하며, 실무에 적용해야 합니다. 번뜩이는 아이디어도 중요하지만, 트렌드에 기반한 새로운 관점으로 사용자에게 접근해야 합니다. 최전선에서 사용자를 만나는 직무로서 사용자가 좋아할 것을 탐색할 필요가 있는 거죠.

공급자가 파악한 사용자 니즈는 제한적일 것입니다. 공급자는 사용자가 될 수 없다는 특징 때문이죠. 다만, UX 라이터는 사용자가 내면에 간직한 니즈를 발견하는 시야를 가져야 합니다. 호기심이 많다면 끊임없이 사용자의 행동을 관찰할 것이고, 그 안에서 기존에 발견하지 못한 새로운 가치를 발견할 수 있습니다. 이 가치에 적합한 문구를 제공하는 것, 그것이 UX 라이터의 역할입니다.

소통을 받아들일 열린 마음

소통을 받아들일 열린 마음은 '솔직한 커뮤니케이션'을 의미합니다. 솔직한 커뮤니케이션은 다음 네 가지 이유로 인해 필요합니다.

❶ 솔직한 커뮤니케이션은 프로젝트 성공에 중요한 역할을 한다.

UX 라이터는 프로덕트의 사용자 경험을 설계합니다. 프로젝트 초기부터 투입되어 구성원과 프로덕트의 목표, 사용자 요구 사항에 대하여 명확한 이해를 논의합니다. 논의를 바탕으로 프로젝트의 방향성을 정하고 사용자 중심의 콘텐츠를 구성합니다.

또한, UX 라이터는 UX의 문제점, 개선 사항을 파악하고 구성원과 공유합니다. 이때 진솔한 커뮤니케이션이 프로덕트의 성장을 돕는 원동력이 됩니다. UX 라이터는 명확한 커뮤니케이션, 간결한 커뮤니케이션을 통해 원활한 협업을 이뤄낼 수 있습니다.

❷ 불필요한 오해와 갈등을 방지한다.

UX 라이터는 사용자의 의견을 전달합니다. UX 라이터의 주관적인 의견이 아닌, 사용자라는 객관적인 의견을 전달하는 역할이죠. UX 라이터는 문구 작성 시 개인의 취향을 배제해야 합니다. 객관적인 시선으로 문구가 사용자 이해에 도움이 되는지만 판단할 뿐이죠.

❸ 피드백과 아이디어를 자유롭게 주고받아야 한다.

글은 작성하다 보면 자기 생각에 매몰됩니다. 매몰된 상황을 벗어나는 방법은 구성원의 피드백입니다. UX 라이터가 놓친 지점을 구성원이 포착해 의견을 줄 수 있습니다. 또한, 피드백은 구성원의 생각과 의견을 함축합니다. 그들이 바라는 바가 담긴 것이죠. 피드백은 논의의 개념도 함축합니다. 의견을 주고받으며 문구의 방향성을 정할 수 있는 거죠. 구성원의 피드백을 반영해 최종 작업물의 퀄리티를 높이세요.

❹ 솔직한 커뮤니케이션은 신뢰를 구축하는 데 도움이 된다.

커뮤니케이션은 구성원들이 서로에 대해 알아가게 만드는 도구입니다. 다만 여기서 말하는 '앎'이란 사적 정보가 아닙니다. 업무 시, 개인의 성향, 능력 등을 파악하는 것을 의미합니다. 협업 방식에 대한 이해도를 높이면, 수월하게 작업을 진행할 수 있습니다.

그리고 구성원 사이에 신뢰가 구축되면 협업을 적극적으로 할 수 있습니다. 구성원들은 솔직하게 자기 생각을 표현하고, 표현에 대해 상처받지 않습니다. 서로를 믿기 때문에 자유로운 의견을 제시하며, 적극적인 참여로 이어집니다. 적극적인 참여는 문제 해결과 결정을 빠르게 진행하며, 팀 성과를 향상시키는 데 이바지합니다.

신뢰는 협업에서 중요한 역할을 합니다. 구성원 간 심리적 안정감이 형성되면 구성원은 업무에서 발생한 실수를 겸허히 받아들이며 동시에 같은 일이 재발하지 않도록 노력합니다. 이후 실수도 두려워하지 않게 됩니다.

또한, 건강한 대화를 통해 갈등을 해소할 수 있습니다. 구성원 간 갈등은 피할 수 없습니다. 모든 구성원의 의견이 같을 수 없기 때문이죠. 신뢰는 이 갈등을 해소를 넘어 논의로 발전시켜 건설적인 방향으로 나아가도록 돕습니다.

UX 라이터가 알아두면
좋은 콘텐츠 전략

03

　　　　다양한 UX 라이팅 아티클^{Article, 글 또는 기사}을 참고하고 실무를 경험하며,
UX 라이터에게 유용한 다섯 가지 팁을 정리했습니다.

F 패턴 활용하기

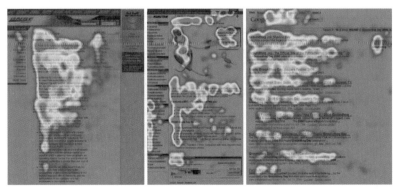

▲ 닐슨 노먼 그룹의 시선 추적 연구[3]

닐슨 노먼 그룹의 시선 추적 연구에서 사용자는 콘텐츠 영역의 상단을 수평으로 읽기 시작합니다. 'F'의 위쪽 막대를 구성한 다음, 사용자는 조금 내려와 다시 수평으로 읽되 이전보다 더 짧은 영역만 읽습니다. 마지막으로 사용자는 수평이 아닌, 수직으로 콘텐츠의 왼편을 훑어봅니다. 이처럼 느리고 규칙적인 형태로 이루어지는데, F의 축을 이룹니다. 이렇게 완성된 것이 F 패턴입니다.

F 패턴은 사용자가 웹 페이지 콘텐츠를 효율적으로 읽는 방식을 설명할 수 있습니다. '사용자는 모든 텍스트를 읽지 않습니다.'라고 말할 수 있는데 긍정적인 표현으로 바꾸면, '사용자는 텍스트를 효율적으로 읽습니다.'입니다. 즉, 사용자는 원하는 정보만 골라서 확인하는 것이죠.

▲ 사용자가 웹이나 앱 페이지를 읽는 F 패턴 방법

F 패턴은 웹 페이지 콘텐츠에만 적용되지 않습니다. 모바일 콘텐츠에서도 동일하게 적용되어 UX 디자인에서 중요한 개념으로 꼽힙니다. F 패턴을 기반으로

---

3 닐슨 노먼 그룹의 시선 추적 연구에 따르면 왼쪽에서 오른쪽으로 읽는 문화권의 사용자들은 일반적으로 문자 F 또는 E처럼 보이는 패턴으로 콘텐츠를 훑어보는 것으로 나타났습니다. 사용자가 가장 많이 본 영역은 빨간색, 그다음은 노란색, 가장 적게 본 영역이 파란색으로 표시되어 있습니다.
　• 출처 – https://www.nngroup.com/articles/f-shaped-pattern-reading-web-content-discovered

웹 페이지와 앱의 레이아웃을 설계하면, 사용자가 콘텐츠를 쉽게 읽고 빠르게 이해할 수 있습니다. 사용자의 이해도를 높여 사용자 경험을 개선하는 데 도움이 되는 측면에서 UX 라이터에게 꼭 필요한 요소이죠.

UX 라이터는 F 패턴에 따라 콘텐츠를 구성합니다. 사용자의 시선을 고려하여 핵심 요소나 흥미로운 정보를 앞에 배치합니다. 이때, 정보의 위계를 구성하며 크기, 굵기 또는 색상 등을 활용합니다. 주의할 점은 공급자가 아닌, 사용자의 입장에서 생각하고 작성해야 합니다. 즉, 사용자를 위한 글쓰기를 해야 하죠.

사용자를 위한 글쓰기

사용자를 위한 글쓰기란 우리가 사용자 자리에 앉아서 글을 쓴다는 느낌으로 이해할 수 있습니다. 그런데 실제로 우리는 사용자가 아니니까 직접적으로 '사용자처럼 작성'하는 게 불가능하겠죠. 그래서 우리가 할 일은 사용자 페르소나를 만들어내는 것입니다.

사용자 페르소나를 기반으로 UX 라이팅을 하면 사용자의 마음을 공감하고 이해하는 게 가능해져서 목표에 더 가까워집니다. 간단한 설명도 더 자연스러워질 거예요. 그리고 이 작업을 반복하고 사용자의 행동 데이터를 축적하면 페르소나의 행동을 더 잘 이해할 수 있게 됩니다. 그 데이터를 활용해서 우리가 사용하는 언어를 조금 더 명확하게 만들어 보세요.

예를 들어 보겠습니다. '사용자 중심', '사용자 맥락', '사용자 입장' 같은 비슷한 용어들이죠. 이러한 용어들은 모두 UX 라이팅에서 사용자를 고려하는 행위가 공통으로 사용되는데, 그 뜻이 겹칠 수 있어 혼란스러울 때가 있습니다. 이럴 때는 각 용어의 구체적인 대상을 설정하면 문제를 해결할 수 있습니다.

'사용자 중심'을 예로 들면, 이 용어는 사용자의 목표와 필요에 따라 콘텐츠를 설계하는 것을 의미합니다. 사용자 중심으로 접근하면 사용자가 원하는 정보를 쉽게 찾을 수 있도록 문구를 작성하고, 사용자 경험을 최적화해 사용자가 콘텐츠를 효과적으로 활용할 수 있도록 돕습니다.

이런 식으로 용어를 명확히 해서 자신만의 기준을 세워보세요. 그럼 서비스를 분석할 때 자신만의 시각을 가지고 접근할 수 있고, 다른 사람들과는 다른 UX 라이팅을 수행할 수 있게 될 것입니다. 이게 바로 나라는 UX 라이터만의 강점이 될 거예요.

명확하고 간결한 언어 사용하기

명확하고 간결한 언어는 사용자가 정보를 쉽게 이해하고, 브랜드 메시지를 효과적으로 전달할 수 있게 도와줍니다. 이를 위해 다음의 세 가지 질문을 고려해야 합니다.

01   사용자에게 이 정보가 필요한가?

02   이 정보를 더 짧게 전달할 수 있는가?

03   내 목소리가 브랜드나 회사 이미지와 일치하는가?

이러한 질문들에 답하면 다음과 같은 효용이 있습니다.

· 불필요한 단어를 삭제하여 문장을 간결하게 만들 수 있다.
· 전문 용어를 간단한 용어로 바꾸고, 관련 없는 세부 사항을 제거하여 명확성을 높일 수 있다.
· 간결성과 명확성은 서로 보완적인 요소로 작용한다. 간결함이 명확함을 높이고, 명확함이 간결함을 가능하게 한다.

또한, 긍정의 언어는 사용자에게 명확한 의미를 전달합니다. 사람의 뇌는 부정적인 것을 인지하기 어려워, 부정의 언어를 읽었을 때 추가적인 사고 과정이 필요합니다. 그러나 '경고'나 '오류' 메시지 같은 경우에는 상황을 명확히 설명하기 위해 부정의 언어를 사용해야 합니다. 사용자가 상황의 부정성을 명확히 이해해야 하기 때문입니다. 따라서 긍정의 언어로 문장을 구성하는 것이 중요합니다.

보이스 톤 설정하고 고수하기

브랜드에 맞는 보이스 톤^{Voice and Tone}을 정립하는 것이 중요합니다. 모든 구성원은 정의된 보이스 톤에 따라 문구를 작성해야 하죠. 이를 위해 보이스 톤의 기준을 설정하고, 구성원끼리 이를 공유하여 공통된 목표를 설정해야 합니다.

이때, UX 라이터는 보이스 톤의 효용성을 교육을 통해 입증해야 합니다. 이는 구성원이 보이스 톤을 사용하도록 도와줍니다. 효용성은 외부로 드러나는 문구의 특징들이 될 수도 있고, 긍정적인 데이터 지표가 될 수도 있습니다. 서비스 내부에서 사용하는 특정 방식을 기준으로 증명해야 하죠.

일관된 보이스 톤은 사용자와 친근감을 형성하고, 신뢰를 구축할 수 있는 토대가 됩니다. 이러한 신뢰는 사용자와의 공감에서 시작합니다. 프로덕트가 사용자를 이해해 주는 보이스 톤으로 대화할 때 사용자는 프로덕트에 대한 신뢰를 쌓습니다.

일관된 보이스 톤을 유지하면서도 단조로운 톤에 주의해야 합니다. 단조로운 톤은 사용자의 흥미를 잃게 할 수 있어, 서비스 이탈로 이어질 수 있습니다. 따라서 보이스 톤을 사용자가 마주하는 다양한 상황에 맞게 조절해야 합니다. 이를 위해 사용자가 주로 경험하는 상황을 유형화하여 고려하는 게 도움이 됩니다.

시각적 계층 구조 구성하기

시각적 계층 구조는 글머리 기호, 글자 크기, 색상 등을 이용하여 글의 중요도를 나타내는 것입니다. 이를 통해 사용자는 주요 내용을 빠르게 인지하고 찾을 수 있습니다. 하지만 이 구조가 모든 글에 적용되는 것은 아닙니다. 특히, 서비스 하단에 위치하는 유의 사항이나 안내 사항과 같은 경우에 해당합니다.

시각적 계층 구조를 형성하는 네 가지 방법을 요약하면 다음과 같습니다.

01   타이틀과 문단 분리하기

02   타이포그래피, 색상 및 서식 변형 통해 여러 요소 분리하기

03   글머리 기호와 번호 목록을 사용해 가독성 높이기

04   UI 컴포넌트에서 글의 공간 제약 유의하기

이 네 가지 방법을 모두 적용할 필요는 없습니다. 각각의 UX 라이팅 요소에 맞게 선별하여 적용하면 되죠. 이를 통해 사용자는 정보를 쉽고 빠르게 파악할 수 있으며, 서비스를 효과적으로 활용할 수 있을 것입니다.

전 세계가 UX 라이터에게 던진
네 가지 공통 질문

04

       UX 라이터 커뮤니티를 운영하고, 다른 직무와 협업하며 많은 질문을 받습니다. 그러면서 떠오른 궁금증을 정리했습니다. 이러한 궁금증은 나 자신의 성장과 관련된 의문이었습니다. 사수 없이 성장하면서 올바른 방향으로 나아가고 있는지에 대한 걱정이었죠.

그러던 중 구글 지도 UX 라이터 티파니 리[Tiffany Lee]와 야엘 벤-데이비드[Yael Ben-David]의 글을 접하게 되었습니다. 그들의 이야기를 통해 국내외 UX 라이터가 겪는 고민이 유사하다는 것을 깨달았고, 이를 바탕으로 궁금증을 다시 정리

▲ 전 세계를 돌아다니며 UX 라이팅 강연을 하는 야엘 벤-데이비드(Yael Ben-David)[4]

---

[4] 야엘 벤-데이비드(Yael Ben-David)
- 미디엄 – https://yaelbendavid.medium.com/
- 링크드인 – https://www.linkedin.com/in/yael-ben-david/?originalSubdomain=il

해 보았습니다. 그리고 그에 대한 답변을 함께 확인할 수 있도록 준비했습니다.

Q1 UX 라이팅의 성공을 어떻게 측정하나요?

A 성공을 측정하기 위해서는 먼저 '성공'을 정의해야 합니다.

성공을 정의하는 방법은 다양합니다. 저는 주로 '사용자'를 중심으로 성공을 정의합니다. 사용자는 서비스에 따라 'User'와 'Customer'로 구분됩니다.

'User'는 주로 활성화된 사용자로, 트래픽에 기여하는 역할을 합니다. 반면 'Customer'는 구매를 한 사용자로, 매출에 직접적으로 기여합니다. 이에 따라 성공의 정의는 달라질 수 있습니다.

예를 들어, 'Customer의 지표'를 성공의 기준으로 삼는다면 성공은 주로 '매출'입니다. 이 경우에는 사용자를 고객으로 전환하는 것이 중요합니다. 반면 'User의 지표'를 성공의 기준으로 삼는다면 성공은 주로 '트래픽'입니다. 이 경우에는 사용자를 활성화시키는 것이 중요합니다.

따라서 서비스가 중요하게 여기는 지표를 기준으로 성공을 정의하고, 적절한 콘텐츠 전략을 세우는 것이 중요합니다.

Q2 구성원과 협업 시, UX 라이팅 작업에 대한 동의를 얻으려면 어떻게 해야 하나요?

A 구성원과의 친밀감을 쌓아야 합니다.

구성원과의 친밀도는 팀 내 협업과 동기 부여에 큰 영향을 줍니다. 친밀감은 팀원들 간의 신뢰를 증진시켜 명확한 커뮤니케이션을 가능하게 합니다. 이는 의견을 자유롭게 나누고 문제를 해결하는 과정에서 중요한 역할을 합니다.

친밀도가 높아지면 팀원들은 서로에게 더 열린 태도로 접근하게 되어 서로의 강점을 최대한 활용할 수 있습니다. 이는 협업 과정에서의 효율성을 증진시키며,

팀의 목표 달성에 도움이 됩니다.

또한, 신뢰가 구축되어 있어 협업 과정에서 의사결정을 더 빠르고 효율적으로 할 수 있습니다. 서로의 역량을 잘 알고 있기 때문에, 각자의 장점을 최대한 활용할 수 있습니다. 이 장점은 협업 구성원의 동기 부여로 이어지기도 합니다. 목표가 개인의 것이 아닌 팀의 것으로 수렴하면서, 협업의 효율성이 증가합니다.

팀의 목표로 수렴하면, UX 라이팅 작업의 장애물이 사라집니다. 구성원 모두가 UX 라이팅을 공동의 목표를 위한 '도구'로 인식하며, 필수적인 작업으로 인식하게 됩니다. 불필요하다고 생각될 수 있는 이러한 과정은 실제로는 UX 라이팅의 필요성을 강조하는 과정입니다.

이 과정을 마치면 서베이, UT^{Userbility Test: 사용성 테스트}, AB 테스트, 데이터 분석 등을 활용하여 UX 라이팅의 객관적인 효과를 입증하세요. 데이터로 입증 가능한 작업을 우선적으로 수행하는 것이 가장 효과적입니다. AB 테스트와 전환 유도 CTA^{Call To Action, 행동 유도 또는 클릭 유도} 버튼 등이 이에 대표적인 예시입니다.

Q3 마케팅팀과 어떻게 협업하나요?

A 서비스에 UX 라이팅이 도입된 시점에 따라 다릅니다.

만약 UX 라이팅이 최근에 도입되었다면, 우선적으로 사용성 개선에 집중해야 합니다. UX 라이팅의 필요성을 바탕으로 마케팅팀과 공감대를 형성하는 것이 중요합니다. 이는 UX 라이팅과 카피라이팅의 개념을 명확하게 분리하고, 효과적인 협업을 위해 필수적입니다.

외국 사례를 참고하여 '콘텐츠 전략'을 강조하는 접근도 효과적일 수 있습니다. 그러나 국내에는 아직 UX 라이팅의 개념이 잘 정착되지 않은 상황이기 때문에, 우선적으로 서비스 내에서 UX 라이팅의 역할을 명확히 정립하는 것이 중요합니다.

서비스 내에 처음으로 UX 라이터가 투입된다면, UX 라이팅 가이드라인을 우선적으로 정립해야 합니다. 이를 통해 원칙과 규칙을 마케팅팀과 함께 협업하며 효율적인 커뮤니케이션을 구축할 수 있습니다. 단, 항상 사용성을 우선시해야 합니다. 단기적인 목표를 위해 비윤리적인 행위를 채택하지 않도록 주의해야 합니다. 이는 UX 라이팅의 본질을 해치는 행동입니다. 사용자 중심으로 더 나은 경험을 제공하는 것을 목표로 삼아야 합니다.

Q4 **디자인이 UX 라이팅에 충분한 공간을 제공하지 않을 때는 어떻게 해야 하나요?**

A 디자인에서 문구 공간을 확보하는 것보다는 '구성 요소의 목표'에 대하여 함께 집중해야 합니다.

UI 컴포넌트 명칭에 관한 질문은 빈번하게 받지만, 이에 대한 답은 다양합니다. 이때 중요한 것은 컴포넌트의 실질적인 기능을 이해하고, 그에 따라 UX 라이팅을 진행하는 것입니다.

UX 디자인은 단순한 시각적 요소뿐만 아니라 프로덕트나 서비스의 모든 상호작용을 고려하는 것입니다. 사용자의 경험을 디자인하는 것이죠. 즉, UI 디자인뿐만 아니라 사용자의 상호 작용과 경험에 대해서도 고려해야 합니다.

이는 곧 디자인 씽킹^{Design-Thinking}의 관점에서, 콘텐츠를 구성하는 요소들을 살펴야 한다는 것을 의미합니다. 단순히 UI 컴포넌트에 집중하는 것이 아니라, 전반적인 사용자 경험에 초점을 맞춰야 합니다.

UX 디자이너가 제시한 UI 컴포넌트와 UX 라이터가 제시한 텍스트가 충돌하는 경우가 발생할 수 있습니다. 이런 상황에서는 구성원 모두가 모여 문제를 해결해야 합니다. 이때 각자 의견이 아닌, 사용자에게 중요한 내용과 메시지를 고려하여 사용자 경험을 향상시키는 데 집중해야 합니다.

특히, UX 라이터는 문구의 구도자 역할을 맡아 사용자가 직면한 문제를 문구로 해결하는 방법과 UX 관점에서 문제를 해결하는 방법을 모색하여 구성원을 설득해야 합니다. 이를 통해 효과적인 협업과 사용자 중심의 경험을 구현할 수 있습니다.

스캐닝 패턴에서 사용자 습관의 힘

모든 사람이 콘텐츠를 다르게 소비합니다. 그러나 연구를 통해 잘 정의된 시각 추적 패턴이 등장했습니다. 사용자가 처음 몇 초 동안 인터페이스와 상호 작용하는 방식을 아는 것은 디자이너가 콘텐츠의 우선순위를 정하고, 주요 가시 영역에 중요한 정보를 배치하고, 강력한 시각적 계층 구조를 확립하는 데 도움이 될 수 있습니다.

▲ 사용자가 인터페이스를 스캔하는 일반적인 패턴 7가지. 112쪽에 자세한 설명이 나온다.

UX 라이팅에서
핵심 원칙은 왜 중요할까?

▲ 제프리 젤더만[5]의 글

UX 라이팅의 핵심 원칙은 일반적인 글쓰기와 밀접한 관련이 있습니다. 둘 다 사용자가 콘텐츠를 쉽게 이해할 수 있도록 하는 것이 목적이기 때문입니다. 하지만 UX 라이팅은 '디자인'의 영역을 포괄한다는 점에서 차이가 있습니다. 제프리 젤더만[Jeffrey Zeldman]은 *"콘텐츠 없는 디자인은 디자인이 아니라 장식일 뿐이다."*라고 말하며 디자인에서 콘텐츠의 중요성에 대해 강조합니다.

---

[5] 제프리 젤더만(Jeffrey Zeldman)은 웹 디자이너이자 선도적인 웹 규격 권위자입니다.
   • 출처 – https://x.com/zeldman/status/804159148?s=20

디자인은 브랜드 가치를 표현하고, 특히 앱이나 웹에서는 디자인 전략이 중요합니다. 디자인은 서비스의 외적 이미지를 형성하기 때문이죠. 반면에 콘텐츠는 사용자가 서비스를 직관적으로 이해하도록 돕는 내적 역할을 합니다. 흔히 우리는 이 콘텐츠를 내비게이팅의 영역으로 판단하고 설명합니다.

콘텐츠와 디자인은 사용자에게 메시지를 전달하고, 사용자가 목표를 달성하도록 유도하는 공동 목표를 지닙니다. 디자인과 콘텐츠는 분리될 수 없으며, 올바른 메시지 전달은 두 요소가 통합될 때 가장 효과적입니다.

이 통합은 사용자가 화면을 통해 정보를 쉽게 읽고 이해하며, 상호 작용을 예측할 수 있게 만듭니다. 사용자가 서비스의 맥락을 이해하고 다음 행동을 예측하기 위한 가장 효과적인 방법은 UX 라이팅에 집중하는 것입니다.

대부분 사람들은 UX 라이팅에 집중하는 방법을 '대충'만 알고 있으며, 소수만이 그것을 '제대로' 이해하고 있다고 생각합니다. 여기서 '제대로'와 '대충'의 차이는, 단순히 이론적으로 이해하는 게 아니라 그것을 실제로 실행하는지 여부에 있습니다.

그렇다면 '왜' 대다수는 그 방법을 프로덕트 개발에 적용하지 못할까요? 이유는 간단합니다. 그 방법의 실질적인 효과를 '어떻게' 확인할 수 있는지, 또한 '어떻게' 실행해야 하는지를 모르기 때문이죠. 이런 무지는 사람들로 하여금 불편함을 느끼게 합니다. 하고 싶어도 할 수 없는 상황에 처하게 되었기 때문이죠. 이는 우리가 알지 못하는 것을 적용했을 때 그 결과를 예측할 수 없기 때문입니다.[6]

---

[6] UX 라이팅은 IT에서는 빅테크, 일반 기업에서는 대기업만 고려할 수 있다고 여겨지곤 합니다. 이전에 언급했던 것처럼 UX는 종종 부차적으로 여겨지는 경향이 있기 때문입니다. 이는 실질적인 효과를 측정하기가 어려운 것으로 이어지며, 결과적으로 대부분의 기업에서는 UX 라이팅을 후순위로 고려하는 경향이 있습니다.
하지만 중요한 것은 사용자와의 상호 작용 및 공감을 통해 서비스에 긍정적인 이미지를 형성하고, 비즈니스의 성장을 촉진할 수 있다는 점입니다. 실질적인 데이터를 통해 이러한 사실을 입증한다면, UX 라이팅의 중요성은 더욱 부각될 것입니다.

'예측할 수 없는 미래'는 곧 두려움으로 이어지며, 이는 행동으로 나아가지 못하게 합니다. 그러나 2017년 구글 I/O에서 실질적인 효과를 확인할 방법이 소개되었습니다.

구글의 시니어 UX 라이터인 매기 스탠필^{Maggie Stanphil}은 UX 라이터가 팀에 포함될 때 비즈니스에 미치는 긍정적인 영향을 강조했습니다. 그는 [Book a room] 버튼을 [Check availability] 버튼으로 변경한 후 버튼을 누르는 행위가 17% 증가했다는 사례를 들어 그 효과를 설명했습니다.

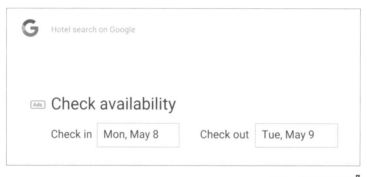

출처 – 2017 구글 I/O⁷

매기 스탠필은 다음과 같이 설명합니다.

"의사결정 과정에서 사용자의 요구를 명확히 이해했습니다. 따라서 '예약 가능 여부 확인'으로 문구를 변경했고, 이에 따른 변화가 사용자의 사고방식과 일치한다는 것을 확인할 수 있었습니다. 사용자들은 객실 예약에 대해 고려 중이었는데, 어느 날짜에 예약 가능한지와 해당 기간의 요금을 알고 싶어 했습니다."

이러한 접근 방식은 사용자의 심리를 정확히 이해하는 효과적인 방법이었습니다.

---

7 2017 구글 I/O 발표에 대한 자세한 내용은 유튜브에서 다음의 영상을 참고해 주세요.
How Words Can Make Your Product Stand Out (Google I/O '17)

단순히 문구를 변경함으로써 사용자의 감정과 의도를 파악하여 비즈니스 수익에 긍정적인 영향을 미쳤다는 것이 입증되었습니다.

이러한 사례를 통해 UX 라이팅의 측정 방법과 효과적인 사용 방법이 널리 알려 졌습니다. 이런 결과를 얻을 수 있었던 이유는 간단합니다. UX 라이팅은 서비스 문구와 비즈니스 가치가 일치하는 방향으로 작성되어야 한다는 핵심 원칙을 따 랐기 때문입니다.

Standout UX writing checklist

ALWAYS
- ❏ User first: Focus on your users
- ❏ Clear: Write in language free of jargon, and with sufficient context
- ❏ Concise: Write in a style that's economical and scannable
- ❏ Useful: Write in a way that directs the next action
- ❏ On brand: Define your brand voice and apply an appropriate tone

WHENEVER POSSIBLE
- ❏ Data-driven: Choose language that performs, proven by research and A/B testing

#io17

출처 - 2017 구글 I/O

명확성: 전문 용어 없이 사용자 맥락에 맞춰 작성하라

2017년 구글 I/O에서는 UX 라이팅에 관한 세 가지 핵심 원칙을 소개했습니다. 첫 번째 원칙은 '명확성'입니다. 이 원칙의 핵심은 '전문 용어를 피하고, 맥락이 충분히 포함되도록 작성하기Write In Language Free Of Jargon, and With Sufficient Context'입니다. 여기서 중요한 두 단어는 전문 용어Jargon와 맥락Context입니다. 이는 UX 라이팅에서 전문 용어를 제거하고 맥락을 명확히 이해하는 것이 중요함을 의미합니다.

구글이 강조하는 바에 따르면, 우리는 사용자에게 쉽게 설명해야 합니다. 일반적으로 좋은 글은 '초등학교 고학년도 이해할 수 있는 문장으로 작성해야 한다.'고 합니다. 더 구체적으로는, 12살 이하의 어린이도 이해할 수 있는 문장으로 작성하는 것이 목표입니다.[8] 이를 위해 간단하고 구체적인 언어, 짧은 단어, 간결하고 직접적인 문구를 사용하는 것이 좋습니다.

이와 같은 접근으로 문장을 작성하면 '접근성Accessibility'이라는 큰 이점이 따릅니다. 접근성은 모든 사람Everyone이 어디서나Everywhere 서비스를 이용할 수 있게 지원하는 중요한 요소입니다.

특히, 모두가 이해할 수 있는 용어를 사용할 때 커뮤니케이션이 원활해집니다. 그러나 한국어에서는 '단순한 단어가 반드시 이해하기 쉽다.'는 것을 의미하지는 않습니다.

극단적인 예를 들어 보겠습니다. '심심한 사과' 논란이 이를 잘 보여줍니다. 한 사람이 '심심하다'를 '마음의 표현 정도가 매우 깊고 간절하다.'는 의미가 아닌, '하는 일이 없어 지루하고 재미가 없다.'는 의미로 오해한 일입니다.

이러한 오해는 한자어가 포함된 한국어 특성 때문에 발생합니다. 한자어는 하나 또는 둘 이상의 한자가 결합되어 한국어로 사용되는 한국식 발음의 단어를 의미합니다. 한자어는 의미를 담아낸 한자가 결합되어 사용되며, 한 단어 안에 다양한 의미를 내포하게 됩니다. 만약 한자 학습을 하지 않았거나 평소 한자어를 접하지 않는 세대라면 이러한 단어의 의미를 잘못 이해할 수 있습니다.[9]

언어 사용에서 발견되는 차이를 저는 '문화적 맥락'이라고 부릅니다. 사용자들이 경험해 온 환경이 다양해지면서 문화를 받아들이는 방식도 변화하고 있습니다. 이러한 차이는 세대 갈등의 한 형태로 나타납니다. 세대 갈등은 주로 연령, 가치관, 문화적 차이 등으로 인해 다른 세대 간에 발생하는 이해관계의 충돌을 의미합니다.

문화적 맥락을 이해하면, UX 라이팅을 할 때 더욱 효과적인 도구로 사용할 수 있습니다. 이는 사용자의 특성이나 환경을 포함한 페르소나를 고려하기 때문이죠. 이와 관련하여, 접근성과의 깊은 연결성도 포함합니다.

문화적 맥락은 국내 서비스뿐만 아니라 글로벌 서비스에도 적용될 수 있는 넓은 범주를 포함합니다. 이는 '모두를 위한 텍스트 작성'이라는 개념에서 시작된 용어로, 접근성과 관련이 깊죠.

이와 같이, 문화적 맥락을 이해하고 적용하는 것은 사용자가 다양한 환경에서 서비스를 이용할 때 중요한 역할을 합니다. 이를 통해 더 많은 사람이 서비스를 이해하고 접근할 수 있도록 돕습니다.

---

8 외국 UX 라이팅 가이드라인을 살펴보면 6th-Grade(초등학교 6학년)이 이해할 수 있는 수준으로 문장을 작성하라고 안내하고 있습니다. 아마존, 드롭박스 등이 이러한 기준을 제안하고 있습니다.

9 한국의 교육 체계는 현재 변화를 거듭하고 있습니다. 한자어의 체계에서 교육받은 세대가 사용하는 언어와 한문보다 영어가 중요해진 시기 이후 교육을 받은 세대가 동시에 대두되며, 언어를 사용하는 방식의 차이가 발생하고 있습니다. 즉, 언어 교체 현상이 발생하고 있는 것이죠. 이러한 현상을 보여주는 대표적인 논란이 바로 '심심한 사과'입니다.

심심한 사과 논란은 '심심(甚深)하다'를 '마음의 표현 정도가 매우 깊고 간절하다.'의 의미가 아니라, 동음이의어인 '하는 일이 없어 지루하고 재미가 없다.'로 오해하며 발생한 일입니다. 한자어 중심 언어 세대와 영어 중심 언어 세대에서 사용하는 언어에 차이가 나며, 논란이 발생하게 된 거죠.

이에 대해 천정환 교수는 다음과 같이 말합니다. "심심이라는 한자로 이뤄진 단어들이 잘 쓰이지 않는 상황에서 리터러시(Literacy) 체계가 무너진 것이며, 세대 교체 등의 상황에서 이러한 충돌들이 이뤄지는 것으로 보인다."라고 말입니다.

UX 라이터는 이러한 측면까지 고려해야 합니다. 만약, 서비스 타깃층이 세대에 따라 나눠진다면, 그에 알맞은 단어를 선정하여 사용자에게 전달해야 합니다. 다양한 세대가 사용하는 서비스라면, 주요 사용층과 그 외를 나눠서 알맞은 단어를 선정할 필요가 있습니다.

이러한 이야기를 하는 이유는 간단합니다. UX 라이터는 문화적인 맥락도 고려하여 단어를 선정할 필요가 있기 때문입니다. 사용자가 놓여 있는 환경, 즉 문화적 측면까지 고려하여 UX 라이팅을 진행했을 때, 흔히 말하는 '사용자 중심'이라는 가치를 충족시킬 수 있을 것입니다.

접근성: 모든 사용자를 배려하라

접근성을 지켜야 하는 이유는 간단합니다. 첫째, 비즈니스 측면에서 모든 사람이 서비스를 이용할 수 있다면 매출 구조가 좋아집니다. 둘째, 접근성을 유지하는 것은 단순히 '올바른 일'입니다.

이 올바른 일을 실천하기 위한 네 가지 주요 요소는 언어, 페이지 구조, 시각적 단서 그리고 이미지입니다. 다음은 각 요소에 대한 설명입니다.

언어

언어는 모두가 이해할 수 있고 예측 가능해야 합니다. 이를 위해, 콘텐츠는 사용자가 쉽게 읽을 수 있는 언어로 작성되어야 합니다. 만약 사용자가 이해할 수 없는 내용이라면, 그 문구를 작성하는 목적이 상실되는 것입니다.

이를 지키는 방법은 간단합니다. 내용을 '일관되고', '명확하며', '간결하게' 유지하는 것입니다. 이 세 가지 요소를 지키는 방법도 간단합니다. 전문 용어를 피하고, 문장을 짧게 유지하며, 중요한 내용을 문장의 앞부분에 배치합니다.

이와 같은 원칙을 따르면, 모든 사용자가 콘텐츠를 쉽게 접근하고 이해할 수 있어 접근성을 향상시킬 수 있습니다.

페이지 구조

대다수의 사람이 'F 패턴'으로 글을 읽는다는 사실과 단 16%만이 모든 단어를 꼼꼼히 읽는다는 점을 알고 있습니다. 이러한 통계를 바탕으로, 페이지 구조를 단순화함으로써 사용자가 읽기 편한 구조를 만들어야 합니다. 이는 페이지를 쉽게 훑어볼 수 있도록 만들어야 함을 의미하죠. 페이지 구조를 단순하게 구성하면, 화면 리더기나 키보드만으로 탐색하는 장애가 있는 사용자를 포함해 모든 이가 콘텐츠를 쉽게 읽을 수 있습니다.

콘텐츠는 단락으로 나누어 구성해야 합니다. 긴 글은 내용에 따라 나누고, 한 문장은 한 줄을 넘지 않아야 합니다. 한 줄을 넘으면 집중도가 떨어져 읽기 어려워지기 때문입니다.

사용자가 가장 편하게 읽기 좋은 문장은 한 문장에 한 가지 의미만을 담는 것입니다. 두 가지 의미가 섞이면, 사용자는 생각을 멈추게 되고, 글을 훑어보기가 어려워집니다. 또한 이미지나 동영상 등 다양한 콘텐츠와 UI 컴포넌트를 활용합니다. 이들을 의미 있게 사용하면, 사용자는 서비스가 제공하는 가치를 쉽게 이해할 수 있습니다.

콘텐츠를 덩어리로 나누고, 각각을 의미별로 분류하세요. 그다음, 타이틀과 같은 헤더 태그를 사용해 계층 구조를 만듭니다. 이를 통해 중요성과 읽는 순서를 안내할 수 있습니다. 이 방식으로 모든 사용자가 콘텐츠 구조를 쉽게 파악하고 원하는 정보를 찾을 수 있습니다. 이는 장애가 있는 사용자에게 동일하게 적용됩니다.

예를 들어, 키보드 사용자는 [탭] 버튼으로 쉽게 페이지를 넘기며 검토할 수 있고, 화면 리더기 사용자는 헤더를 우선적으로 읽도록 설정할 수 있습니다. 앞선 내용을 확인했을 때, 'UX 라이터가 페이지 구조까지 고려해야 하나?'라는 생각을 하게 됩니다. 저는 당연히 그래야 한다고 답합니다. 문구만 수정하는 것이 아니라, 사용자 플로우를 원활하게 만드는 것이 UX 라이터의 역할이기 때문이죠.

이러한 역할을 정의하면 UX 라이팅 프로세스 정립에도 도움이 됩니다. 국내의 많은 UX 라이터가 디자인 작업 후에 참여하는 경우가 많으나, 프로덕트의 기능을 정의하는 초기 단계부터 참여한다면, 사용자와 프로덕트의 맥락을 더욱 잘 이해하고 유용한 UX 라이팅을 할 수 있습니다.

UX 라이터는 프로덕트를 온전히 이해하고, 사용자에게 유용한 문구를 제공해야 합니다. 만약 문구가 사용자에게 유용하지 않다면, 그 문구는 필요하지 않습니다. 따라서 과감하게 문구를 삭제할 필요도 있습니다.

시각적 단서

시각적 단서에 의존하지 않고 정보를 전달하는 것은 모든 사용자가 정보에 접근할 수 있게 만드는 중요한 방법입니다. 특히, 시각 장애가 있는 사용자들도 정보를 이해하고 활용할 수 있도록 내용을 명확하게 전달하는 것이 중요합니다. 예를 들어, "PDF 파일은 아래 링크에서 확인하실 수 있습니다.", "자세한 내용은 맨 아래에 있는 고객센터로 연락해 주세요."와 같은 문장은 시각적 위치를 기반으로 한 지시 사항을 포함하고 있어, 시각적 정보에 접근이 어려운 사용자는 이해하기 어려울 수 있습니다.

이를 개선하기 위해, 방향을 나타내는 단어[위, 아래, 왼쪽, 오른쪽] 대신 정보를 찾을 방법을 명확하게 설명하는 방식으로 문장을 재구성할 수 있습니다.

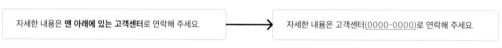

▲ 접근성에 알맞은 글쓰기

"PDF 파일은 아래 링크에서 확인하실 수 있습니다."라는 문장은 "PDF 파일은 이 링크를 통해 확인할 수 있습니다."로 문장을 변경하여, 사용자가 문서상의 특정 위치를 찾는 대신 문구에 포함된 링크를 사용해 확인할 수 있도록 합니다.

또한, "자세한 내용은 맨 아래에 있는 고객센터로 연락해 주세요."라는 문장은 "자세한 내용은 고객센터[0000-0000]로 연락해 주세요."로 문장을 변경하여, 사용자가 필요한 조치를 취할 수 있게 특정 위치로 이동할 필요 없이 바로 연락할 수 있도록 합니다.

전화번호를 문구에 포함시켜 사용자가 필요할 때 바로 연락할 수 있도록 하는 것이 매우 효과적입니다. 이렇게 하면 사용자가 급한 상황에서 전화를 걸어야 할 때 별도로 전화번호를 찾을 필요가 없어집니다. 이 방식은 장애를 가진 사람들뿐만 아니라, 모든 사용자에게 편리함을 제공합니다.

또한, 방향을 나타내는 언어나 시각적 단서를 사용하지 않는 이유는 대다수 사용자에게 해당 언어가 의미 없기 때문입니다. 모바일 사용자는 화면 크기에 따라 조정된 사이트를 사용하며, 화면 리더기를 사용하는 사람들은 '오른쪽', '왼쪽'과 같은 방향을 정확히 인지하기 어렵습니다. 오히려 시각적 단서 없이 표현하면 사용자가 수행해야 할 작업을 명확히 이해할 수 있습니다. 지정된 위치를 명확하게 설명함으로써 사용자가 무엇을 해야 하는지 더 잘 파악할 수 있습니다.

또한, '클릭'과 같은 동사 사용도 주의해야 합니다.[10] 클릭은 마우스 사용을 전제로 한 단어이기 때문에, 모바일 환경에서는 '누르기', '선택하기'와 같은 표현이 더 적합합니다.

서비스가 웹과 모바일 환경 모두를 제공한다면, 웹 환경과 모바일 환경에 따라 단어 선택이 달라져야 합니다. 예를 들어, 웹 환경에서는 '버튼을 클릭해 주세요.'였지만, 모바일 환경에서는 '버튼을 눌러주세요.'나 '버튼을 선택해 주세요.'와 같은 표현이 적합합니다.

---

[10] 영어사전에서 클릭(Click)을 찾아보면 다음과 같습니다.
Click
1. 찰칵하는 소리를 내다. 2. 찰칵 3. 클릭함

[동사]
1. 찰칵[딸깍]하는 소리를 내다.
   The cameras clicked away.
2. (마우스를) 클릭하다[누르다].
   Click the OK button to start.

[명사]
1. 찰칵[딸깍] (하는 소리)
   The door closed with a click.
2. (컴퓨터 마우스를) 클릭함

여기서 더 주목해야 할 점은 과정보다 결과에 초점을 맞추는 것입니다. 사용자는 버튼을 선택할 때 무슨 일이 일어나는지 더욱 중요하게 여길 것입니다. 예를 들어 계좌 인증 시 '선택한다'보다는 '인증한다'를 사용하는 것이 좋습니다. 이는 사용자가 다음 단계를 예측하고 서비스를 이해하는 데 도움을 주죠.

맥락을 설명하는 문구는 사용자가 서비스를 쉽게 이용할 수 있도록 도와야 합니다. 하지만 너무 많은 정보는 간결성과 명확성을 해칠 수 있습니다. 불필요한 설명 없이 필수 내용만 전달하는 것이 중요합니다.

사용자가 해석해야 할 내용이 너무 많으면 혼란스러워질 수 있습니다. 짧고 이해하기 쉬운 언어를 사용하고 맥락에 맞춰 작성한다면, 사용자가 서비스를 전체적으로 이해하는 데 도움이 됩니다. 접근성이 높은 문구를 작성하는 연습은 장기적으로 명확하고 이해하기 쉬운 문장을 작성하는 데 도움이 됩니다.

---

[11] 어도비(Adobe)는 대부분의 사용자가 PC 환경에서 사용합니다. 이에 따라 어도비는 화면을 누르는 행위를 '클릭'으로 설명하고 있습니다. 하지만 모바일에 최적화된 서비스거나 웹/앱 서비스라면 '클릭'이라는 단어보다는 '누르다', '선택하다'를 사용해 포괄적으로 안내하는 것이 좋습니다.

이미지

이미지는 접근성 측면에서 장애가 있는 사용자에게 큰 장애물이 될 수 있습니다. 이러한 문제를 해결하기 위해 가장 중요한 것은 바로 대체 텍스트 제공입니다. 대체 텍스트는 이미지를 볼 수 없는 사용자들, 예를 들어 화면 리더기를 사용하는 사용자나 검색 엔진 등이 이미지의 내용을 이해할 수 있도록 돕습니다.

대체 텍스트가 없으면, 시각 장애인 사용자는 이미지가 어떤 사진인지 알 수 없고, 단지 어떤 이미지가 있다는 것만 알 수 있습니다. 따라서, 모든 사용자가 정보를 완전히 이해할 수 있도록 이미지에는 반드시 대체 텍스트를 포함해야 합니다.

그러나 이미지에 대한 간결하고 명확한 대체 텍스트를 작성하는 것은 쉽지 않습니다. 이에 대한 몇 가지 팁을 설명드리겠습니다.

01 이미지가 전달하고자 하는 메시지가 무엇인지 스스로에게 물어보세요. 이를 통해 이미지를 명확하게 설명할 수 있습니다. 예를 들어, 404 오류 이미지의 경우 이미지를 설명하기보다는 '페이지를 찾을 수 없는 상황'을 명확히 전달해야 합니다.

02 대체 텍스트는 관련 키워드를 사용해 명확하게 설명해야 합니다. 키워드가 너무 많으면 사용자에게 혼란을 줄 수 있으니, 꼭 필요한 키워드만 사용하세요.

03 성별, 나이, 인종 등이 필요한 콘텐츠와 관련이 없다면 설명할 필요가 없습니다. 예를 들어, '50대 중반 여성 의사' 대신 '의사'라고만 설명하면 충분합니다.

04 대체 텍스트에 '이미지'나 유사한 단어를 사용하지 마세요. 이미 대체 텍스트를 사용한다는 것은 이미지 내용을 설명하고 있다는 것을 의미하기 때문입니다.

05 아이콘에도 대체 텍스트를 넣어야 합니다. 예를 들어, 홈페이지로 안내하는 집 아이콘에는 '홈'이라는 레이블을, 설정 페이지로 이동하는 톱니바퀴 아이콘에는 '설정'이라고 붙이면 됩니다.

06 이미지가 단순히 장식용일 경우에는 대체 텍스트를 비워둘 수 있습니다. 이렇게 하면 화면 리더기가 해당 이미지를 건너뛸 수 있습니다.

07 텍스트 이미지를 버튼으로 사용하는 것은 지양해야 합니다. 대신 라이브 텍스트를 사용하면 화면 리더기 사용자가 내용을 읽고 이해할 수 있도록 해야 합니다.

08 　 모든 동영상에는 캡션과 자막을 포함해야 합니다. 이는 일반 사용자에게는 필요 없을 수 있지만,
　　　 디지털 취약 계층에게는 필수적인 정보입니다.

다크 패턴: 사용자를 기만하는 행위를 피하라

사용자에게 이해하기 쉽고 친절한 문구를 제공하는 것이 준비되었다면, 이제는
그 문구들이 사용자의 상황에 맞게 조정되어야 합니다. 현장에서는 종종 단순히
화면에 나타난 문구를 더 나은 것으로 바꿔달라는 요청을 받곤 합니다. 이러한
요청을 '윤문'이라고 표현하기도 합니다.

그러나 이러한 접근 방식은 본질적으로 잘못된 것일 수 있습니다. UX 라이팅의
핵심은 단순히 문구를 보기 좋게 다듬는 것이 아니라 사용자가 서비스를 이용하
며 겪는 상황을 고려해 목표를 쉽게 달성할 수 있도록 문구를 설계하는 데 있기
때문이죠.

▲ 알림 동의 메시지

은행 알림 설정에 관한 메시지를 예로 들겠습니다. 이 페이지만 보면, '알림 설
정'이라는 주제에 문제가 없어 보일 수 있습니다. 그러나 사용자 맥락 관점에서
살펴본다면, 우리는 뭔가 이상한 점을 발견할 수 있습니다. 사용자가 알림을 끄
려는 의도를 명확히 반영하지 못하는 문제가 있죠.

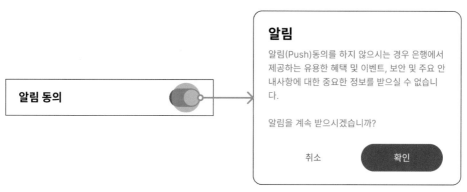

알림

알림(Push)동의를 하지 않으시는 경우 은행에서 제공하는 유용한 혜택 및 이벤트, 보안 및 주요 안내사항에 대한 중요한 정보를 받으실 수 없습니다.

알림을 계속 받으시겠습니까?

취소 확인

▲ 알림 동의 메시지 플로우

사용자는 알림을 *끄려는* 의도로 토글을 비활성화했습니다. 즉, 알림을 *끄기* 위해 토글을 조작한 것입니다. 그러나 팝업의 내용과 버튼은 사용자의 의도와는 반대로 안내하고 있습니다.

'알림을 계속 받으시겠습니까?'라는 질문을 통해 이를 확인할 수 있습니다. 사용자는 이 질문을 예상하지 못했을 것입니다. 사용자는 일반적으로 [확인] 버튼을 눌러야 한다고 생각하고, 그렇게 행동했겠죠.

이 팝업은 알림을 *끄려는* 사용자의 의도를 무시하고 오히려 알림을 계속 받도록 유도하는 문구와 버튼으로 구성되어 있습니다. 사용자는 '알림을 끈다.'는 과정에 맞춰 [확인] 버튼을 누르지만 알림은 꺼지지 않고 사용자는 토글이 여전히 켜져 있음을 알게 됩니다. 이에 사용자는 의아함을 느끼며 다시 알림을 *끄기* 위해 토글을 조작합니다.

다음에도 같은 팝업에 직면하면 사용자는 다시 [확인] 버튼을 누를 것입니다. 하지만 일부 *빠른* 판단력을 지닌 사용자는 팝업 메시지를 자세히 읽고 [취소] 버튼을 누르게 되겠죠.

이 과정에서 사용자는 [취소] 버튼을 누르기 위해 잠시 고민하게 됩니다. '취소'라는 단어가 자신의 의도인 알림을 끄려는 의도와 반대되는 것은 아닌지 고민하게 되니까요. 이처럼 모호한 버튼으로 인해 사용자는 이중으로 혼란을 겪게 됩니다.

이는 버튼의 문구가 사용자 친화적이지 않기 때문입니다. '취소', '확인'과 같은 중립적인 단어는 버튼을 눌렀을 때 어떤 결과가 발생하는지 명확하게 설명하지 않아 사용자를 혼란스럽게 합니다. 결국, 이런 디자인은 사용자를 혼란에 빠뜨리고, 마치 사용자를 기만하려는 의도를 담고 있는 것처럼 보입니다. 사용자가 팝업이 지닌 의도를 파악하지 못한다면, 같은 문제를 반복하며 해결하지 못하게 되겠죠.

이러한 디자인 패턴을 다크 패턴이라고 부릅니다. 다크 패턴은 기업의 이익을 위해 사용자의 의사결정을 의도적으로 조작해 사용자가 원치 않는 결과를 유도하는 사용자 인터페이스[UI]를 가리킵니다. 또한, 의도치 않게 사용자에게 해를 끼칠 수 있는 잘못 설계된 UI나 UX 요소도 포함합니다.

다크 패턴의 주요 목적은 사용자가 데이터 접근 제한, 구독 해지, 웹사이트 탈퇴 등의 결정을 내릴 때, 기업이 사용자의 선택지를 제한하거나 혼란을 야기하여 서비스 이탈을 어렵게 만드는 것입니다. 즉, 사용자의 자유로운 선택을 방해해 기업의 이익을 증대시키려는 의도가 담겨 있습니다.

과거에는 마케팅 전략의 일환으로 다크 패턴을 활용하는 경우도 있었습니다. 하지만 이로 인해 사용자의 의도와 다르게 금전적 문제가 발생하면서, 사회 문제로 인식되기 시작했습니다. 특히, 윤리적 측면에서 '불법'으로 여겨지는 인식이 점차 확산되기 시작했습니다.

이에 따라, 정부도 대응에 나섰습니다. 2023년 7월 31일, 공정거래위원회는 〈온라인 다크 패턴 자율 관리 가이드라인〉을 발표했습니다. 주목할 점은 아직 다크 패턴의 규제가 '자율 관리' 수준에 머무르고 있다는 것입니다.

발표된 가이드라인은 주로 '자율 관리'에 초점을 맞추고 있습니다. 이는 법적 구속력이 없으며 법 위헌 여부의 판단이 포함되지 않기 때문에, 기업들이 스스로의 양심에 따라 준수해야 한다는 권고로 해석됩니다.

"사업자가 소비자와 전자상거래 등을 할 때, 거래 조건을 정확히 이해하고 의사표시를 할 수 있도록 인터페이스를 설계·운영해야 하고, 소비자가 자신의 선호에 따라 자유롭고 합리적으로 의사결정을 할 수 있도록 해야 한다."

범주 구분	내용	세부 유형
편취형	소비자가 알아채기 어려운 인터페이스의 작은 조작 등을 통해 비합리적이거나 예상치 못한 지출을 유도하는 행위	• 숨은 갱신 • 순차 공개 가격 책정 • 몰래 장바구니 추가
오도형	거짓을 알리거나 통상적인 기대와 전혀 다르게 화(話)·문장 등을 구성해 소비자의 착각·실수를 유도하는 행위	• 거짓 할인 • 거짓 추천 • 유인 판매 • 위장 광고 • 속임수 질문 • 잘못된 계층 구조 • 특정 옵션의 사전 선택
방해형	의사결정에 필요한 정보 수·분석 등에 과도한 시간·노력·비용이 들게 만들어 합리적인 선택을 포기하도록 유도하는 행위	• 취소·탈퇴 등의 방해 • 숨겨진 정보 • 가격 비교 방해 • 클릭 피로감 유발
압박형	소비자에게 심리적인 압박을 가해 특정 행위를 하거나 하지 않도록 유도하는 행위	• 반복 간섭 • 감정적 언어 사용 • 시간 제한 알림 • 낮은 재고 알림 • 나른 소비사의 휠동 밀림

▲ 온라인 다크 패턴 자율 관리 가이드라인   출처 – 공정거래위원회

이 원칙을 바탕으로, 4개의 범주와 19개의 유형으로 세분화했습니다. 이 구분을 통해, 다크 패턴인지 아니면 일반적인 정보인지 구별하는 데 혼란스러운 부분이 있음을 알 수 있습니다.

항공권 구매 과정을 예로 들겠습니다. 좌석 선택 단계에서 사용자는 남아 있는

좌석 수를 확인해야 합니다. 검색을 마치면 시스템은 다음과 같이 결과를 제시합니다.

▲ 항공 요금 선택 페이지　　　출처 – 각 서비스

항공권 구매는 실시간이라는 특성 때문에, 좌석의 실시간 변화가 매우 중요합니다. 또한, 남은 좌석 수에 따라 티켓 가격이 달라질 수 있으며, 흔히 가장 저렴한 가격의 티켓이 먼저 판매되는 경향이 있습니다. 이런 상황에서 남은 좌석의 수는 사용자에게 필수 정보가 됩니다. 이 정보는 압박형 중 '낮은 재고 알림'에 해당할 수 있다는 점에서 고민을 유발합니다. 그 결과 이 정보를 제공하는 서비스가 가이드라인을 위반하는 것은 아닌지 의문을 제기할 수 있습니다. 그러나 이 정보는 가이드라인을 위반하지 않습니다. 남은 좌석 정보는 객관적인 데이터로 사용자가 항공권을 구매하는 데 있어 중요한 정보로 여겨집니다.

가이드라인의 의도는 무엇일까요? 이는 이커머스에서 '시간이 얼마 남지 않았으니 빨리 구매하세요!'라는 식으로 압박을 가하는 마케팅 전략을 주 대상으로 한 것으로 보입니다. 하지만 구체적인 지침이 부족하다 보니 자율적 적용을 위해 다방면으로 고민하게 됩니다.

더 많은 예시를 찾다가 압박형에 해당한다고 생각되는 예시를 발견했습니다.

▲ 상품 구매 안내 메시지

한 이커머스 서비스에서 등장하는 토스트 메시지로, 얼마 남지 않은 상품이 품절되기 전에 구매하라고 '압박'하는 메시지입니다.

"상품이 얼마 남지 않았습니다. 구매를 서둘러 주세요."

이 메시지를 접한 사용자는 다급함을 느낄 것입니다. '만약 상품이 품절되면 어떡하지?'라는 걱정이 들겠지요. 그러나 이러한 내용이 가이드라인을 위반하지 않는다는 점이 흥미롭습니다. '사용자가 압박감을 느끼는데도 가이드라인을 위반하지 않다니?'라고 의아해할 수 있지만, 가이드라인의 핵심은 다음 내용에 있습니다.

"다만, 소비자에게 재고가 없거나 수요가 높다는 내용을 표시하는 것 자체가 문제되는 것이 아니라, 이를 거짓으로 알리는 행위가 문제된다."

한국어는 끝까지 들어봐야 알 수 있다더니, 가이드라인의 맨 뒷부분에 위와 같이 중요한 내용을 적어두었습니다. 이 부분이 전체 맥락과 어떻게 연결되는지 명확하지 않으나, 이것이 중요하다고 하니 그렇다고 하겠습니다.

이러한 내용을 확인하면서, 사용자 맥락을 악용하는 행위가 처벌받지 않고 관행으로 자리잡아 사용자들이 피해를 보는 상황을 걱정하게 됩니다.

만약 모든 다크 패턴이 공급자 입장에서 정당화된다면 어떤 결과가 발생할까요? 우리가 알고 있는 모든 다크 패턴이 마케팅 전략으로 포장될 수 있습니다. 즉, 다크 패턴이 합법적이며 합리적인 것으로 인식될 위험이 있다는 거죠.

음악 앱 구독 해지

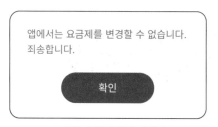

▲ 요금제 변경 안내 메시지

음악 앱을 사용하다가 계정을 해지하려고 앱을 열었습니다. 하지만 해지 방법을 찾는 데 어려움을 겪었습니다. 이는 해지 절차가 명확하게 안내되어 있지 않았기 때문입니다. 세심하게 앱을 살펴본 결과, '해지하기'라는 옵션이 '요금제 변경'으로 표기되어 있음을 발견했습니다. 더 큰 문제는 앱에서 요금제를 변경할 수 없었고, 사용자가 '웹 버전'을 사용해야만 했습니다. 모바일이 우선시되는 현대에서, 이는 사용자가 PC를 사용하는 패턴으로의 전환을 의도적으로 설계하여 이탈을 어렵게 만드는 것이죠.

게다가 해지 방법에 대해 명시적으로 설명하지 않고, "앱에서는 요금제를 변경할 수 없습니다. 죄송합니다."라는 안내만 제공합니다. 웹에서도 '요금제 변경하기 > 프리미엄 해지하기'로 이어지는 복잡한 패턴으로 설계되어 탈퇴가 어렵습니다.

UX 라이팅 측면에서도 문제가 있습니다. '음악 앱 해지 > 프리미엄 취소하기 > Premium 구독 해지 > 예, 취소할게요'로 이어지는 플로우에서 용어의 일관성이 결여되어 있습니다.

이를 개선하기 위해서는 '해지' 및 '프리미엄 취소' 용어를 통일하여 일관성을 부여해야 합니다. 또한, '프리미엄'과 'Premium' 중 하나를 택하여 일관되게 사용해야 하죠.

자동차 정비 앱 마케팅 정보 수신 거부

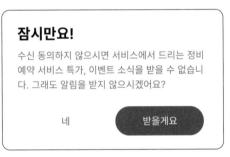

▲ 미케팅 정보 수신 알림 동의 메시지

자동차 정비 앱은 정기적으로 사용자에게 마케팅 정보 수신 동의를 요청합니다. 만약 사용자가 정보를 받지 않겠다고 응답하면, 한 번 더 팝업이 등장합니다.

내용도 사용자를 당황하게 만드는 구성입니다. 팝업의 제목은 '잠시만요!'로 시작하여, 사용자에게 마케팅 정보 수신에 대한 결정을 한 번 더 생각해 볼 것을 권유합니다. 특히, '그래도'라는 접속사의 사용은 문제의 핵심입니다. 이 접속사는 앞선 내용을 인정하는 듯하면서도, 그와 반대되거나 그럴 수 없는 상황을 이어주는 역할을 하며, 여기서는 사용자의 선택을 재고할 것을 암시합니다.

그래도

[부사] 앞 내용을 받아들일 만하지만 그럴 수 없거나 그렇지 않음을 나타낼 때 쓰여 앞뒤 어구나 문장을 이어주는 말. '그렇다 하더라도'의 뜻으로 쓰인다.

'그래도'라는 접속사를 사용해, 앱이 제공하는 유용한 정보를 정말로 받지 않겠다는 의사를 묻는 방식이 사용자에게 불쾌감을 주고 있습니다. 또한, 수신 거부 의사를 나타내는 선택지에 '네'라는 긍정적인 표현을 사용함으로써 사용자가 의사 결정 과정에서 혼란을 겪게 만듭니다.

'네'는 긍정을 의미하는 단어임에도 불구하고, 이 경우에는 부정적인 결정을 내려야 하는 상황에서 사용되고 있어, 긍정과 부정의 경계가 모호해지게 만들고 사용자에게 혼란을 야기합니다.

이커머스 탈퇴와 마케팅 정보 수신 거부

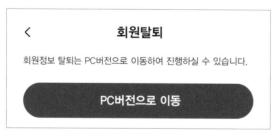

▲ 회원 탈퇴 안내 메시지

이 이커머스 앱은 회원 탈퇴 과정을 앞선 음악 앱과 유사하게 설계했습니다. 다른 이커머스 플랫폼들이 앱 내에서 탈퇴 기능을 제공하는 것과 달리, 사용자가 웹을 통해서만 탈퇴할 수 있게 합니다. 이는 사용자가 PC를 사용해야 하는 불편함을 겪도록 했습니다. 탈퇴 절차는 앱에서 웹으로 이동, 본인 인증, 서비스 이용 내역 확인, 설문조사 그리고 마지막으로 회원 탈퇴까지의 복잡한 과정을 포함합니다. 특히, 앱에서 웹으로의 전환 과정에서 사용자가 포기하기 쉬운 구조입니다.

이 이커머스 앱은 사용자가 주로 모바일 환경에서 서비스를 이용한다는 점을 잘 알고 있습니다. 이런 점을 이용해, 회원 탈퇴를 웹에서만 가능하도록 설정함으로써 탈퇴 과정의 주된 장애물로 삼고 있습니다. 이는 데이터를 기반으로 한 서비스의 업무 방식을 반영한 것입니다.

또한, 마케팅 정보 제공 철회 과정에서도 사용자에게 혼란을 줍니다. 마케팅 수신 거부 시 나타나는 팝업에서, 사용자는 동의 철회 버튼이 오른쪽에 위치할 거라 기대하지만, 서비스는 사용자의 기대와 반대되는 방향으로 버튼을 배치했습니다. 더욱이, [동의 철회] 버튼에는 보조 색상을, [동의 유지] 버튼에는 주요 색상을 사용해 서비스의 입장을 더 강조하여 사용자의 혼란을 가중시킵니다.

이런 사례는 앞선 두 사례와 동일한 다크 패턴의 예로 볼 수 있으며, 이들 모두가 자사 이익을 위해 이러한 전략을 사용하고 있음을 보여줍니다. 다크 패턴을 단순히 마케팅 전략으로 포장하면, 편법이나 불법적인 행위가 합리적인 것으로 보일 수 있습니다. 이는 상술이 마케팅이라는 기술로 변모하는 과정을 의미하죠. 많은 프로덕트 오너들이 이러한 점을 인식하고, 다크 패턴이 잘못되었다는 것을 인정해야 합니다.

세계적인 추세에 따르면, 다크 패턴은 UX 라이팅에서 피해야 할 기술입니다. 〈UX 라이터라면 누구나 절대 해서는 안 될 글쓰기 범죄 네 가지4 Writing Crimes Every UX Writer Should Never do〉[12]라는 글에서는 컨펌셰이밍Confirmshaming을 '범죄'로 정의하여 이야기하고 있습니다. 그만큼 다크 패턴은 서비스에 적용하지 말아야 하는 기술이라 할 수 있습니다.

---

12 출처 – https://uxplanet.org/4-writing-crimes-every-ux-writer-should-never-do-fb2048fe3e12

'마케팅'이라는 용어를 핑계 삼아 사용자에게 불쾌감이나 수치심을 유발하여 서비스에 대한 신뢰를 상실하지 않기를 바랍니다. 단기적 매출보다 더욱 중요한 것은 사용자와의 장기적 신뢰 관계입니다.

UX 라이터가 사용자와 신뢰를 구축하기 위해 컨펌셰이밍 대신 선택할 수 있는 세 가지 접근 방식은 다음과 같습니다.

> - '영리하게'보다는 '명확하게' 정보를 전달한다.
> - 사용자가 '예'를 선택하도록 유도하는 매력적인 옵션을 제공해야 한다.
> - 사용자에게 모욕감을 주지 않으면서 '아니오' 선택을 꺼리게 만들어야 한다.

이 모든 점을 하나의 단어로 요약한다면, 그것은 '진실'입니다. 사용자를 속이지 않고 서비스의 부족한 점을 인정합니다. 그리고 개선하는 과정에서 진실된 소통을 지속함으로써 사용자와의 신뢰를 자연스럽게 쌓아가야 하죠.

UX 라이팅의 목적은 사용자를 괴롭히는 것이 아니라 사용자를 돕는 데 있음을 잊지 말아야 합니다.

간결성: F 패턴에 따라 스캔할 수 있게 작성하라

두 번째 원칙은 간결성$^{Be\ Concise}$입니다. 간결성의 의미는 다음과 같습니다.

'간결하고, 스캔하기 쉬운 스타일로 작성하기

Write in a style that's economical and scannable'

간결성은 사용자가 웹 페이지나 앱을 효율적으로 스캔하고 핵심 정보를 빠르게 파악할 수 있도록 돕는 중요한 원칙입니다. 이는 F 패턴^{F Shape Pattern}[13]이라고 불리는 사용자의 눈동자 움직임 패턴과 관련이 깊습니다. F 패턴은 앞서 간단하게 설명한 바와 같이 상단에서 시작해 가로로 읽고, 중앙으로 내려가 다시 가로로 읽은 후, 왼쪽 세로줄을 따라 아래로 내려가며 정보를 스캔하는 형태를 말합니다.[14]

이런 스캔 방식은 인간이 정보를 효율적으로 처리하려는 본능적인 노력에서 비롯됩니다. 사용자들은 정보의 바다에서 필요한 내용만을 빠르게 찾아내려 하므로, 모든 단어를 천천히 읽기보다는 핵심적인 부분만을 빠르게 파악하려 합니다.

따라서, 간결하고 스캔하기 쉬운 스타일로 작성하는 것은 사용자가 원하는 정보를 신속하게 제공함으로써 사용자 경험을 크게 향상시킬 수 있는 방법입니다. 이는 사용자에게 복잡함 없이 명확한 정보만을 전달하여, 그들의 이해를 돕고 원하는 행동을 유도합니다.

간결하게 문장을 작성하는 방법

간결성을 유지하는 방법에 대해 알아보겠습니다.

❶ 핵심 내용만 작성한다.

사용자가 필요로 하는 정보를 식별하고, 가능한 한 명확하고 간결하게 전달해야 합니다. 이 과정에서 부가적인 내용이나 잡다한 정보는 과감히 제거하고, 가장 중요한 정보를 문서나 메시지의 전면에 배치해야 합니다. 이는 사용자가 정보를

---

[13] F 패턴에 대한 내용은 다음 아티클을 참고할 수 있습니다.
- Nielson Norman Group, 'Design-Pattern Guidelines: Study Guide'
- Nielson Norman Group, 'F-Shaped Pattern of Reading on the Web: Misunderstood, But Still Relevant (Even on Mobile)'
- UX Magazine, 'The F Pattern: Understanding How Users Scan Content'

[14] 닐슨 노먼 그룹(Nielson Norman Group)의 〈F-Shaped Pattern of Reading on the Web: Misunderstood, But Still Relevant (Even on Mobile)〉 중, The F-Shaped Pattern의 내용을 쉽게 변경한 내용입니다.

빠르게 파악하고 이해할 수 있게 만듭니다.

두괄식 문장 구성을 활용합니다. 이 방식은 문장이나 문단을 구성할 때, 가장 핵심적인 내용을 먼저 제시하고, 그 뒤에 이를 뒷받침하거나 상세히 설명하는 내용을 추가하는 방법입니다. 사용자가 글을 읽을 때, 초기 부분에서 바로 주요 정보를 얻을 수 있도록 돕습니다.

불필요한 정보는 생략하는 것이 중요합니다. 사용자가 정보를 탐색할 때, 불필요한 배경 설명이나 장황한 부연 설명은 오히려 정보의 효율적인 파악을 방해합니다. 따라서, 사용자의 관점에서 바로 핵심을 파악할 수 있도록 하기 위해, 이런 불필요한 정보는 과감히 제거해야 합니다. 특히, 사용자들이 웹 페이지나 문서를 탐색할 때 F 패턴을 따른다는 점을 고려하면, 정보의 배치와 구성에 있어서도 이를 반영하는 것이 중요합니다.

간결한 문장을 사용하는 것이 사용자에게 불친절하게 보일 수 있는 우려가 있지만, 실제로는 그 반대입니다. 사용자는 복잡한 정보나 장황한 설명을 통해 목적지에 도달하기 위하여 노력하기보다 직관적이고 간결한 정보를 통해 빠르게 원하는 정보를 얻는 것을 선호합니다. 따라서 UX 라이팅에서는 핵심 내용을 명확하고 간결하게 전달하는 것이 궁극적인 목적이며, 이를 통해 사용자 경험을 향상시키는 것이 중요합니다.

❷ 핵심 내용을 빠르게 파악할 수 있도록 문장을 작성한다.

텍스트가 많은 문서에서는 사용자가 핵심 내용을 빠르게 파악할 수 있도록 F 패턴을 따라 문서를 구성하는 것이 중요합니다. 이를 위해 몇 가지 방법이 사용됩니다.

01 짧은 단락을 사용합니다.
각 단락은 하나의 주제에 초점을 맞추며, 화제문을 단락의 시작에 배치하고 추가적인 설명은 그 뒤에 이어줍니다. 이때 각 단락은 세 문장을 넘지 않게 구성하는 것이 좋습니다.

02   글머리 기호를 활용합니다.

핵심 내용이 문장마다 들어있다면 글머리 기호를 사용해 문장을 나눕니다. 이는 사용자가 필요한 정보를 빠르게 스캔할 수 있도록 돕는 서식입니다.

03   중요한 단어나 문구는 굵게 하여 강조합니다.

이는 시각적인 하이라이트 효과를 주어 사용자가 중요한 정보를 우선적으로 확인할 수 있도록 합니다.

04   행간과 자간을 조절합니다.

행간은 행과 행 사이의 수직 간격을 말하며 적절한 행간은 글자들이 겹치지 않도록 충분한 공간을 제공합니다. 자간은 글자 간의 수평 간격을 의미하며 글자들이 겹치거나 너무 멀리 떨어져 있지 않도록 조절하여 자연스러운 배열을 유지합니다. 적절한 행간과 자간은 가독성을 높이는 데 직접적인 영향을 미칩니다. 행간이나 자간이 너무 좁거나 넓으면 글자끼리 겹치거나 공간을 낭비하게 되어 가독성이 저하됩니다. 따라서 이들을 적절히 조절해 문구 간 독립된 공간을 확보함으로써 가독성을 향상시키는 것이 중요합니다.

❸ 제목과 부제목을 적절히 활용한다.

사용자들은 제목과 부제목을 보고 그 내용을 읽을지 말지 결정합니다. 따라서 제목과 부제목은 사용자가 효율적으로 정보를 찾을 수 있도록 도와주는 중요한 역할을 합니다. 특히, 제목의 처음 두 단어는 매우 중요한데 이는 F 패턴이라는 읽기 패턴 때문입니다.

사람들은 본문을 읽을 때 F 패턴을 따라가는 경향이 있어 본문의 시작 부분을 더 주의깊게 읽습니다. 그러나 글이 진행될수록 그리고 목록 아래로 내려갈수록 섬차적으로 읽는 양이 줄어들며 마지막에는 문장의 시작 부분만 빠르게 훑게 됩니다.

이런 사용자의 읽기 습관을 고려하여 UX 라이터는 핵심 정보를 제목과 부제목 그리고 시작 부분에 배치하는 방법을 항상 고민해야 합니다. 이는 사용자가 필요한 정보만을 효과적으로 고를 수 있도록 돕는 전략입니다.

❹ F 패턴이 유일한 화면 스캔 방법은 아니다.

사용자가 서비스를 사용할 때 화면을 읽는 방법은 F 패턴만 있는 것은 아닙니다. 이 외에도 여섯 가지 패턴이 더 있습니다.

01 **Z 패턴(Z Pattern)**
지그재그 모델은 정보를 획일적으로 표현하고 시각적 계층 구조가 약한 웹 페이지에서 일반적으로 사용됩니다.

02 **레이어케이크 패턴(Layer-Cake Pattern)**
눈이 제목과 부제목을 빠르게 스캔하고 본문의 일반 텍스트는 건너뛰는 독특한 읽기 습관입니다. 이 패턴에서는 케이크의 층과 프로스팅이 번갈아 나타나듯, 시선이 수평선을 따라 이동하는 모습이 히트맵(Hitmap)에서 확인됩니다.

03 **스팟 패턴(Spotted Pattern)**
사용자가 큰 텍스트 블록을 건너뛰고 링크, 숫자, 특별한 단어 혹은 독특한 형태를 지닌 단어 집합(예: 주소나 서명)을 찾기 위해 특정 항목들을 집중적으로 스캔하는 패턴입니다.

04 **마킹 패턴(Marking Pattern)**
사용자가 마우스로 스크롤하거나 손가락으로 페이지를 넘길 때 무용수가 회전하며 균형을 잡기 위해 한 지점을 주시하는 것처럼 사용자의 시선이 한 곳에 머무는 현상을 말합니다. 이 현상은 PC보다는 모바일에서 더 자주 나타납니다.

05 **바이패싱 패턴(Bypassing Pattern)**
목록에서 모든 줄이 같은 단어로 시작할 때, 사용자들이 각 줄의 첫 단어를 의도적으로 건너뛰는 현상입니다.

06 **커밋 패턴(Commitment Pattern)**
페이지 대부분의 내용을 꼼꼼히 확인하는 행위를 말합니다. 강한 동기와 콘텐츠에 대한 높은 관심을 가진 사람들은 한 단락이나 페이지 전체의 텍스트를 세세하게 읽습니다. 그러나 이러한 경우는 드물며, 대부분의 사용자는 대체로 내용을 스캔하는 경향이 있습니다.[15]

---

[15] 닐슨 노먼 그룹(Nielson Norman Group)의 〈F-Shaped Pattern of Reading on the Web: Misunderstood, But Still Relevant (Even on Mobile)〉 중, 'The F-Shaped Pattern Is Not the Only Scanning Pattern'에 대한 내용입니다.

간결성과 명확성이 충돌할 때

복잡한 프로덕트를 설명할 때 많은 정보와 개성을 담은 문구가 필요할 수 있습니다. 하지만 페이지에 넉넉한 공간이 항상 있는 것은 아니죠. 설명이 필요한 순간과 창의적인 문구가 요구되는 때가 있지만 UX 라이팅은 항상 사용자의 시간과 주의력을 소중히 다루어야 합니다.

과도한 문구는 사용자를 혼란스럽게 만들 수 있고, 너무 적은 문구는 냉담하고 단순하며 도움이 되지 않게 보일 수 있습니다. 적절한 균형을 찾기 위해서는 각 단어, 문장, 아이콘, 구두점을 신중히 선택하는 것이 중요합니다.

콘텐츠는 먼저 사용자의 필요를 충족시키며, 간결하고 명확해야 합니다. 핵심은 장황한 설명이나 전문 용어 없이도 이해하기 쉬운 중요 정보만을 포함하는 것이죠.

간결성과 명확성은 때로 충돌할 수 있습니다. 어느 것을 우선시할지는 상황과 서비스의 가치에 따라 달라질 수 있습니다. 명확성이 더 중요한 경우에는 문장이 길어져도 필요한 정보를 포함해야 합니다. 반면, 간결성이 우선인 경우에는 문구의 우선순위를 정하고 중요도가 낮은 내용부터 줄여나가야 합니다.

명확성은 사용자가 어려움 없이 내용을 파악할 수 있도록 합니다. 반대로 간결한 메시지는 간결함에 중점을 두어 장황한 설명으로 인해 요점이 희석되지 않도록 합니다.

'명확하게 설명하되, 간결하게 전달하는' 방식은 UX 라이팅에서 지속적으로 고민해야 할 문제입니다.

간결하며 깔끔하게 문구를 작성하는 방법

우리가 고려해야 할 또 다른 중요한 점은 '짧고 간결한 것이 과연 간결성을 의미하는가?'에 대한 문제입니다. 이에 대해 마이크로소프트^{Microsoft}는 UX 라이팅을 깔끔하게 작성하는 여섯 가지 방법을 제시합니다.

❶ 설명보다는 예시를 통해 보여준다.

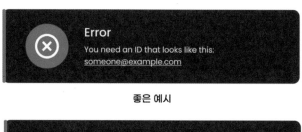

좋은 예시

나쁜 예시

▲ 마이크로소프트의 오류 메시지 예시

오류 메시지는 UX에서 가장 많은 부정적인 반응을 일으키는 요소 중 하나입니다. 그러나 마이크로소프트는 이를 기회로 활용하고 있습니다. 부정적인 오류 메시지 대신에 긍정적인 예시를 제시함으로써 사용자에게 인간적인 접근을 통해 친절하게 안내합니다.

여기서 '긍정적인'이라는 용어는 단순히 메시지가 기분 좋거나 낙관적이라는 것을 의미하지 않습니다. 사용자에게 '하지 말아야 할 것'이 아니라 '해야 하는 것'에 대해 설명하여 상황의 부정성을 제거하는 것이죠.

❷ 사용자에게 중요한 가치를 찾아 문장 맨 앞에 둔다.

핵심 내용이나 사용자가 가치 있게 여길 수 있는 정보를 문장의 맨 앞에 배치합니다. 이는 사용자가 여러 번 읽지 않고도 콘텐츠를 스캔할 수 있게 하려는 목적입니다.

연구 결과에 따르면, 전체 내용을 세심하게 읽는 사용자는 전체의 16%에 불과합니다. 이는 문장이 길어질수록 대다수 사용자가 내용을 읽지 않는다는 것을 의미합니다. 따라서 핵심 내용과 주요 가치를 문장의 앞부분에 배치함으로써 사용자가 글을 빠르게 탐색할 수 있는 동기를 부여합니다.

마이크로소프트에서는 추가적으로 '동사로 문장을 시작하라.'는 팁을 제공합니다. 하지만 한국어와 영어의 언어적 차이로 인해, 한국어 환경에서는 이 방법이 항상 적용되기 어렵습니다. 이와 유사하게, 버튼에 전성 어미 '-기'를 붙이는 것도 같은 맥락에서 고려될 수 있습니다.

❸ '할 수 있다', '있다', '있었다'를 사용하지 않는다.

문화적 차이로 인한 언어 사용의 다양성을 이해하는 것은 국제적 근무 환경에서 중요합니다. 외국에서 일하는 한국인이 'I think'로 문장을 시작하는 것은, 한국어 소통에서 흔히 볼 수 있는 진술을 부드럽게 하는 의도에서 비롯됩니다.

그러나 미국에서는 이러한 표현이 확신이 없는 사람으로 비추어질 수 있기 때문에 효과적인 영어 소통 환경에서는 'I think'와 같은 표현을 사용하지 않는 것이 좋다고 할 수 있습니다.

❹ 문구에 편견이 없는지 다시 한번 확인한다.

편견 없는 언어 사용을 다시 한번 확인하는 것은 접근성과 밀접하게 연결되어 있습니다. 모든 사람을 고려하여 문장을 작성하는 것이 중요하다는 거죠. 마이크로소프트는 이를 세 가지 지침으로 제시합니다.

> If you have the appropriate rights, you can set other users' passwords.

좋은 예시

> If the user has the appropriate rights, he can set other users' passwords.

나쁜 예시

▲ 마이크로소프트의 중립 문구 예시

01　스팟 성별 대명사(그, 그녀) 대신 '사용자'와 같은 중립적 용어를 사용합니다.

02　대명사가 필요한 경우 '그들', '사람', '개인'과 같이 포괄적인 용어를 사용합니다.

03　가능한 경우 사람의 직무(직원, 엔지니어, 과학자 등)로 구체적으로 표현하고, 성별을 특정할 필요가 있을 때만 '그'나 '그녀'와 같은 대명사를 사용합니다.

또한, 인종적 편견을 불러일으킬 수 있는 용어의 사용을 피하고, 모든 용어에 대한 이해가 확실하지 않을 경우 검색을 통해 확인하는 것이 좋습니다. 장애가 있는 사용자에 대한 동정적이거나 동정을 암시하는 표현 역시 사용하지 않도록 권장합니다.

❺ 버튼이나 기타 다른 UI 컴포넌트를 언급하지 않는다.

사용자에게 버튼을 누르는 것보다 해야 할 일을 안내하는 것이 더 중요합니다. 사용자에게 구체적인 행동을 지시하기보다는 필요한 행동을 안내하는 것이죠. 이에 따라 버튼 작동의 결과를 버튼에서 명확히 알려주는 것이 중요합니다.

서비스 디자인은 변할 수 있으므로, UI 컴포넌트의 정확한 위치를 언급하는 것은 피하는 게 바람직합니다. 이는 버튼이나 토글 스위치의 위치를 포함합니다.

'선택'과 같은 단어를 사용해 특정 UI 컴포넌트를 직접 언급하지 않고도 사용자가 필요한 동작을 이해할 수 있도록 하는 것이 하나의 방법입니다. 이는 PC나 모바일 사용자에게 '눌러주세요.', '클릭해 주세요.'와 같은 문구를 사용하는 문제도 해결해 줍니다.

❻ 단락을 짧게 유지한다.

단락은 3~7줄, 한국어 문장으로는 3~5문장으로 유지하는 것이 좋습니다. 각 문장은 단 하나의 의미만 전달했을 때, 사용자의 이해도가 높아집니다. 때로는 내용을 강조하기 위해 한 줄짜리 단락을 사용하는 것도 효과적입니다.

유용성: 사용자가 다음 행동을 알 수 있게 작성하라

유용성[Be Useful]의 의미는 다음과 같습니다.

'다음 행동을 안내하는 방식으로 작성하기

Write in a way that directs the next action'

유용성은 사용자가 다음 단계로 쉽게 나아갈 수 있도록 도와주는 것을 의미합니다.[16]

이를 위해 가장 중요한 것은 사용자의 행동을 유도하는 CTA[Call To Action]와 전환 요소를 잘 활용하는 것입니다. 사용자의 필요와 관심사를 미리 알아차리고 그들이 원하는 것을 예측하는 것이 중요합니다. 이것은 사용자를 조금 더 깊이 이해하려는 노력에서 시작됩니다.

사용자를 이해하기 위해서는 '페르소나 분석'이 필수입니다. 페르소나는 앞서 설명한 바와 같이 우리의 주요 대상 사용자를 대표하는 가상의 인물로, 그들의 특성과 서비스 사용 패턴을 담고 있습니다. 이 정보를 통해 우리는 사용자의 필요를 더 잘 예측할 수 있습니다.

---

[16] '모든 문구는 유용하다.'라는 관점이 있지만, 유용성이 핵심 원칙으로 들어가기에는 적합하지 않다고 생각합니다. 외국 UX 라이팅 가이드라인에서는 유용성을 핵심 원칙 중 하나로 삼는 곳이 많습니다.

또한, 유용성은 사용자 경험의 첫 번째 단계입니다. 프로덕트가 유용성을 지니기 위해서는 다음과 같은 질문에 답해야 합니다.

- 프로덕트가 사용자에게 유용한가? 사용자가 수긍할 수 있는 목적이 있는가? 즉, 프로덕트는 문제를 찾아주는 해결책이 아니라, 사용자가 해결하고자 하는 문제를 정확하게 해결하는 해결책이어야 합니다.
- 프로덕트가 사용자의 요구 사항을 충족하는가? 프로덕트는 문제를 해결할 수 있으나, 비용이나 크기와 같은 다른 영역에서 사용자의 요구 사항을 충족하지 못하면 아무런 가치가 없습니다.

유용성이 없다면 사용자 경험이 없다고 할 수 있습니다. 프로덕트가 아무런 가치가 없다고 생각하거나, 그들의 니즈를 충족하지 못할 거라고 생각하는 사람들은 애초에 사용자가 되지 못합니다.

그렇다면, 어떻게 우리의 글이 사용자에게 유용하게 다가갈 수 있을까요? 가장 중요한 것은 '사용자 친화적인 용어'를 사용하는 것입니다. 이는 친근한 어투, 구어체 사용, 사용자와 공감하는 표현 등을 포함합니다. 어떤 방식이 가장 적합할지는 상황에 따라 다릅니다.

삼성은 'User-Friendly'라는 용어를 다음과 같이 설명합니다.

> "User-Friendly는 '사용자와 친해지는 것'을 의미하지 않는다. 사용자가 우리 프로덕트와 친해지도록 정확하고, 쉽게, 사실을 말하는 것이다. 적당한 선을 지키며, 너무 딱딱하지 않고 너무 가깝지도 않은 적당함을 유지하는 것이다."[17]

사용자가 프로덕트와 쉽게 친해질 수 있도록 정보를 정확하고 쉽게 제공하는 것을 의미한다고 설명합니다. 이는 사용자에게 신뢰를 쌓고, 더 가까운 관계를 형성하는 데 도움이 된다고도 말합니다.

결국, 사용자 친화적이라는 것은 사용자가 필요로 하는 바를 정확히 말해주는 것을 의미하죠. 하지만 이를 단순히 '사용자 친화적'이라는 단어로만 설명하기에는 부족합니다. 다만, 사용자 관점에서 더 구체적으로 이해할 수 있도록 세 가지 주요 포인트로 나누어 생각해 보는 것이 좋습니다.

사용자 맥락(콘텐츠 설계)

사용자 니즈를 고려하여 문구를 작성하는 것을 의미합니다. 이는 사용자의 목표, 요구 및 선호도를 고려하여 사용자의 관점에서 콘텐츠를 설계하고 작성함을 의미합니다. 이러한 맥락을 고려하면, 사용자의 니즈를 파악하고 필요에 맞는 내

---

[17] 출처 – https://design.samsung.com/kr/contents/ux-writing/

용을 예측할 수 있습니다. 사용자가 처한 환경을 이해하고 그들이 필요로 하는 것을 미리 예측 가능합니다.

사용자 중심(사용자 플로우)

사용자의 위치, 디바이스, 언어, 문화적 배경을 고려하여 문구를 작성하는 것은 사용자가 서비스와 상호 작용하는 상황, 환경 및 목표를 고려하여 표현하는 것을 말합니다.

사용자 입장(사용자의 감정)

사용자를 깊이 이해하고, 그들에게 공감하는 것이 목표입니다. 사용자가 서비스에 대해 느끼는 감정, 신념, 태도를 고려하는 것이 중요합니다. 다만, 사용자에게 대한 공감은 하되, 동정은 하면 안 되는 점을 유의해야 합니다.[18]

동정은 고통을 겪고 있는 주체의 아픔을 이해하는 것처럼 보이지만, 동시에 철저히 타자화합니다. 고통을 겪는 사람을 연민하지만, 그 아픔에 개입하지는 않습니다. 따라서 동정심은 나와 고통을 느끼는 주체 사이의 관계를 단절시킵니다. 반면, 공감은 고통을 겪는 사람의 입장에서 세상을 바라보고 생각하는 것입니다. 진심 어린 공감은 타인의 고통을 실제로 덜어줍니다.

일관성: 일관된 언어로 문구를 작성하라

일관성 Be Concistent 의 의미는 다음과 같습니다.

---

[18] 닐슨 노먼 그룹(Nielsen Norman Group)은 동정과 공감을 비교하는 연구를 진행했습니다. 'Sympathy vs. Empathy in UX'라는 연구로, 많은 유엑서(UXer)들이 공감이 아니라 동정을 실천하고 있다고 합니다. 자세한 내용은 해당 아티클을 참고해 주세요.
• 출처 – https://www.nngroup.com/articles/sympathy-vs-empathy-ux

'일관된 언어와 UI 컴포넌트 규칙에 따라 작성하기

Write with a consistent language and UI component conventions'

2017년 구글 I/O에서는 유용성을 강조했지만 저는 일관성이 더욱 중요하다고 생각합니다. 모든 문구가 유용해야 한다는 전제하에 단순히 유용성만을 핵심 원칙으로 삼는 것은 뭔가 아쉽죠.

구글 UX 라이터들이 제시한 개념에는 '다음 행동을 안내한다.'는 점만 강조되어 있지만, 그것만으로는 충분치 않습니다. 문구는 사용자의 전체적인 맥락에서 안내해야 하기 때문이죠. 단순히 다음 단계를 안내하는 것을 넘어서 사용자가 목표를 달성할 수 있도록 안내하는 역할을 해야 합니다.

유용성은 여타 다른 핵심 원칙들이 조화를 이루면 자연스럽게 충족됩니다. 하지만 일관성은 그렇지 않습니다. 디자인 시스템과 UX 라이팅 그리고 사용자까지 모두 고려해서 일관되게 맞춰야 하는 요소인 거죠. 그만큼 까다롭지만 한번 원칙을 정하면 지키기 편해지기도 합니다.

일관성이 UX 라이팅에서 중요한 이유를 덧붙이고자 합니다. 성격이 계속해서 바뀌는 친구와의 대화를 상상해 보세요. 친절하다가도 갑자기 화를 내거나 심각한 이야기를 시작하는 친구와의 소통은 어렵습니다. 마음이 복잡하고 혼란해지겠죠. 서비스도 마찬가지로 일관성이 없다면 사용자가 대화하는 서비스로부터 혼란을 느끼고 서비스를 불안정하다고 생각하게 됩니다.

이로 인해 일관성이 없는 서비스에 직면한 사용자는 두려움을 느끼게 됩니다. 익숙한 사람이 갑자기 낯설게 느껴진다면 누구나 다 두려워하게 됩니다. 낯선 것으로부터 풍기는 어색함 때문이죠. 그래서 서비스로부터 두려움을 느끼면 사용자는 이탈하게 될 것입니다.

또한, 서비스의 신뢰를 잃게 됩니다. 서비스가 전달하고자 하는 핵심 가치가 매번 달라진다고 생각하면 서비스 내에서 사용자는 목표를 잃어버리게 될 것이고 이탈하게 되겠죠.

이런 측면에서 UX 라이팅에서 일관성을 유지하면 사용자는 프로덕트를 사용하는 동안 예측 가능하고 안정적인 경험을 하게 됩니다. 이는 사용자가 서비스를 쉽게 탐색하고 이해할 수 있는 밑바탕을 만들어 주죠. 해당 내용을 자세히 살펴보도록 하겠습니다.

❶ 일관성은 사용자의 혼란을 줄여준다.

일관성은 사용자에게 예측 가능성을 제공하며, 서비스를 쉽게 탐색하고 이용할 수 있도록 도와줍니다. 이를 통해 사용자는 반복 작업을 간소화할 수 있습니다.

01 일관성이 유지되면 사용자는 비슷한 작업을 할 때마다 동일한 단어, 용어, 아이콘을 보므로 새로운 학습 없이도 작업을 손쉽게 수행할 수 있습니다. 예를 들어, [로그인] 버튼이 항상 같은 모습으로 표시되면 사용자는 이 버튼을 찾아 클릭함으로써 손쉽게 로그인할 수 있다고 인식합니다.

02 일관된 용어와 언어 스타일의 사용은 사용자가 문구를 읽고 내용을 이해하는 데 도움을 줍니다. 일관성이 있으면, 사용자는 주어진 맥락에서 의미를 더 쉽게 파악할 수 있습니다.

03 일관성은 사용자가 실수를 줄이는 데 도움을 줍니다. 사용자가 일관된 피드백 메시지나 오류 메시지를 볼 때 반복되는 메시지를 통해 문제를 쉽게 이해하고 해결할 수 있습니다.

04 일관성은 사용자가 서비스에 신뢰감을 가지도록 도와줍니다. 사용자가 시스템을 예측할 수 있고, 모든 요소가 일관되게 작동한다고 느낀다면 사용자는 더욱 쾌적한 경험을 하게 됩니다. 이러한 경험은 서비스의 신뢰도와 직결되며 신뢰도가 높아짐에 따라 사용자는 해당 프로덕트를 더 자주 이용합니다. 사용자는 이를 통해 프로덕트를 신뢰할 수 있는 것으로 인식하죠.

❷ 일관성은 브랜드 메시지를 강화한다.

브랜드는 자신의 독특한 이미지와 메시지를 통해 독보적인 특성을 드러내며, 경쟁사와의 차별화를 도모합니다.

01 일관성은 브랜드의 식별성을 강화합니다. 로고, 색상, 디자인, 언어 스타일 등의 특정 요소를 통해 브랜드의 특성을 명확하게 전달하고, UX 라이팅은 이러한 일관성을 유지하여 사용자가 브랜드를 쉽게 식별하고 기억할 수 있도록 돕습니다.

02 브랜드 메시지를 효과적으로 전달합니다. UX 라이팅은 브랜드의 핵심 메시지와 가치를 사용자에게 명확하게 전달하는 핵심 도구입니다.

03 브랜드와 사용자 간의 감정적 연결을 형성합니다. 브랜드는 프로덕트를 통해 전달되는 느낌, 경험, 가치를 통해 소비자와 감정적으로 연결하고자 합니다. UX 라이팅은 브랜드 메시지를 강조하고 일관성을 유지하여 사용자가 브랜드와 긍정적인 감정을 공유할 수 있도록 돕습니다.

04 신뢰와 고객 충성도를 높입니다. 일관된 메시지는 브랜드에 대한 신뢰를 쌓고 충성도를 강화하는 데 도움이 됩니다. 일관성 있는 메시지를 통해 브랜드가 일관된 가치를 제공한다는 인식을 높이면, 사용자는 브랜드를 더 신뢰하고 장기적으로 이용할 가능성이 높아집니다.

❸ 일관성은 신뢰를 구축한다.

서비스 이용 시 일관성은 사용자에게 예측 가능한 경험을 제공해, 신뢰를 구축하는 데 중요한 역할을 합니다.

01 일관성 있는 디자인과 언어 사용은 사용자가 서비스를 이용하며 무엇을 기대해야 할지를 알 수 있도록 도와줍니다. 예를 들어, [홈] 버튼이 항상 일정한 위치에 있고 일관된 언어로 표시된다면, 사용자는 언제나 홈 화면으로 쉽게 돌아갈 수 있다고 예상할 수 있습니다.

02 일관성은 오류 발생 가능성과 혼란을 줄여줍니다. 같은 기능이 서로 다른 페이지에서도 일관되게 작동한다면, 사용자는 혼란스럽지 않을 뿐만 아니라 발생할 수 있는 오류도 최소화됩니다.

03 일관된 서비스 경험은 사용자에게 안정성과 신뢰감을 전달합니다. 사용자가 항상 일관된 경험을 얻게 되면, 서비스가 안정적이며 신뢰할 수 있다고 느끼게 됩니다.

04 일관성은 사용자에게 편안함을 제공하며 긍정적인 사용자 경험을 촉진합니다. 서비스에 익숙해지면서 사용자의 이탈 가능성이 줄어들고, 장기적으로 서비스 이용을 유지하게 됩니다.

❹ 일관성은 학습을 용이하게 만들어 준다.

사용자가 시스템을 학습하고 익숙해지는 과정에서, 일관된 언어와 용어의 사용은 이해와 숙련도를 높이는 데 중요한 역할을 합니다.

01 일관성은 신규 사용자가 시스템을 처음 학습할 때 혼란을 예방하며 학습 곡선을 완만하게 만들어 줍니다. 일관된 용어와 단어 사용은 사용자가 한번 익히면 계속 유용하게 활용할 수 있도록 돕죠.

02 익숙한 사용자가 작업을 신속하게 수행할 수 있도록 지원합니다. 일관된 언어와 용어가 사용되면 사용자는 기존 지식을 효과적으로 활용할 수 있으며, 반복 작업 시 불필요한 학습 시간을 줄일 수 있습니다.

03 일관성은 사용자가 서비스를 보다 효과적으로 학습하고 적용할 수 있도록 돕습니다. 일관적인 언어와 용어의 반복 사용은 사용자의 이해와 기억을 자연스럽게 강화하며 실수를 줄이고 작업 속도를 높일 수 있습니다.

04 일관성은 학습한 내용을 기억하고 다른 상황에 적용하는 능력을 개선합니다. 사용자가 학습한 규칙이나 용어를 다른 상황에도 적용할 수 있다면 사용자가 다양한 상황에 대처하는 데 도움이 됩니다.

일관성을 유지하는 것은 결코 쉬운 일이 아닙니다. 엄격한 일관성을 유지하기 위해서는 여러 조건을 일치시켜야 하며, 이는 복잡할 수밖에 없습니다. 예를 들어 목소리와 톤을 일치시키고, 문체를 일치시키고, UI 컴포넌트와 메시지 유형에 따른 내용까지 모두 일치시켜야 합니다.

만약 열 명이 각자 다른 스타일로 글을 쓴다면, 열 가지 다른 스타일의 글이 생겨납니다. 이는 동일한 주제를 다양한 색채로 표현하는 것과 같습니다. 일관성을 유지한다는 것은 이러한 다양성을 하나의 형태로 통일하는 과정을 의미합니다. 이는 결코 쉬운 일이 아니지만, UX 라이터는 이를 해내야 합니다. 서비스가 하나의 명확한 특성을 드러내도록 만들어야 하기 때문이죠.

이에 따리 일관된 메시지를 유지하면 브랜드 메시지를 강화할 수 있습니다. 브랜드가 일관된 언어, 스타일 및 메시지를 사용하여 사용자와의 긍정적인 상호작용을 촉진하고 브랜드 가치를 강조한다면 사용자 경험을 크게 향상시킬 수 있습니다.

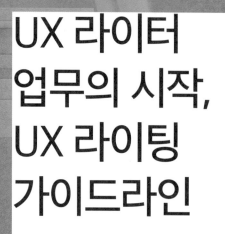

UX 라이터
업무의 시작,
UX 라이팅
가이드라인

UX 라이터가 처음인 회사나 UX 라이팅이 처음이라면, 먼저 UX 라이팅 가이드라인을 만들어야 합니다. 이 가이드라인을 구성하고 구체적인 설계 방법을 살펴보겠습니다.

Part

3

UX 라이팅 가이드라인

UX 라이팅 가이드라인 수립을 위한 방법론 탐색

UX 라이팅 가이드라인 대상

UX 라이팅 가이드라인의 효과

UX 라이터의 첫 번째 실무, UX 라이팅 가이드라인 만들기

UX 라이팅 가이드라인 첫 번째, 원칙

UX 라이팅 가이드라인 두 번째, 글쓰기 가이드라인

UX 라이팅 가이드라인 세 번째, 체크리스트

UX 라이팅 가이드라인

01

UX 라이팅 가이드라인은 왜 필요할까?

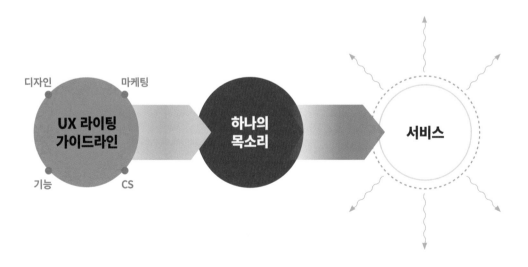

▲ UX 라이팅 가이드라인의 필요성

UX 라이팅 가이드라인은 우리 서비스가 일관된 목소리로 사용자에게 말할 수 있게 도와주며, 이를 통해 서비스의 사용자 중심성을 강화합니다. 이는 프로덕트가 하나의 서비스를 대표하는 역할을 수행하게 합니다.

이 가이드라인은 디자인뿐만 아니라 마케팅, 문서 작성, 고객 서비스 등 프로덕트의 문구가 들어가는 모든 영역에 대한 지침을 제공합니다. 그러므로 이해하기 쉬운 가이드를 작성하는 것이 중요합니다. 모두가 이해할 수 있다면, 이는 분명하고 유용한 가이드가 되어 서비스 전체에 이익이 됩니다.

UX 라이팅 가이드라인이 도움이 되는 세 가지 주요 측면은 다음과 같습니다.

01   UX 라이터가 일관성을 유지하는 데 큰 도움이 됩니다. 이를 통해 서비스 기능과 커뮤니케이션에 더 집중할 수 있습니다.

02   구성원이 스스로 질문하고 답을 찾을 수 있게 도와주어, UX 라이터의 업무 부담을 줄여줍니다.

03   UX 라이팅 작업의 커뮤니케이션을 진행할 때, 작업 결과물에 대한 기준을 설명하는 데 도움이 됩니다.

이러한 내용은 제가 UX 라이팅 가이드라인을 정립한 후 얻을 수 있었던 실제 결과물입니다. 이전 회사에 입사했을 때는 UX 라이팅 가이드라인이 없었습니다. 초기 스타트업이었기 때문에 가이드라인을 만들 여력이 부족했죠. 그 결과, 커뮤니케이션 시에는 기준이 없어 많은 시간을 소모했습니다. 이를 줄이기 위해 UX 라이팅 가이드라인을 만들기 시작했습니다.

부족한 측면이 있었지만, UX 라이팅 가이드라인이 있다는 것만으로도 커뮤니케이션에 드는 시간을 상당히 줄일 수 있었습니다. 서비스 전반에 걸친 문구에 대한 기준이 생겼기 때문에, 구성원과의 커뮤니케이션이 원활해졌습니다. 또한, 디자인 가이드가 없었지만 이를 대체할 수 있었습니다. 그 결과로 서비스 디자인의 일관성도 유지할 수 있었습니다.

현 회사에는 디자인팀이 만든 UX 라이팅 가이드라인이 있었지만, 이는 UI 컴포넌트의 일부에만 해당하는 내용이었고, 오래되어 지엽적인 내용만 존재했습니다. 규모가 큰 회사에 입사한 후, 회사에 적합한 방법론을 찾고 UX 라이팅 가이드라인을 만들기 시작했습니다. 이 과정은 다음과 같이 정리할 수 있습니다.

UX 라이팅 가이드라인을 수립하기 위한 기초 단계

계획(로드맵) 세우기

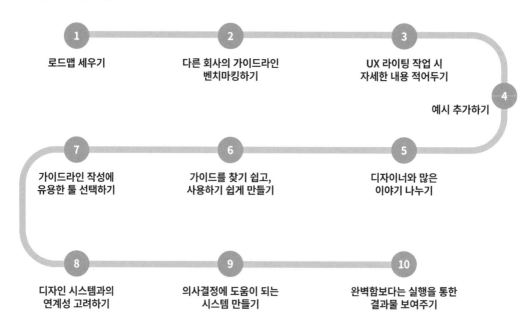

▲ UX 라이팅 가이드라인 수립을 위한 기초 단계

계획을 세우는 것은 매우 중요합니다. 모든 업무를 시작하기 전에는 구체적인 일정을 세워야 하지만, UX 라이팅 가이드라인 작업에 있어서는 이 과정이 특히 중요합니다. 가이드라인 작업 중간에 다른 UX 라이팅 업무가 추가되면 방향을 벗어날 위험이 크기 때문이죠.

가이드라인은 즉각적인 업무 반영과는 다소 거리가 있어 실무에서 우선순위가 밀리기 쉽습니다. 그러나 가이드라인이 서비스 전체를 아우르고, UX 라이팅의 방향성을 제시한다는 점을 간과해서는 안 됩니다.

가이드라인 작업이 지연될수록 서비스 내에서의 UX 라이팅은 방향을 잃는 시간이 더 길어지고, 일관된 목소리를 내는 것도 늦어질 것입니다. 계획을 세울 때는 가이드라인을 한 번에 전체를 배포할 것이라는 기대는 버리세요. 실무 병행 시 불가능한 일이라고 보면 됩니다. 대신, 일정에 따라 단계별로 배포할 콘텐츠를 계획하세요.

포함할 섹션을 결정하고 프로덕트 및 디자인 요구 사항에 따라 로드맵의 우선순위를 정하여 점진적으로 배포하는 것을 목표로 합니다. 우리 서비스의 모든 기능을 한꺼번에 추가하고 싶은 욕심이 있을 수 있습니다. 이는 일관성을 유지하고 더 나은 사용자 경험을 제공하고자 하는 의도에서 비롯된 것입니다. 그러나 가이드라인 작업은 수개월 동안 많은 노력이 필요한 프로젝트입니다.

이에 따라 작업을 분산시키고 섹션별로 배포하는 방식이 필요합니다. 멘토나 팀 리더와 자주 의견을 나누고 진행 상황을 팀이나 구성원 모두와 공유하면 일정 관리가 한결 수월해집니다. 그리고 각 안내 시마다 구성원들의 피드백을 수집하세요. 이를 통해 다음 배포 때 콘텐츠를 개선할 기회를 얻을 수 있습니다.

다른 회사의 가이드라인 벤치마킹하기

UX 라이팅 작업을 진행하며 다른 회사의 가이드라인을 면밀히 조사해 봤습니다. 그들이 설정한 규칙의 종류, 적용 방법, 그리고 우리 서비스에도 적용 가능한 지 여부를 파악했습니다. 이 과정을 통해 일반적인 내용과 각 서비스나 브랜드에 특화된 특성을 구분할 수 있게 되었습니다. 이런 정보를 적극적으로 활용하면 우리만의 가이드라인을 구축할 수 있는 기반을 마련할 수 있습니다.

가능한 한 다양한 가이드라인을 참조하는 것이 좋습니다. 특히, 모범 사례로 인정받는 가이드라인은 반드시 검토해야 합니다. 이러한 모범 사례가 선정되는 이유는 그것이 처음 제안된 아이디어가 아니라, 널리 사용되고 사용자에게 친숙해져서입니다. 이는 사용자에게 익숙하게 받아들여진다는 것을 의미하는데, 참고함으로써 우리는 처음부터 시작하는 것이 아닌, 견고한 기반 위에서 출발하게 됩니다.

UX 라이팅 작업 시 자세한 내용 적어두기

서비스 내에서 UX 라이팅 작업을 진행할 때마다 그 근거를 자세히 기록하세요. 이러한 기록은 나중에 가이드라인을 만들 때 참고 자료가 될 수 있습니다. 예를 들어 UX 라이팅 과정에서 발견한 공통적인 문제점들을 근거로 새로운 가이드라인을 설정할 수 있습니다.

그러나 UX 라이팅 작업을 하면서 초기에 생각했던 방법이나 개념이 변화할 수 있다는 점을 인지해야 합니다. 입사 초기와 비교했을 때 현재의 작업 결과물이 발전한 것처럼 우리의 작업 방식도 계속해서 성장하고 있습니다. 따라서 우리는 실무를 통해 더 나은 방법을 발견하면 규칙을 주기적으로 검토하고 필요에 따라 수정할 준비를 해야 합니다.

예시 추가하기

예시를 추가하는 경우 서비스 내의 실제 사례를 찾아 활용하세요. 구성원들이 우리 서비스의 개선 사례를 보면 이러한 변화가 현실적으로 다가올 가능성이 더 높습니다. 단순히 문구를 작성하는 것이 아니라 해당 문구가 적용된 실제 사례를 이미지로 보여주는 것이 중요합니다.

이 과정에서 디자인 툴을 활용할 수 있다면 작업이 훨씬 용이해집니다. 디자인 툴 사용에 익숙하지 않다면 배우는 것을 추천드립니다. 앞으로 UX 라이팅 작업을 할 때 디자인 툴을 활용하면 효율적으로 작업을 진행할 수 있습니다. 만약 디자인 툴 사용이 어렵다면 디자이너의 도움을 받는 것도 좋은 방법입니다.

디자이너와 많은 이야기 나누기

UX 라이팅 가이드라인의 중요한 특징 중 하나는 디자인 시스템과의 긴밀한 연계입니다. 외국에서는 흔히 디자인 시스템의 하위 요소로 UX 라이팅 가이드라인을 포함하는 것이 일반적입니다. 이는 UX 라이팅이 디자인과 밀접하게 연관되어 있기 때문에 이러한 구조가 자연스럽게 형성되었다고 볼 수 있습니다.

또한, UX 라이터 외에도 디자이너가 가이드라인을 자주 참조합니다. 디자이너와의 깊은 논의를 통해 디자인 관점에서 보다 넓은 시각을 갖출 수 있으며, 이는 가이드라인을 수립하는 데 큰 도움이 됩니다.

이러한 협업은 UX 라이팅 업무에도 큰 이점을 가져옵니다. 예를 들어, 자주 발생하는 메시지와 자주 사용되는 UI 컴포넌트를 디자이너와 협의하여 템플릿화하면 디자인 작업이 용이해지고 커뮤니케이션 시간도 단축될 수 있습니다.

가이드를 찾기 쉽고 사용하기 쉽게 만들기

UX 라이터의 주된 업무 중 하나는 가이드라인의 효율적인 관리입니다. 가이드라인은 단순히 만들어 배포하는 것으로 끝나는 것이 아니라 구성원들이 지속적으로 쉽게 찾고 사용할 수 있도록 하는 것이 중요합니다.

이를 위해 가이드라인의 접근성을 높이는 것이 중요합니다. 예를 들어 UX 라이팅과 관련된 커뮤니케이션을 담당하는 팀의 슬랙^{Slack: 지능형 생산성 플랫폼} 채널에 가이드라인 문서를 북마크하는 것입니다. 또한, 구성원들이 업무 요청 시 가이드라인을 참조하여 초안을 작성하도록 권장합니다.

처음에는 이러한 접근이 어려울 수 있습니다. 공지를 해도 실제로 참조하는 사람이 많지 않고, 참조했다고 말만 하는 경우도 발생할 수 있습니다. 그러나 이에 굴복해서는 안 됩니다. 지속적으로 요청하고 강조한다면 결국 구성원들 사이에서 가이드라인의 중요성이 '필수적인 것'으로 인식되어, 쉽게 찾고 이용할 수 있게 될 것입니다.

가이드라인 작성에 유용한 툴 선택하기

가이드라인의 내용이 간단할 경우 선택하는 도구는 크게 중요하지 않습니다. 일반적으로 사용하는 구글 문서와 같은 도구로 충분히 작성할 수 있습니다. 그러나 가이드라인이 방대하고 복잡할 경우 쉽게 정리하고 사용할 수 있는 도구를 선택하는 것이 중요합니다.

예를 들어, 회사에서 컨플루언스^{Confluence: 원격 업무에 친화적인 팀 작업 소프트웨어}를 사용한다면 컨플루언스를 통해, 노션^{Notion: 메모, 문서, 지식 정리, 프로젝트 관리 등의 기능을 하나로 통합한 서비스}을 사용한다면 노션을 통해 가이드라인을 작성하는 것이 좋습니다. 가이드라인을 사용하는 구성원의 편의를 우선시해야 합니다.

또한, 가이드라인 내용을 구성원들이 쉽게 검색할 수 있는지 확인하세요. 구성원이 질문했을 때, 관련 내용을 쉽게 찾아 안내할 수 있는 '검색 유용성'이 중요합니다. UX 라이터는 바쁜 상황에서도 구성원이 질문에 쉽게 답을 찾을 수 있도록 도와줘야 합니다.

디자인 시스템과의 연계성 고려하기

UX 라이팅 가이드라인이 어떻게 구성되는지 고려하는 것이 필요합니다. 디자인 시스템과 UX 라이팅 가이드라인을 서로 독립적으로 생각하는 경우가 많지만 둘을 개별적으로 발전시키면 디자인의 일관성이 떨어질 수 있습니다.

디자인팀과 UX 라이팅팀이 분리되어 있다면 두 시스템을 서로 별개로 발전시키는 경향이 강해질 수 있습니다. 그러나 UX 라이팅 가이드라인과 디자인 시스템은 상호 보완적인 관계입니다. 디자인에는 반드시 텍스트가 포함되며 이 텍스트가 디자인만으로는 전달하기 어려운 요소를 설명합니다. UI 컴포넌트 또한 디자인 시스템과 밀접하게 연관되어 있으며 UX 라이팅 가이드라인은 이에 콘텐츠를 채우는 역할을 합니다.

이러한 상호 관계를 고려하여 디자인 시스템과 UX 라이팅 가이드라인이 서로 보완할 수 있도록 구성해야 합니다. 아틀라시안, 폴라리스, 구글의 머티리얼 디자인 등 외국 기업은 각 구성 요소의 콘텐츠 가이드라인을 고려해 콘텐츠와 디자인이 조화롭게 작동하도록 설계하고 있습니다.

국내에서는 토스가 2주마다 열리는 디자인 회의에 UX 라이터가 참여해 의견을 나누며, 디자인 시스템과 UX 라이팅 시스템의 일치를 추구하고 있습니다. 스타트업과 같이 규모가 작아 디자인 시스템이 없는 경우 UI 컴포넌트 수준에서 UX 라이팅 가이드라인을 만들어 공유하는 것이 좋습니다.

의사결정에 도움이 되는 시스템 만들기

UX 라이팅 가이드라인은 UX 라이터의 주관적인 의견이 아닌, 객관적이고 실질적인 정보로 구성되어야 함을 명확히 해야 합니다. 이는 우리 서비스를 분석해 도출된 문제점과 해결책, 그리고 전략적 방향성이 모두 근거를 기반으로 작성되어야 함을 의미합니다. 가이드라인의 신뢰성을 확보하기 위해서는 모범 사례, 증거, 그리고 연구 결과를 참고하여 결정된 것임을 명확히 해야 합니다. 이러한 결정들은 회사의 비전과 핵심 가치에 부합하도록 이뤄져야 합니다.

이를 통해 가이드라인이 업무 의사결정의 중요한 기준으로 활용될 때 도움이 되며, 팀원들이 선택의 근거를 객관적으로 설명하는 데에 유용하게 활용될 수 있습니다.

완벽함보다는 실행을 통한 결과물 보여주기

UX 라이팅 가이드라인은 내부 구성원들이 따라야 할 지침으로 종종 라이팅의 법칙으로 여겨질 수 있습니다. 업데이트가 끊임없이 이루어지는 경향이 있지만, 이는 항상 필요한 것은 아닙니다.

실제 UX 라이팅 업무를 통해 축적된 데이터를 기반으로 가이드라인이 업데이트 되는 경우가 많습니다. 이는 서비스에 더 적합한 내용을 찾아가는 성장 과정이며, 초기 버전에서는 필수적인 내용만을 포함하는 것이 좋습니다.

초기 버전을 유용한 내용을 중심으로 구성하여 배포하는 것은 내부 구성원이 문구 작성법을 더욱 빠르게 익힐 수 있게 도와줍니다. 또한, 가이드라인을 준수함으로써 검수해야 할 내용이 줄어들고, 문구 수정 시에도 수월하게 작업할 수 있습니다.

따라서, 구성원들이 자주 묻는 질문을 고려해 초기 버전을 배포하는 것이 좋습니다. 이를 통해 유용한 가이드라인이 만들어지며, 예를 들어 '날짜 표기법'이나 '숫자 및 가격 표기 방식'과 같은 기본적인 내용부터 출발할 수 있습니다.

문서 형식에 구애받지 말고, 일상적으로 사용하는 도구를 활용하여 문서를 생성하고 배포하는 것이 좋습니다. 이렇게 함으로써 더 많은 사람이 문서에 접근할 수 있으며, 효율적인 업무 수행이 가능해집니다.

UX 라이팅 가이드라인 수립을 위한 방법론 탐색

▲ 영화 〈재즈 싱어〉, 1927

　　위 사진은 영화 〈재즈 싱어〉의 첫 대사가 나오는 장면입니다. 이 영화는 세계 최초의 장편 유성 영화로서, 소리가 처음으로 화면을 통해 구현됩니다. 그 대사는 다음과 같습니다.

"You ain't heard nothing yet."

아이러니하게도, 첫 대사가 '아직 아무것도 듣지 않았다.'라는 말이지만, 이를 듣는 순간에는 이미 들었다는 사실을 인지하게 되면서 동시에 아직 아무것도 듣지 않은 상태가 됩니다.

이러한 모순을 통해 UX 라이팅을 설명하고자 합니다. 실제로 UX 라이팅 작업을 시작하기 전까지는 여러분의 서비스가 UX 라이팅에 접근하지 않은 것으로 간주됩니다. 앞서 말한 것처럼 UX 라이팅 작업은 복잡한 과정을 거쳐 진행됩니다.

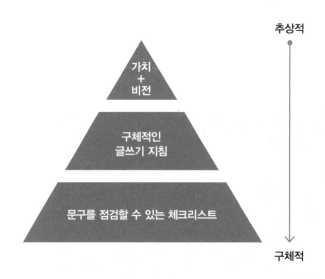

단순한 추측과 무작정 문구를 작성하는 것만으로는 UX 라이팅을 해낼 수 없습니다. 따라서 UX 라이팅의 효과적인 기준을 마련하기 위해서는 UX 라이팅 가이드라인의 수립이 필수입니다. 이 가이드라인은 작성 방법에 대한 구체적인 참고 자료로, 크게 세 가지로 구성됩니다. 핵심 가치와 브랜드 비전을 담은 원칙, 구체적인 문구 작성 지침, 그리고 문구 점검 체크리스트가 이에 해당합니다.

이러한 분류는 제 경험을 바탕으로 한 것이지만, 모든 서비스에 그대로 적용될 수 있는 것은 아닙니다. 따라서 각 회사의 상황과 필요에 맞게 수정되어야 합니다. 그렇지만 하나는 분명한데, UX 라이팅 가이드라인은 추상적인 측면에서 시작하여 구체적인 측면으로 나아가면서 구성된다는 점입니다.

가이드라인을 구성하기 위해서는 우리 프로덕트 문구가 지닌 문제부터 정의해야 합니다. 표면적으로 보이는 문제는 종종 실제로는 깊은 곳에 숨겨진 본질적인 문제의 신호일 뿐입니다. 따라서 서비스 전반을 철저히 살펴보는 것이 근본적인 문제 해결의 시작입니다. 이를 위해 서비스의 구성 요소를 검토하는 것이 필요합니다. 즉, IA^Information Architecture, 와이어프레임, 사용자 플로우, 페르소나 등을 확인하는 것이 UX 라이팅 가이드라인 작성의 첫걸음입니다.

저 또한 처음에는 문구에만 초점을 맞추어 문제를 해결하려고 했습니다. 데이터베이스화된 문구를 정리하고, 각각의 프로덕트, 카테고리, 퍼널^Funnel: 고객이 제품을 구매하기까지의 과정을 시각적으로 표현한 모델, UI 컴포넌트별로 문구를 나열함으로써 문제를 해결하려 했지만, 이러한 방식은 공급자 중심의 문제만을 발견하고 사용자 중심의 문제를 파악하지 못했습니다. 왜냐하면 문구 작성자는 사용자가 아닌, 공급자의 입장이었기 때문입니다. 결국, 이러한 방식은 UX 라이팅의 본질적인 문제를 파악하는 데 도움이 되지 않았습니다.

따라서 UX 라이팅 가이드라인을 다시 검토해야 했습니다. 문제 정의 방법론이 잘못되었기 때문입니다. 올바른 접근 방식은 사용자의 관점에서 서비스를 바라보고, 사용자가 직면한 문제점들을 식별하는 것입니다.

가이드라인 수립을 위해 서비스를 검증하는 방법: 도그푸딩과 가추법(가설적 추론법)

우선, 3개월 동안 직접 서비스를 사용하며 문제점을 파악하기 시작했습니다. '나'

라는 사용자는 이전에 우리 서비스를 경험한 적이 없기 때문에, 직접 사용하며 문제를 발견하는 데에 적합한 조건이었습니다. 이미 내부 구성원으로서 서비스의 다양한 문제점을 알고 있었다면, 이러한 접근 방식은 불가능했을 것입니다.

이 방법을 '도그푸딩Dogfooding'이라고도 하는데 이는 자사의 새로운 프로덕트나 서비스를 내부에서 가장 먼저 사용해보는 것을 의미합니다. 우리 서비스와 '나'라는 특수성이 딱 맞아떨어져서 도입할 수 있었습니다.

도그푸딩을 진행하면서 특정한 작업에 집중하는 대신 전반적으로 서비스를 탐색하며 사용자 관점에서 문제점을 찾는 데 중점을 두었습니다. UI/UX의 사용 편의성, 기능의 유용성, 사용자가 중요하게 여기는 요소 등을 주목했습니다. 특히, UX 라이팅 측면에서 문구를 주의 깊게 조사했습니다.

또한, 주변 지인이 제약 없이 서비스를 사용하는 그 과정을 동영상으로 기록해 사용자 경험을 면밀히 관찰했습니다. 이 방식은 기존의 사용성 테스트와는 다르게 모더레이터 Moderator: 조정자, 중재자의 개입 없이 사용자가 직면한 문제에 대해 깊이 파악할 수 있습니다. 진행되는 과정이 실제 사용 환경과 동일하게 이루어졌기 때문에 외부 변수의 영향을 최소화할 수 있었습니다.

하지만, 이런 방법은 효율적이지 않을 수 있습니다. 사용자의 동선을 추적하고 사용자 의도를 파악하기 어려울 수 있기 때문입니다. 이런 방식을 도입하고자 한다면 충분한 시간을 투자하는 것이 좋습니다.

▲ 가추법을 창안한 찰스 샌더스 퍼스
(Charles Sanders Peirce)[1]

---

[1] 가추법(Abduction)은 찰스 샌더스 퍼스(Charles Sanders Peirce)가 개발한 이론적 방법론으로, 가설 추론법으로도 알려져 있습니다. 이 방법은 전제에 이미 결론이 담겨 있는 연역법(Deduction)이나 근거의 양적 확장으로서 결론을 이끌어내는 귀납법(Induction)과는 달리, 가정 자체를 통해 결론을 도출하는 방식을 의미합니다. 이는 가정이 한 번 설명력을 갖추면 이를 이론으로 채택하고 추론과 추리를 통해 그 가정을 지지하는 증거를 찾아내는 방식입니다.

더 나아가, 가추법을 이론적 방법으로 활용했습니다. 연역법이나 귀납법 대신 가추법을 선택한 이유는 간단합니다. 서비스가 업계에서 선두를 달리고 있으며, 월간 활성 사용자^{MAU}가 수백만에 달하는 상황에서 사용자든 구성원이든 이미 알려진 문제를 인지하지 못하는 상황이었습니다. 그러나 문구에 관한 문제는 너무나도 분명했습니다.

귀납법

구체적인 사례나 관찰에서 출발하여 일반적인 결론이나 법칙을 도출하는 논리적 추론 방법

연역법

일반적인 원리로부터 특정한 결론을 도출하는 논리적 추론 방법

가추법은 귀납법이나 연역법과 비교했을 때 신뢰성이 낮아서 자주 사용되지는 않습니다. 그러나, 우리의 목적이 특정 문제를 파헤치는 것이 아니라 존재하는 문제를 파악하는 것이었기 때문에 가추법이 적합한 선택이었습니다.

가추법을 간단히 설명하면, '관찰된 특정한 사실을 설명할 수 있는 가설을 설정하여, 사실이 일어난 이유를 결론으로 도출하는 개연적 추론 방법'입니다. 다양한 현상들을 관찰하고 공통적으로 나타나는 문제점들을 모아 새로운 원리를 적용하는 방식으로 우리 서비스 내의 다양한 현상들을 종합해 가이드라인을 수립했습니다.

명확한 목적 없이 서비스 전체를 조사해야 하기 때문에 비효율적일 수 있습니다. 그러나, 포괄적인 문제를 파악하고 분류할 때는 이 방법이 효과적이라고 판단되었습니다. 또한, 상호작용을 통해 사용자가 겪는 문제를 파악하는 것이 유익하다고 결론 내렸습니다.

"가추법은 설명을 위한 가설을 형성하는 과정이다. 또한 새로운 아이디어를 도입하는 유일한 논리적 연산이다. 가추법은 값을 결정하고 순수한 가설이 필요한 결과를 도출하는 역할을 한다.

Abduction is the process of forming an explanatory hypothesis. It is the only logical operation which introduces any new idea; for induction does nothing but determine a value and deduction merely evolves the necessary consequences of a pure hypothesis." [2]

찰스 샌더스 퍼스의 설명에 따르면, 가추법은 설명 가능한 가설을 설정하는 과정입니다. 연역법은 이미 결론이 전제에 내포되어 있어 항상 참인 결론을 도출할 수 있는 반면, 귀납법은 근거의 양적 확장을 통해 결론에 도달하며, 이는 개연성에 따라 판단됩니다.

관찰된 특정한 사실을 설명할 수 있는 가설을 설정하여
사실이 일어난 이유를 결론으로 도출하는 개연적 추론 방법

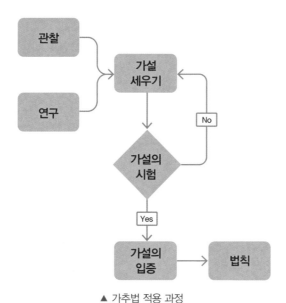

▲ 가추법 적용 과정

---

2 출처 – https://www.jstor.org/stable/185210

이러한 차이점을 바탕으로, 가추법은 서비스에 내재된 문제를 설명할 수 있는 새로운 가설을 제시합니다. 사용자의 사용 방식과 이를 통해 도출된 문제점들로부터 가설을 설정하고, 이를 가이드라인으로 전환하는 방식을 채택했습니다.

이 접근 방식을 통해 모든 가이드라인이 사용자 플로우를 기반으로 하고 사용자 중심적인 내용으로 구성될 수 있었습니다. 다른 서비스가 UX 라이팅 가이드라인을 어떻게 개발했는지는 알 수 없습니다. 왜냐하면, 그들의 방법론을 설명하는 공유된 자료나 가이드가 존재하지 않기 때문이죠. 다만, 방법론 도입에 있어 다양한 검증 과정을 거쳐 적용할 것을 권장합니다.

가이드라인 수립 전 단계에서 진행한 방법과 가추법을 한 문장으로 요약하면, '가능성 있는 것을 제안하는 과정'이라 할 수 있습니다. 가추법의 적용 가능성은 서비스의 상황에 따라 달라질 수 있습니다. 서비스가 아직 구성되기 전이라면, 가설을 설정하고 귀납법이나 연역법을 통해 이를 검증하는 것이 더 효과적일 수 있습니다.

가이드라인 수립을 위한 사용자 플로우 추적 및 분석

사용자가 문제에 부딪히는 지점을 파악하기 위해 실제 사용 과정의 영상을 분석했습니다. 각각의 동선을 추적하며, 사용자가 어느 지점에 주목하고, 무엇을 선택하는지를 사용자 플로우로 구성했습니다. 시선 추적은 할 수 없었으나, 닐슨 노먼 그룹의 연구에서 제시하는 F 패턴을 가정하여 분석했습니다.

우리가 사용자 플로우^{이용 흐름}를 추적하는 이유는 사용자가 서비스에 어떤 공감을 받고 싶은지를 알아내기 위함입니다. 여기서 공감은 사용자의 요구와 니즈, 서비스 사용 맥락, 서비스에 대한 기대와 인식을 포함합니다.

사용자 플로우를 통해 객관적인 데이터를 축적하면서, UX 문제나 UX 라이팅 문제로 인한 이탈이 발생할 수 있습니다. 이 두 문제를 구분하여 정리하는 것이 중요합니다.

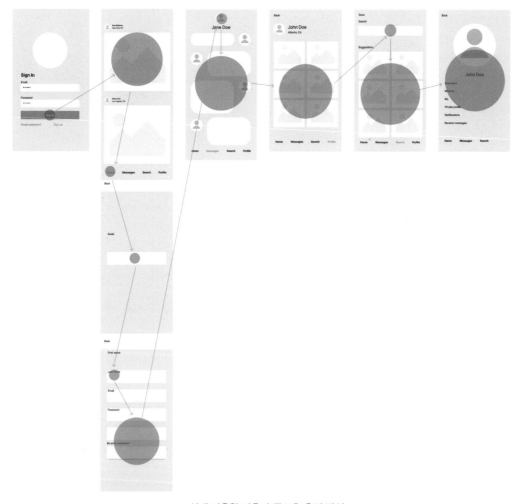

▲ 실제 사용한 사용자 플로우 추적 방식

문제를 정리할 때 UX를 우선시하고 그다음으로 UX 라이팅을 고려합니다. 문제 해결 방안을 도출할 때는 UX와 UX 라이팅을 분리하여 접근 가능한 사안을 구분합니다. UX 문제는 가이드라인을 수립할 때 큰 틀에서, UX 라이팅 문제는 작은 틀에서 접근해야 합니다.

UX 문제와 UX 라이팅 문제를 완전히 분리하는 것은 어렵지만 사용자 맥락에서 두 가지는 하나로 고려되어야 합니다. 예를 들어, 최상단 카테고리의 문구 수정을 위해서는 프로덕트의 IA와 PRD 문서를 검토하고, 사용자 플로우를 고려해 올바른 내비게이션을 제공하는 방식으로 접근해야 합니다.

이 과정에서 인텐트 유저^{Intent user, 목적이 명확한 사용자}와 디스커버리 유저^{Discovery user, 목적이 명확하지 않은 사용자}를 구분하게 됩니다. 이 두 가지 사용자 유형에 따라 행동과 흐름이 달라지므로, 가이드라인을 수립할 때는 서비스에 적합한 사용자 유형을 결정해야 합니다. 사용자 세그먼트를 명확히 함으로써 주요 서비스 이용 사용자 사례를 설정하는 데 도움이 됩니다.

일반적인 사용 사례를 중심으로 작업을 진행해야 하며, 서비스에 고객 페르소나가 있다면, 그들을 중심으로 작업을 진행합니다. 고객 페르소나는 대부분 인텐트 유저로, 사용자가 서비스를 이용하는 구체적인 목적을 바탕으로 구성됩니다.

사용자 여정 지도를 그릴 때는 사용자 경험을 중심에 두어야 합니다. 이를 위해 사용자의 요구, 니즈, 목표와 각 단계에서의 감정을 신중하게 고려해야 합니다. 사용자의 요구와 니즈는 사용자 인터뷰, 설문조사, 로그 분석 등 다양한 방법으로 파악할 수 있습니다. 이러한 접근을 통하여 사용자들이 서비스를 통해 해결하고자 하는 문제와 목적을 이해할 수 있습니다.

다음으로 서비스에서 사용자가 겪는 감정을 파악하는 것이 중요합니다. 사용자의 감정을 시각화하면 사용자 경험을 명확하게 드러낼 수 있습니다. 예를 들어,

		1	2	3	4	5
사용자의 감정 수준	좋음				●	
	보통		●			
	나쁨	●		●		●
행동		1. 앱 실행	2. 원하는 카테고리 선택	3. 지역 선택	4. 숙소 선택	5. 객실 선택
터치 포인트		메인 화면	원하는 카테고리 선택 화면	지역-지하철역 선택 화면	숙소 피드 화면	객실 옵션 선택 화면
페인 포인트		• 제공되는 정보가 많아 한눈에 들어오지 않음(UI 복잡) • 검색 기능이 최상단에 위치해 효율성이 떨어짐 • 하단 내비게이션에 '자주 사용하는' 기능이 빠져 있음 • 메인 카테고리 프리미엄과 프리미엄 피드가 중복 표시	• 제공되는 카테고리가 많아 원하는 정보 선택에 주저함이 발생 • 광고 배너가 위쪽에 위치하여 카테고리 범주화 방해	• 지역을 선택했을 때, 날짜 지정 옵션이 주어지지 않음 • 날짜 지정 옵션이 주어지지 않아 기본 값인 '당일'로 예약되는 경우가 있음 • 이때 환불 이슈가 발생할 가능성이 높음		• 위시 리스트에 객실을 추가한 후, 위시 리스트 목록으로 진입 불가능
해석		• 불필요한 요소를 제거하고 레이아웃을 재구성하여 복잡도 감소 • 숙박과 레저·티켓을 분리하여 제공(숙박 행위-여가 활동 분리) • 검색 기능을 엄지손가락 행동 반경에 위치시켜 효율성 향상(하단 내비게이션으로 이동) • 자주 사용하는 기능을 하단 내비게이션에 배치(사용자 중심) • 메인 카테고리와 하단 콘텐츠 피드를 분류할 필요가 있음	• 카테고리 재범주화를 위해 메인 광고 배너와 카테고리 위치 변경	• 지역을 선택하면 날짜 선택에 대한 경고 팝업 대신 날짜와 인원 정보 설정 기능을 제공하여 문제 발생 예방	• 필터 기능을 효율적으로 제공해 원하는 숙소를 빠르고 쉽게 검색할 수 있음 • 지도 플로팅을 눌렀을 때, 설정된 지역의 숙소를 보여줌으로써 쉽게 검색 가능	• 위시 리스트에 객실을 추가했을 때, 위시 리스트 목록을 확인할 수 있게 토스트 팝업 제공

▲ 사용자 여정 지도 예시

프로덕트에 처음 접근하는 단계에서 사용자가 느끼는 불안감이나 혼란을 파악하고 시각화하면, 서비스 개선 방안을 도출할 수 있죠. 이 방법은 UX와 UX 라이팅에 동일하게 적용할 수 있습니다.

또한, 객관적 분석이 필수적입니다. 사용자 로그 데이터 분석과 같은 다양한 데이터 소스를 활용하여, 사용자 행동 패턴, 선호도, 문제점 등을 파악할 수 있습니다. 사용자 행동 패턴을 통해서는 사용자가 어떤 행동을 주로 하는지, 어떤 기능을 자주 사용하는지를 알 수 있으며, 사용자 선호도를 통해서는 사용자가 어떤 기능이나 디자인을 쉽게 이해하고, 원활하게 사용하는지를 알 수 있습니다.

사용자 여정 지도는 사용자 경험에 초점을 맞추어 다음과 같은 단계별로 나누어 그릴 수 있습니다. 이 단계는 쇼핑을 기반으로 예시를 구성했습니다. 어떤 산업군에 속하는 서비스를 사용하냐에 따라 구체적인 방식은 달라집니다.

01 **인식 단계**: 사용자가 기업의 프로덕트를 처음 인지하는 단계로, 광고, 소셜 미디어, 추천 등을 통해 알게 됩니다.

02 **고려 단계**: 사용자가 프로덕트 구매를 고려하는 단계로, 프로덕트의 기능, 가격, 경쟁 프로덕트와의 비교 등을 평가합니다.

03 **구매 단계**: 사용자가 실제로 프로덕트를 구매하는 단계입니다. 이는 온라인 쇼핑이나 오프라인 매장 방문을 포함합니다.

04 **사용 단계**: 사용자가 프로덕트를 사용하며 프로덕트의 기능을 경험하고 만족을 느끼는 단계입니다.

05 **유지 관리 단계**: 사용자가 프로덕트를 지속적으로 사용하며, 발생하는 문제를 해결하거나 지원받는 단계입니다.

06 **추천 단계**: 사용자가 프로덕트를 만족해 친구나 가족에게 추천하는 단계입니다. 만족도가 높을수록 추천 확률이 증가합니다.

07 **재구매 단계**: 이전에 만족했던 사용자가 다시 프로덕트나 서비스를 구매하는 단계입니다.

이러한 여정 지도를 작성한 후에는 분석이 필요합니다. 닐슨 노먼 그룹은 여정 지도 분석을 위한 일곱 가지 주요 요소를 정리하고, 이를 통해 인사이트를 도출하고 개선 방안을 찾는 방법을 제시합니다. 페르소나 설정은 이 과정에서 중요한 역할을 하며, 설정된 페르소나에 따라 결과가 달라질 수 있습니다. 따라서 이 점을 유념하여 참고하면 유용합니다.

이 과정은 UX 라이터의 업무와 직접적으로 관련이 있습니다. 실제 업무에서는 문구 수정뿐만 아니라 사용자 경험을 고려한 작업이 주를 이루기 때문이죠. UX 라이터는 혼자서 모든 과정을 구상하지 않으며, 프로덕트 오너나 디자이너 등과 협력하며 작업을 진행합니다. 때로는 이미 완성된 작업물을 기반으로 UX 라이팅을 적용하기도 합니다. UX 라이터가 전체 과정에 처음부터 참여함으로써 더 높은 이해도를 바탕으로 효과적인 문구를 작성할 수 있습니다.

타사 가이드라인 분석

국내 기업 중 금융업을 제외하고 UX 라이팅 가이드라인을 공개하는 예가 거의 없습니다. 공개된 것도 외적으로 공개 가능한 버전에 불과하며, 자세한 버전은 공개되지 않아 현재 상황을 파악하기 어렵습니다. 그런 가운데, 삼성전자는 자신들의 UX 라이팅 가이드라인을 웹상에 부분적으로 공개하고 있습니다. 이를 통해 어떠한 원칙을 지향하고 있는지 확인할 수 있습니다. 이와 유사하게 외국의 몇몇 대표적인 기업들도 자신들의 UX 라이팅 가이드라인을 공개하고 있습니다.

삼성전자의 UX 라이팅 가이드라인과 글로벌 기업 중 대표적인 4개 외국 기업의 가이드라인을 선정하여 정리해 보았습니다.

SAMSUNG

삼성의 UX 라이팅 가이드라인은 '글을 이미지로 어떻게 전달할까?'라는 주제에 집중하고 있습니다. 내부적으로 공유된 가이드라인에는 더 구체적인 지침이 포함되어 있을 것으로 추정되지만, 공개된 내용을 바탕으로 주요 포인트를 살펴보겠습니다.

❶ 시작하기 vs 환영합니다

이 두 가지 표현을 나란히 두는 이유는 카피라이팅^{Copywriting}과 UX 라이팅의 차이를 보여주려는 의도에서 비롯됩니다. 새로운 휴대폰을 처음 사용하는 상황을 식당에 들어간 상황으로 비유하며, 사장이 바로 '주문하세요.'라고 말하는 게 어색하게 느껴질 수 있음을 설명합니다.

이러한 접근 방식은 어떤 온보딩^{On-Boarding: 배에 탄다는 뜻으로 신규 직원이 조직에 수월히 적응할 수 있도록 업무에 필요한 지식이나 기술 등을 안내·교육하는 과정}에서도 적용될 수 있습니다. 사용자들은 새로운 경험 앞에서 환영받기 원하는 본성을 지니고 있기 때문에 첫인상의 중요성을 강조하며, 사용자가 새로운 환경에 더 긍정적으로 반응하도록 유도하는 것이 UX 라이팅의 목적 중 하나임을 나타냅니다.

❷ 사용자를 위한 글 디자인

UX 라이팅이 디자인과 밀접하게 연관되어 있음을 다시 한번 강조합니다. UX 라이팅은 사용자 경험을 보조하는 역할을 하며, 디자인과 밀접한 연관이 있음을 설명합니다. 삼성은 UX 라이팅을 단순히 '글을 작성하는 행위'가 아닌 '글을 디자인하는 과정'으로 정의합니다. 이를 통해, UX 라이팅이 기능을 광고하기 위한 것이 아니라 사용자가 기능을 잘 활용할 수 있게 돕는 역할임을 설명합니다.

❸ 불리한 상황도 솔직하게

불리한 상황을 솔직하게 전달하는 것은 다크 패턴을 피하는 것과 동일하다는 의미를 담고 있습니다. 부정적 경험을 전달하는 요소로서, 부정어의 사용보다 다크 패턴이 사용자에게 나쁜 인상을 더 강하게 준다고 설명합니다. 상황을 맥락적으로 이해하고, 그에 맞는 UX 라이팅을 해야 한다는 것을 강조하는데, 이 역시 사용자 맥락 이해의 필요성을 강조합니다. 여기서 특히 주목할 점은 내용을 긍정적인 언어로 설명하고, 부정적 표현을 약하게 표현하거나, 긍정적인 표현을 대체해야 한다고 설명합니다.

❹ 이론서를 쓰는 게 아니다

'이론서=문어체'와 유사하게, 학술적 글은 주로 이론으로 가득 차 있으며, 이론 없이는 그 가치가 사라집니다. 삼성은 이와 관련해 다음과 같이 말합니다.

> *'UX 라이팅은 이론서를 쓰는 작업이 아니다. 누구나 사용하고, 모든 사람이 이해할 수 있는 표현을 찾아야 한다.'*

이론서를 이해하려면 해당 분야의 배경지식이 필요합니다. 이론서는 특정 지식을 지닌 독자를 대상으로 하기 때문에 일반인이 내용을 이해하기는 어렵습니다. 이를 고려하여 삼성은 '사용자들이 일상에서 자연스럽게 사용하는 용어를 사용하는 것은 괜찮지만, 새로운 기술을 설명할 때는 사용자가 쉽게 이해할 수 있는지 신중하게 고려하고 선택해야 한다.'는 점을 강조합니다.

❺ User-Friendly는 '사용자와 친해지는 것'을 의미하지 않는다

'사용자 친화적'이라는 용어는 단순히 사용자와 격 없이 의사소통하는 것을 의미하지 않습니다. 외국에서는 이 개념을 다음과 같이 정의합니다.

'진정한 의미의 사용자 친화적이란 직관적이고 자연스러움이다.'

이와 유사하게 삼성은 '사용자와의 과도한 친밀함'보다는 '적절한 경계를 유지하면서도 너무 딱딱하거나 지나치게 친근하지 않은 적당한 수준의 친화력을 유지하는 것'이 중요하다고 설명하고 있습니다.

❻ 모두를 위한 배려

이 내용은 접근성에 대해 언급하며, 인종차별적인 단어나 성별을 구분하는 행위 등을 피해야 한다고 강조합니다. '세상은 변화했으며, 다양한 사람들이 존재하는 만큼, 훌륭한 UX는 모든 사람에게 차별 없이 제공되어야 한다.'고 표현합니다.

외국 기업의 UX 라이팅 가이드라인은 분량이 방대합니다. 자세한 내용을 공개하고 있다는 건데요. 애플은 230페이지, 마이크로소프트는 약 1,100페이지에 달합니다. 분량이 많기 때문에 전체 내용을 일일이 살펴보기보다는 필요한 부분만을 추려서 정리했습니다. 정리된 내용을 통해 볼 때, 공통적이 요소들과 각 서비스의 브랜딩을 나타내는 요소로 구분됩니다. 지라^{Jira: 협업 툴}, 컨플루언스 서비스를 제공하는 아틀라시안^{Attlassian}과 구글은 웹상에 별도로 정리해 두어 비교적 쉽게 접근할 수 있습니다.

애플

애플의 UX 라이팅은 엄격한 디자인과 UX 라이팅 가이드라인에 중점을 두고 있으며, 주요 특징을 다음의 일곱 가지로 요약할 수 있습니다.

❶ 간결하고 핵심적인 언어 사용

사용자가 빠르고 효율적으로 작업할 수 있도록 지원하는 것에 초점을 맞추며 이를 위해 간단하고 명료하게 핵심만 전달하는 글쓰기를 추구합니다.

❷ 직관적인 언어 사용

사용자가 혼란스러워하지 않도록 복잡하고 기술적인 용어의 사용을 피하고 명확하고 직설적인 언어로 소통하여 사용자의 이해를 돕습니다.

❸ 일관된 언어 사용

애플은 모든 프로덕트와 플랫폼에서 일관된 글쓰기 스타일을 유지하기 위하여 엄격한 스타일 가이드를 제공합니다. 이는 애플이 제시하는 문장들이 마침표로 끝나는 등의 세밀한 부분에서도 엄격함과 자신감을 확인할 수 있습니다.

❹ 명확한 언어 사용

여기서의 명확성은 모든 사용자가 접근할 수 있는 수준[3]의 명확성을 의미하며 사용자의 배경이나 경험을 배제한 일반적인 명확성을 지향합니다.

❺ 사용자 중심

모든 콘텐츠는 사용자가 목표를 달성하고 작업을 빠르고 쉽게 완료할 수 있도록 설계되어야 함을 강조합니다.

❻ 사용자 맥락의 중요성 인식

사용자가 콘텐츠를 사용하는 상황과 요구에 맞는 적절한 내용을 제공하며 사용자 맥락을 심도 있게 고려합니다.

❼ 감정을 자극하는 글쓰기

단순히 기능적인 측면을 넘어 사용자와의 감성적인 연결을 구축하고자 하는 목표를 가지고 감정을 자극할 수 있는 글쓰기를 강조합니다.

애플의 UX 라이팅 가이드라인은 사용자 경험을 풍부하게 하고 사용자와의 강한 연결을 구축하는 데 중점을 두고 있습니다. 이러한 원칙들은 사용자 친화적인 프로덕트와 서비스를 설계하는 데 있어 핵심적인 가이드가 됩니다.

---

[3] 접근성은 모든 사람이 동등하게 정보에 접근하고 활동에 참여할 수 있는 능력을 말합니다. 주로 장애를 가진 사람들을 포함하여 모든 개인이 웹사이트, 애플리케이션, 환경 등 다양한 분야에서 정보와 서비스를 이용하고 활동할 수 있도록 하는 것을 목표로 합니다. 웹 접근성은 웹사이트와 웹 애플리케이션이 장애를 가진 사람을 포함한 모든 사용자에게 이용 가능하도록 설계된 것을 의미하며 텍스트 기반 정보, 대체 텍스트 제공, 명확한 사용자 인터페이스 등의 기능을 갖추어야 합니다.
소프트웨어 접근성은 다양한 사용자들에게 적합하게 동작하도록 컴퓨터 소프트웨어를 디자인하고 개발하는 것을 의미합니다. 사용자 인터페이스 디자인, 키보드 바인딩 설정, 음성 인식 기능 등이 소프트웨어 접근성에 중요한 역할을 합니다. 접근성은 다양성과 포용성을 존중하며 모든 사람에게 평등한 기회를 제공하는 데 중요합니다. 때때로 법적 요구 사항이 되기도 하며 더 나은 사용자 경험과 사회적 책임을 강조하는 데 기여합니다.

구글

Google

구글의 UX 라이팅 가이드라인은 사용자 경험을 최우선으로 고려하여 명확하고, 간결하며 접근성이 높은 커뮤니케이션을 지향합니다. 구글 머티리얼 Material 디자인에서 UX 라이팅은 원칙Principle과 콘텐츠 구조Content Structure로 구분해 제시합니다.

· 원칙

❶ 명확성과 간결성

UI 텍스트는 사용자의 이해를 돕고 신뢰를 구축하기 위해 명확하고, 정확하며, 간결해야 합니다.

❷ 간결한 글쓰기

한 번에 많은 개념을 나열하지 말고, 사용자가 쉽게 이해하고 받아들이기 편안한 분량을 설정하여 나눠 작성하세요. 복잡한 의미나 지침을 나열하기보다는 핵심 개념에 집중하세요.

❸ 간단하고 직접적인 언어 사용

콘텐츠를 쉽게 이해할 수 있도록 간단하고 직접적인 언어를 사용하세요. 불필요하게 긴 지침을 피하고 현재 작업에 초점을 맞춰 작성하세요.

❹ 사용자 호칭

상황에 따라 2인칭'당신' 또는 '당신의' 또는 1인칭'나' 또는 '나의'으로 사용자를 호칭하세요.

1인칭은 사용자의 소유권을 강조할 때, 2인칭은 대부분의 상황에 적합합니다. 1인칭과 2인칭을 혼합하여 사용하지 마세요.

❺ 필수 세부 정보만 전달

사용자가 업무에 집중할 수 있도록 필수 정보만 제공하고, 때로는 텍스트 없이 UI를 디자인하는 것이 더 효과적일 수 있습니다.

❻ 모든 사용자가 읽기 쉬운 수준에 맞게 작성

일반적인 단어를 사용하여 모든 사용자가 쉽게 이해할 수 있도록 작성하세요. 업계 용어나 기술 전문 용어는 피하고, 필요한 경우에만 사용하세요.

❼ 현재 시제로 작성

프로덕트 동작을 설명할 때 현재 시제를 사용하고, 필요한 경우 간단한 동사 형태를 사용하세요. 미래 시제는 사용하지 마세요.

❽ 숫자 사용

숫자는 '하나, 둘, 셋'이 아니라, 아라비아 숫자인 '1, 2, 3'과 같이 사용하세요.

• 콘텐츠 구조

❶ 목표로 시작하기

문구는 목표로 시작하고, 이를 달성하기 위한 사용자의 행동으로 끝내야 합니다.

❷ 점진적 정보 공개

모든 세부 사항을 초기 상호 작용에서 바로 설명할 필요는 없습니다. 사용자가 필요할 때 점진적으로 정보를 제공하세요.

❸ 일관된 단어 사용

UI 전체에서 기능이나 작업을 설명할 때 일관된 언어를 사용하세요.

❹ 레이블에 UI 요소 표기하지 않기

레이블은 컨트롤이나 요소가 어떤 기능을 하는지 나타냅니다. 이는 버튼이나 스위치에서 볼 수 있는 텍스트처럼 컨트롤 자체 또는 그 근처에 표시됩니다. UI 컨트롤이나 요소를 언급할 때는 그 레이블 텍스트를 사용하세요. 컨트롤이나 요소의 종류를 따로 명시할 필요는 없습니다.

아틀라시안

ATLASSIAN

아틀라시안의 UX 라이팅 가이드라인은 운영 체제에 최적화된 사용자 친화적 콘텐츠 제작에 주안점을 두며, 여기에는 여섯 가지 주요 요소가 포함됩니다.

❶ 운영 체제에 맞는 작성 방식

사용자와 상황에 적합한 정보 제공의 중요성을 강조하며 '스캔 가능한 콘텐츠' 제작을 위해 명확하고 간결한 작성을 지향합니다.

❷ UI에 맞춘 텍스트 가이드

접근성이 높은 언어를 사용하고, 액티브 보이스^{사운드 센서가 TV 시청에 방해되는 주위 소음이 3초 이상 지속되면 스스로 감지해 자동으로 영상의 음성만 증폭시키는 기술} 사용을 중시합니다. 전문 용어나 기술 용어의 사용을 피하도록 안내합니다.

❸ 마이크로카피

소프트웨어 환경에 맞는 마이크로카피의 중요성을 강조하며, 효과적인 마이크로카피 작성 방법을 좋은 예와 나쁜 예를 통해 제공합니다.

❹ 메시지 유형

날짜와 시간, 공백 페이지, 오류 메시지, 온보드 메시지, 알림 메시지, 성공 메시지, 경고 메시지 등 다양한 유형의 메시지 구성 방법과 작성 방법을 안내합니다.

❺ 보이스 톤

브랜드 아이덴티티를 반영하는 어조와 목소리 작성법을 상세히 제공합니다. 상황에 맞는 보이스 톤 설정 방법에 대한 구체적인 지침을 제공합니다.

❻ 문구 작성 방법

글쓰기 프로세스 활용 방법을 제공하며, 작성 프로세스를 간소화하는 데 도움이 되는 템플릿과 체크리스트를 제안합니다. 이는 효율적인 글쓰기 방법으로 안내합니다.

마이크로소프트

마이크로소프트의 UX 라이팅 가이드라인은 명확하고 간결한 언어 사용과 접근성이 높은 언어를 중심으로 이루어져 있습니다. 이는 네 가지 주요 특징에 의해 뒷받침됩니다.

❶ 글쓰기 원칙

사용자 중심의 글쓰기를 핵심으로 삼으며, 간결한 표현, 쉽게 이해할 수 있는 언어, 일관된 용어 사용을 중시합니다.

❷ 포괄적인 언어(접근성)

모든 사용자를 존중하기 때문에 편견이 없으며, 포괄적인 언어 사용의 중요성을 강조합니다.

❸ 메시지 유형

오류 메시지, 온보딩 메시지, 알림 메시지 등 여러 유형의 메시지에 적합한 글쓰기 방법을 제공합니다.

❹ 글쓰기 프로세스

리서치, 계획, 테스트를 포함한 글쓰기 절차를 설명하며, 프로세스 간소화를 위한 템플릿과 체크리스트를 제공합니다.

이와 같이 타사의 UX 라이팅 가이드라인을 분석함으로써 우리는 다른 기업의 전략과 프로세스, 이로부터 발생하는 성과를 배울 수 있습니다.

새로운 프로젝트를 시작할 때 벤치마킹이 초석을 다지는 역할을 합니다. 이는 우리가 더 안정적으로 발전할 수 있는 기반을 마련하도록 돕죠. 하지만 벤치마킹이란 단순히 다른 서비스를 복제하는 것이 아니라, 좋은 점은 도입하고 단점은 보완하는 것을 의미합니다. 이를 유념해 서비스에 적합한 UX 라이팅 가이드라인을 수립하는 데 도움이 되었으면 합니다.

UX 라이팅 가이드라인 대상

03

　　　　　UX 라이팅 가이드라인은 누가 읽을까요? UX 라이팅 가이드라 인을 만들기 전에, 읽는 대상이 누구인지 생각해야 합니다. UX 라이팅 가이드라 인은 사용자가 읽을까요? 아니면 내부 구성원이 읽을까요? 정답은 '둘 다'입니다. 즉, 우리는 두 대상을 고려한 가이드라인 수립 작업을 진행해야 합니다.

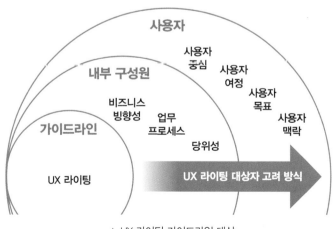

▲ UX 라이팅 가이드라인 대상

우선, UX 라이팅 가이드라인의 주요 사용자가 누구인지 명확히 해야 합니다. 이 가이드라인이 누구에 의해 활용되는지를 고려하는 것이 중요하며, 이 과정에서 우리가 먼저 생각해야 할 대상은 '내부 구성원'입니다. 그렇다면 내부 구성원들을 위한 가이드라인에는 어떤 요소를 고려해야 할까요?

UX 라이팅 가이드라인이 추구하는 목적을 명확히 설명할 필요가 있습니다. 사용자 편의를 도모하는 UX 라이팅이지만, 회사의 비전과 목표를 반영하는 내용이 포함되어야 합니다. 이를 통해 내부 구성원은 UX 라이팅을 통해서 얻을 수 있는 이점을 이해하고 공감할 수 있게 됩니다.

주의해야 할 점은 비즈니스 방향성에 따라 UX 라이팅 가이드라인의 목적이 변할 수 있다는 점이므로 이에 대한 충분한 설명이 필요합니다. 또한, UX 라이터는 비즈니스의 방향성을 반영하여 UX 라이팅 가이드라인을 지속해서 업데이트하고 관리해야 합니다. UX 라이팅은 서비스의 목소리를 대변하는 중요한 역할을 하므로, 이 부분이 동기화되지 않으면 일관된 표현을 유지할 수 없어 사용자의 신뢰를 저해할 수 있습니다.

다음으로 내부 구성원에게 어떤 혜택이 있는지 설명해야 합니다. 가이드라인을 완성하고 배포하는 것만으로 충분하지 않습니다. 내부 구성원이 실제로 사용할 수 있도록 유도하는 작업이 필요합니다. 이를 위한 전략을 마련하고 구성원에게 UX 라이팅 가이드라인을 알리는 것도 UX 라이터의 중요한 업무 중 하나입니다.

핵심 방법 중 하나는 교육을 진행하는 것입니다. UX 라이팅 가이드라인의 필요성을 설명하고, 구성원들이 이를 공감하고 사용할 수 있도록 유도해야 합니다. 하지만 단순히 교육만으로는 부족합니다. 모든 구성원이 자신의 업무로 바쁘기 때문입니다.

일반적으로 문구 작성은 UX 라이터의 책임으로 간주되어 전적으로 UX 라이터가 담당해야 한다고 생각합니다. 그러나 앞서 언급했듯이, 프로덕트에 대한 이해도는 프로덕트 오너나 디자이너가 더 높을 수 있어 초안 작성은 그들이 맡을 필요가 있습니다. 또한, 법적 검토가 필요한 경우에는 법무팀과 협의해 문구를 마련해야 하므로, 이 과정에는 더 많은 시간이 소요될 수도 있습니다.

이러한 사항을 가이드라인에 적절히 통합하지 않으면, 내부 구성원 간의 소통이 어려워지고 업무 프로세스에서 불필요한 커뮤니케이션 비용이 발생할 수 있습니다. 따라서 이러한 부분을 미리 고려하여 가이드라인을 작성하는 것이 중요합니다. 내부 구성원 역시 UX 라이팅 가이드라인의 대상임을 잊지 말아야 합니다. UX 라이팅 가이드라인이 완성되면 이를 기준으로 UX 라이팅 작업을 진행하기 때문입니다.

다음으로 사용자를 고려해야 합니다. UX 라이팅의 궁극적인 대상은 사용자이기 때문이죠. 내부 구성원이 사용자 맥락에 부합하는 내용을 작성하도록 안내하는 것이 가이드라인의 최종 목표입니다.

사용자가 목표에 도달하기 위한 최적의 경로를 어떻게 안내할지, 어떤 방식으로 문구를 작성해야 사용자가 쉽게 이해할 수 있을지 깊이 고민해야 합니다. 사용자 여정을 어떻게 안내하면 최적의 경로가 도출되고, 이를 통해 비즈니스 방향성에 부합하는 결과를 제공할 수 있는지 등을 고민해야 합니다.

다시 말씀드리지만, 단순히 문구를 수정하는 것이 UX 라이팅은 아닙니다. 사용자를 관찰하고, 사용자의 목적과 서비스의 방향성을 동시에 충족시킬 수 있는 문구를 작성하는 것이 바로 UX 라이팅입니다.

UX 라이팅 가이드라인의 효과

잘 구성된 가이드라인에 따라 문구를 작성하면 어떠한 이점이 있을까요? 사용자는 서비스와 브랜드를 통해 일관되고 특별한 경험을 하게 됩니다. 이는 UX 라이팅 가이드라인이 사용자 맥락, 콘텐츠 및 기능에 관한 원칙을 제시하기 때문이죠.

간단히 말해, UX 라이팅 가이드라인은 사용자 맥락을 재해석하고 사용자 입장에서 최적의 문구를 설계하도록 도와주는 지침서입니다. 정해진 기준에 따라 문구를 작성하면 메이커들은 이전보다 수월하게 사용자 입장에서 서비스를 바라보며 문구를 작성할 수 있습니다.

따라서 UX 라이팅 가이드라인을 따라 문구를 작성하면 사용자를 이해하는 결과를 얻을 수 있습니다. 하지만, UX 라이터가 아니면 가이드라인 전체를 기억하며 문구에 적용하는 것은 어렵습니다. 이에 UX 라이터는 구성원의 요구에 맞추어 적절한 안내를 제공해야 합니다.

특히, 문구가 서비스 원칙이나 가이드라인에 부합하는지를 구성원이 쉽게 확인할 수 있는 체크리스트가 필요합니다. 체크리스트는 문서 형식으로 남길 경우 수작업으로 점검해야 하므로 시간이 많이 소요되는데, 프로세스에 필수로 포함시키거나 적절한 독려를 하지 않으면 구성원은 사용하지 않게 되므로 이점을 유의해야 합니다.

또 다른 방법은 자동화 시스템을 도입하는 것입니다. 대표적인 예로, 토스는 디자인 시스템^{Toss Design System}을 통해 문구 검수를 자동화하여 제공합니다. 즉각적인 피드백이 가능해짐으로써 구성원이 수정을 더 쉽게 진행할 수 있습니다.

그러나 시스템 오류가 발생할 경우 수정이 어려울 수 있고, 잘못된 가이드에 따라 문구를 수정할 가능성이 높아집니다. 이에 시스템의 유지와 보수에 주의가 요구됩니다.

UX 라이팅 가이드라인은 서비스 정체성과 브랜드 특성을 일관되게 전달하는 역할을 합니다. 일관되지 않은 텍스트가 반복되면, 사용자 신뢰도 하락과 부정적인 브랜드 인식을 초래할 수 있습니다.

일관성은 단지 언어적인 일치를 의미하는 것이 아니라, '서비스가 변함없이 사용자를 우선시한다.'는 인식을 사용자에게 심어주는 것입니다. 신뢰를 표면적인 내용의 수용을 넘어, 사용자의 내면에서 생성되는 인식을 의미합니다.

UX 라이터의 첫 번째 실무,
UX 라이팅 가이드라인 만들기

▲ 〈Design In Tech Report 2017〉

"코드만이 유일한 유니콘 스킬은 아니다.

Code is not the only unicorn skill."[4]

이 문장은 존 마에다[John Maeda]가 2017년 〈Design In Tech Report〉에서 언급한 말입니다. 그는 코딩과 마찬가지로 중요한 다른 기술이 있다고 말했는데, 그것은 바로 글쓰기[Writing]입니다.

하지만 글쓰기는 각자의 개성과 습관을 지닌 개인마다 다양한 방식과 패턴을 갖고 있습니다. 디자이너나 프로덕트 오너 또는 프로덕트 매니저가 작성하는 글은 각자의 특성이 반영되어 프로덕트의 일관성을 해칩니다. 이는 사용자가 서비스를 이용하는 동안 혼란을 야기할 수 있습니다.

특히 한국어는 미묘한 차이가 나기 쉬운데 이는 개인의 목소리, 억양, 글쓰기 특성이 글에 반영되기 때문입니다. 만약 사용자가 이러한 특징을 인식한다면 작성자가 다르다는 것을 알게 되고, 서비스의 일관성이 떨어진다고 느낄 수 있습니다.

이러한 일관성 부족은 사용자가 서비스에 대한 신뢰를 상실하게 할 수 있습니다. 예를 들어, 서비스 상품을 선택할 때는 엄숙한 톤을 사용하고 결제할 때 경쾌한 톤으로 이야기한다면 사용자는 해당 과정에서 어색함을 느낄 것입니다.

사용자는 이와 같은 불일치를 느끼면 서비스 이탈을 고려할 수 있습니다. 그리고 '이 서비스가 내게 맞는 것일까?'라는 의문을 품게 됩니다. 특히 해킹이 흔한 시대에 일관성이 유지되지 않으면 사용자는 프로덕트를 더 의심하게 될 것이고, 일관성을 지키는 타 서비스로 이탈하게 될 것입니다.

---

[4] 출처 – https://www.youtube.com/watch?app=desktop&v=Jz39kGvLk4U

이러한 문제를 방지하기 위한 도구가 바로 UX 라이팅 가이드라인입니다. 이는 서비스 구성원 모두가 하나의 목소리로 서비스의 가치를 일관되게 전달할 수 있도록 돕습니다. 또한, 메시지 유형을 통일하고 UI 컴포넌트 형식을 일관되게 유지하는 등 UX 라이팅의 기준을 제공합니다.

서비스 내에서 UX 라이팅 실무를 본격적으로 논의하기 전에, UX 라이터가 UX를 기반으로 문구를 다룬다는 점을 먼저 내부 구성원이 공감해야 합니다. 이 공감대가 없으면 UX 라이팅의 필요성을 느끼지 못하게 됩니다. 따라서 UX 라이팅 가이드라인은 이러한 공감대에서 시작됩니다.

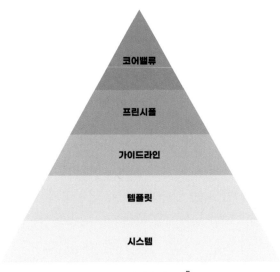

▲ 토스 라이팅 시스템[5]

기업에 첫 번째 UX 라이터로 입사한다면, 우리는 거대한 과제인 'UX 라이팅 가이드라인'에 직면하게 됩니다. 처음부터 한 걸음씩 나아가며 우리 서비스에 맞는 방법론을 개발해야 합니다.

토스의 UX 라이팅 가이드라인 시스템을 예로 들어보겠습니다. 토스는 코어밸류에서 출발해 사용하기 쉬운 라이팅 시스템을 구축했습니다. 가장 특별한 점은 문구 작성 시 즉각적인 피드백을 제공하여 더 나은 글쓰기를 가능케 했다는 것입니다. 이는 토스의 내부 문화를 반영한 시스템입니다.

그렇다면 토스의 시스템을 그대로 우리 서비스에 적용해도 될까요? 답은 '아니요'입니다. 토스만의 특색이 반영된 시스템이며 토스만이 구축할 수 있는 시스템이라서 우리 서비스와 맞지 않을 수 있습니다. 우리는 우리 서비스에 맞는 시스템을 개발해야 합니다.

이렇게 맞춤형 시스템을 개발함으로써 서비스에 적합한 글쓰기 방식을 찾아 적용해야 합니다. 하지만 많은 사람이 UX 라이팅을 적용하면 자동으로 보이스 톤이 통일될 것이라는 오해를 가집니다. 이는 사용자 맥락을 간과하여 각 상황에 맞는 내용을 충분히 고려하지 못하게 만듭니다. 이러한 점을 우리는 우선 주의해야 합니다.

---

[5] 토스 라이팅 시스템은 전체를 공개하지 않았습니다. 현재는 코어밸류와 프린시플(원칙)에 대해서만 공개되어 있습니다. 각각의 내용을 간략히 살펴보겠습니다. 코어밸류는 토스의 핵심 가치를 담아냅니다. 이는 토스가 추구하는 가치를 나타내는 중요한 요소입니다. 구체적으로는 다섯 가지 라이팅 코어밸류가 있는데, 이를 통해 토스가 사용자에게 전달하고자 하는 핵심 가치를 담고 있습니다.

- Clear(명확한)
- Concise(간결한)
- Casual(친근한)
- Respect(존중하는)
- Emotional(공감하는)

다음으로 프린시플은 코어밸류를 실제 문장에 반영하기 위해 지향하는 원칙입니다. 이것들은 코어밸류로부터 파생된 개념이죠. 여덟 가지 원칙을 내세우고 있으며, 다음과 같습니다.

- Predictable hint(다음 화면을 예상할 수 있는 힌트가 있는가?)
- Weed cutting(의미 없는 단어를 모두 제거했는가?)
- Remove empty sentences(의미 없는 문장을 모두 제거했는가?)
- Focus on key message(정말 중요한 메시지만 전달하고 있는가?)
- Easy to speak(이해하기 어려운 용어나 표현을 사용하지 않았는가?)
- Suggest than force(특정 행동을 강요하거나 공포감을 주고 있지 않을까?)
- Universal words(모두가 이해할 수 있고 모두에게 무해한가?)
- Find hidden emotion(단순히 정보를 전달하는 것을 넘어 사용자의 감정에 공감했는가?)

이에 대한 보다 자세한 내용은 출처 링크를 확인하시면 됩니다.

- 출처 – https://toss.tech/article/8-writing-principles-of-toss

UX 라이팅 가이드라인을 구성하는 데 있어, 각 서비스의 고유한 특성을 모두 고려하는 것은 어렵습니다. 그래서 이 책에서는 가이드라인을 구성하기 위한 세 가지 주요 내용을 소개하고자 합니다.

01   UX 라이팅 가이드라인의 원칙

원칙은 서비스나 회사의 비전과 핵심 가치를 반영한 추상적인 개념들을 포함합니다. 예를 들어 '우리 서비스는 사용자에게 기쁨, 휴식, 힐링을 주는, 읽고 나면 마음이 따뜻해지는 글쓰기를 지향한다.'와 같은 내용입니다.

02   구체적인 글쓰기 지침을 담은 가이드라인

글을 작성하는 구체적인 방법론을 안내하는 문서로, 어떻게 글을 써야 하는지, 어떤 방식이 좋은지를 설명합니다. 이 가이드라인을 바탕으로, 내부 구성원은 사용자 맥락에 맞는 적절한 글을 작성할 수 있습니다. 여기에는 다양한 메시지 유형, UI 컴포넌트별 글쓰기 방식 등 구체적인 글쓰기 방법이 포함됩니다.

03   체크리스트

글을 완성하고 발행하기 전에 문구를 최종적으로 점검하는 단계에서 활용됩니다. 글쓰기의 퇴고 도구로 작동하여, 작성된 글이 가이드라인에 부합하는지, 기준을 충족하는지를 빠르게 확인할 수 있습니다.

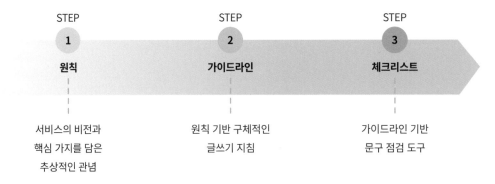

이 세 가지 단계를 기반으로 각 서비스의 특성에 맞춰 가이드라인을 확장하면, 효과적인 UX 라이팅 가이드라인을 구성할 수 있을 것입니다. 각 단계에 대한 자세한 설명은 다음 챕터부터 다루도록 하겠습니다.

UX 라이팅 가이드라인 첫 번째, 원칙

06

UX 라이팅 가이드라인의 시작점은 '원칙^{The} ^{Principle}'입니다. 이 원칙은 서비스의 가치를 반영하며 서비스가 일관된 방향으로 나아갈 수 있게 하는 지향점 역할을 합니다. 마치 스타트업의 북극성 지표처럼 말이죠. 션 엘리스^{Sean Ellis}가 언급한 것처럼 라이팅을 통해 사용자에게 서비스가 제공하는 핵심 가치를 안내하는 것입니다.

원칙
(The Principle)

핵심 가치를 안내하는 행위는 직접적으로 사용자와 연결됩니다. 중요한 것은 이 핵심 가치를 사용자가 어떻게 받아들이는지, 그리고 이를 어떻게 전달할 것인지에 대한 깊은 고민입니다. 예를 들어, "서비스가 '즐거움'을 목표로 하기 때문에 사용자에게 기쁨을 전달해야 한다."라는 목표를 세웠다면, 그 전달 방식은 어떠해야 할까요? 단순히 '해요'체를 사용하고 경쾌한 단어를 선택하는 것만으로 충분할까요?

아닙니다. 가장 중요한 것은 우리가 전달하고자 하는 가치가 실제로 사용자에게 잘 전달되고 있는지를 확인하는 것입니다. 종종 서비스 제공자가 의도한 메시지와 사용자가 인식하는 메시지 사이에 큰 차이가 있음을 발견할 수 있습니다. 이러한 격차를 파악하고 이를 기반으로 원칙을 설정하는 것이 첫 단계입니다.

그렇다면 원칙 설정은 오로지 사용자만을 고려하면 되는 것일까요? 아닙니다. 원칙은 서비스의 가치를 내부 구성원들에게도 명확히 전달해야 합니다. 이를 통해 구성원들과 사용자 모두가 서비스를 통한 일관된 목표 의식을 공유할 수 있어야 합니다.

이 목표 의식에는 서비스의 차별점을 포함시키는 것이 바람직합니다. 서비스의 차별점은 서비스의 강점으로 이어지고, 이는 사용자를 끌어들이는 매력적인 요소가 됩니다.

과거에 기업들은 사용자를 유혹하기 위해 주로 외부 채널에 의존했습니다. 당시에는 자사의 웹사이트를 인지도 부족으로, 단지 지나가는 길목 정도로만 여겼습니다.

이에 기업들은 블로그, SNS나 그룹, 다양한 채널들을 활용하여 사용자를 끌어모으는 데 주력했습니다. 특히 이미지를 적극 활용해 브랜드의 특성을 드러내려 했습니다. 시각적 효과를 통해서 사용자의 관심을 빠르게 끌어당길 수 있다고 생각했기 때문이죠.

하지만 브랜드가 전달하고자 하는 특징과 가치를 시각적 효과만으로 담아내는 것은 생각보다 어려운 일이었습니다. 사용자 맥락에 따라 변화하는 메시지와 가치를 회사 디자인 전반에 일관성 있게 반영하는 것이 사실상 어려웠던 거죠.

앞서 예를 들었던 '기쁨', '휴식', '힐링'이라는 세 가지 추상적 단어를 하나의 이미지로 통합하는 게 쉬울까요? 아닙니다. 이 세 가지를 다 표현하기 위해서는 이미지 자체가 왜곡될 가능성이 상당히 높아집니다. 또한, 모든 맥락에 넣기 어려웠습니다.

오류 메시지를 예로 들 수 있습니다. 사용자가 서비스를 이용하다가 오류가 발생했을 때 속으로 '화가 나 있는 상황'이라고 합시다. 여기서 갑자기 기쁨과 휴식, 힐링을 드러내는 이미지가 나타난다면 사용자는 어떨까요? 더욱 화가 나서 당장 서비스를 꺼버릴 수 있어요.

하지만 우리는 이러한 예외 상황까지 포괄할 수 있는 큰 틀의 개념을 도입해야 합니다. 물론, 그로 인해 경우의 수는 더욱 늘어나게 될 겁니다. 다만, 통합해야 하는 사안들이 많이 발생한다는 것을 전제로 하면 추후에 상황에 대해 대처하기 쉬워질 거예요.

한편, 디자인의 통일성이 매출 증가와 직접적으로 연결된다는 것을 증명하기는 어렵습니다. '시각적 이미지의 변화가 긍정적인 브랜드 이미지를 구축하고, 결국 매출 증대에 기여할 것이다.'라는 가설을 뒷받침하기 어렵기 때문이죠.

물론, 이미지 통일을 통해 브랜드 이미지가 현대적으로 변화되고, 명확한 타깃을 설정한다면 매출 증대를 기대할 수 있습니다. 그러나 이는 단순한 이미지 변화가 아니라, 브랜드의 정체성을 강화하는 과정입니다.

결국 매출 증대와 가장 밀접한 관련이 있는 것은 서비스 이미지가 아닌 서비스의 정체성이며, 주요 관점은 기업이 아닌 사용자에게 있습니다. 결국 사용자가 매출을 결정한다는 사실이 더욱 중요해집니다.

이와 함께 이미지 기반 브랜딩은 비용도 많이 듭니다. 비용 지출은 반응을 끌어내지만 매출에 긍정적인 영향을 주지는 못합니다. 특히 광고비 부담은 크며 시간도 많이 필요합니다. 이는 특히나 생존을 고민해야 하는 소규모 기업에 큰 부담이 되었죠.

▲ 언어는 디자인에서 중요한 요소다(Design is still about words).

이에 따라 이미지 구성에 대한 부담이 커지면서, 텍스트를 주목하기 시작했습니다. 이는 미그 레예스[Mig Reyes]가 말한 "언어는 디자인에서 중요한 요소다."라는 주장과 일맥상통하며 텍스트의 중요성이 더욱 부각되고 있는 것으로 보입니다.

텍스트가 왜 중요해졌을까요? 이는 사용자 경험과 밀접한 관련이 있습니다. 사용자 경험[UX]이 중요시되며 주목이 커지면서 브랜드 경험[BX], 고객 경험[CX] 등 다양한 경험적 개념이 등장했고, 이러한 모든 경험에는 '텍스트'가 핵심적인 역할을 했습니다. 텍스트는 사용자에게 직관적인 경험을 제공하는 데 중요한 역할을 했던 거죠.

우리 서비스의 모든 텍스트를 제거해 보세요. 웹이든 앱이든 관계없이요. 이렇게 되면 우리는 아무것도 할 수 없을 것입니다. 왜냐하면 이미지만으로는 사용성을 충분히 보장할 수 없기 때문입니다.

특히 모바일 사용이 늘어난 현대에서는 텍스트가 더 중요합니다. 모바일 앱에서 텍스트는 화면의 평균 36%를 차지하는 중요한 요소이며, 일부 서비스에서는 40% 이상을 차지하기도 합니다. 이는 텍스트가 화면에서 매우 큰 부분을 차지하고 있음을 의미합니다.

이렇게 많은 공간을 차지하는 텍스트를 적절하게 활용한다면 외부 요소에 대한 고민 없이 서비스 내부 요소만으로도 사용자에게 우수한 경험과 브랜딩을 제공할 수 있습니다.

하지만 외부 요소도 내부 요소만큼 중요합니다. 내·외부의 조화를 이루는 것이 필요한 거죠. 이를 위해 UX 라이팅 가이드라인의 원칙을 내부적 측면과 외부적 측면으로 나누어 고려할 필요가 있습니다.

대내적 원칙

우리는 앞서 가이드라인의 두 그룹을 살펴봤습니다. 이것으로 대내적 원칙이 누구에게 초점을 맞춰야 하는지 쉽게 파악할 수 있습니다. 그것은 바로 내부 구성원들입니다. 이들에게 UX 라이팅 가이드라인의 가치가 어떻게 부합하는지 설명할 필요가 있습니다.

먼저, 구성원들이 원칙을 따라 문구를 작성할 때 얻을 수 있는 이점을 설명하는 것이 좋습니다. 이는 회사의 가치를 직접적으로 반영하는데, 특히 '성과 지표'와 '커뮤니케이션' 면에서 그렇습니다.

성과 지표는 우리 서비스의 전환율과 같은 측면을 의미합니다. 우리가 어떤 사업을 하고 있는지, 구성원들이 어떤 업무를 수행하며 그 목적이 무엇인지를 생각해 보는 것이 유익합니다.

더불어, 구성원들이 직면하는 일의 의미에 대해서도 고민해 볼 필요가 있습니다. 제 생각에는 내부 구성원들이 일하는 근본적인 이유는 '자신의 성장'을 위함입니다. 회사를 위해 또는 회사가 잘 되길 바라는 마음으로 일한다고 하는 것은 오히려 '변명'에 가까울 수 있다고 봅니다.

이런 관점에 동의하는 사람이 많을 수도, 적을 수도 있고 혹은 전혀 없을 수도 있습니다. 하지만, UX 라이팅 가이드라인을 구성하면서 가진 기본적인 논리는, 사람의 기본적인 동기는 '자신을 위한 것'이며 이것은 타인을 위한 것이 아니라는 점입니다.

간단히 말해, UX 라이팅 가이드라인을 따를 때, 우리는 단순히 사용자를 위한 문구를 작성하는 것을 넘어서 '내부 구성원의 목표 달성을 돕는다.'는 관점으로 접근했습니다. 이때, 적극적으로 활용한 이론이 있습니다.

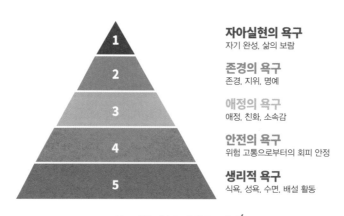

자아실현의 욕구
자기 완성, 삶의 보람

존경의 욕구
존경, 지위, 명예

애정의 욕구
애정, 친화, 소속감

안전의 욕구
위험 고통으로부터의 회피 안정

생리적 욕구
식욕, 성욕, 수면, 배설 활동

▲ 아브라함 매슬로의 욕구 5단계[6]

---

[6] 출처 – https://www.simplypsychology.org/maslow.html

아브라함 매슬로^{Abraham Maslow}의 욕구 5단계 이론을 통해 인간이 무엇을 위해 살아가는지 이해할 수 있습니다. 이 이론에서는 인간의 욕구를 5단계로 분류하는데, 생리적 욕구부터 시작해 자아실현이라는 최고 단계의 욕구에 이르기까지의 과정을 설명합니다. 하위 단계가 충족되면 그다음 단계의 욕구가 중요해진다고 이론은 말합니다.

이러한 관점에서 보면, 가장 상위에 위치하는 자아실현 욕구는 다른 모든 욕구들을 아우르는 근본적인 욕구로 해석될 수 있습니다. 이는 '개인의 동기'라고도 표현할 수 있겠죠.

UX 라이팅 가이드라인에 이 개인의 동기를 자극할 수 있는 요소를 포함시키는 것이 중요합니다. 그 이유는 가이드라인이 있어도 모든 구성원이 이를 사용하지 않습니다. 가이드라인을 실제로 사용하게 만드는 데는 이런 동기 부여가 중요한 역할을 합니다.

내부 구성원이 UX 라이팅 가이드라인을 참고함으로써 기대할 수 있는 긍정적인 효과는 기업의 규모나 도메인 특성에 따라 다양할 수 있습니다. 우리는 이 고민과 함께 가이드라인을 준비해야 합니다.

그중 하나의 공통된 긍정적인 효과는 사용자 전환율의 향상입니다. 이를 입증하기 위하여 사용성 테스트^{Usability Test}를 진행했고, 효과를 명확히 보여주는 동영상과 데이터를 기록했습니다. 이러한 객관적 지표를 UX 라이팅 가이드라인에 포함함으로써 UX 라이팅이 가져오는 결과의 영향력을 증명하는 증거로 활용할 수 있습니다.

UX 라이팅 가이드라인을 전사적으로 공유할 때는 단순히 글쓰기 지침뿐만 아니라 가이드라인의 운영 측면에서 긍정적인 효과가 나타났다는 증거를 포함해야 합니다. 이는 내부 구성원을 설득하고 가이드라인의 채택과 실천을 촉진하는 데 있어 중요한 역할을 합니다.

UX 라이팅 가이드라인을 적극적으로 활용하면, 다양한 긍정적인 결과를 얻을 수 있습니다. 기업의 특성에 따라 그 결과는 달라질 수 있는데, 각각의 결과가 어떠한 형태로 드러나는지 일일이 살펴보면서 기록하는 것이 중요합니다.

예를 들어, 가이드라인에 따라 글을 쓰고 내면화함으로써 직원들이 UX 라이터와 같은 수준으로 UX 라이팅을 할 수 있습니다. 물론 모든 가이드라인을 완벽하게 숙지하기는 어렵겠지만 반복적인 사용을 통해 전보다 나은 결과물을 생성할 수 있게 됩니다.

UX 라이팅의 개선뿐만 아니라, '누구나 쉽게 이해할 수 있도록'이라는 UX 라이팅의 핵심 원칙 덕분에 구성원의 글쓰기 역량 또한 개선됩니다. 이는 구성원들이 자연스럽게 습득하는 지식과 기술입니다. 따라서 글쓰기 역량 향상을 원하는 구성원들에게 이점을 강조해야 합니다.

그러나 모든 기업에 동일하게 적용되는 것은 아닙니다. IT 기업이나 스타트업과 같이 지속적인 변화와 성장을 추구하는 회사에서는 개인의 자아실현과 성장이라는 가치를 중요하게 여길 수 있습니다. 이는 직원들이 더 성장하길 원하고, 더 나은 상태로 발전하고자 하는 욕구와 연결됩니다. 이는 바로 매슬로의 이론처럼, 인간 욕구의 최상위 단계인 자아실현에 관한 것입니다.

"자아실현은 자기 성취에 대한 사람의 욕구, 즉 잠재적인 자신의 모습을 실현하고자 하는 경향을 말한다.
It refers to the person's desire for self-fulfillment, namely, to the tendency for him to become actualized in what he is potentially."[7]

▲ 아브라함 매슬로[8]

보수적인 기업의 경우, UX 라이팅과 같은 변화를 적극적으로 받아들이기 어려울 수 있습니다. 조직의 변화 속도가 느리고 개인의 의견이 충분히 반영되지 않는 상황이 일반적이죠. 이는 UX 라이팅 업무와 그 원칙이 조직의 특성과 속도에 맞춰 조정되어야 함을 의미합니다.

따라서 보수적인 기업에서는 대내보다는 대외적인 기준을 따르는 경향이 있으며, 변화보다는 기존의 안정성과 기업의 전체적인 성장을 우선시하는 경향이 있습니다.

이 같은 차이를 이해하기 위해서는 기업의 핵심 가치, 비전, 그리고 미션을 분석해야 합니다. 이 분석을 통해 기업에 맞는 핵심 요소를 도출할 수 있습니다. 그러나 이러한 분석 방법이나 원리에 대해 우리는 미처 알지 못할 수 있고, 이는 처음 직면한 과제일 수 있습니다. 이 경우, 비즈니스에 깊이 관여하고 있는 내부 구성원에게 문의하는 것이 최선의 방법입니다. 그 과정에서 우리는 또 다른 장벽에 부딪힐 수 있습니다.

'그들을 섭외해서 어떤 질문을 던져야 할까?'

그러나 너무 걱정할 필요가 없습니다. UX 라이팅의 교과서라 불리는 「마이크로카피^{Microcopy}」를 집필한 킨너렛 이프라^{Kinneret Yifrah}가 이를 알아보기 위한 질문을 작성해 두었습니다.[9]

---

7 〈인간의 동기에 관한 이론(A theory of human motivation)〉,아브라함 매슬로(Maslow, A. H.), 1943, p.382

8 출처 – 셔터스톡

9 원래 아티클은 보이스 톤 설계를 위한 질문지로 구성되어 있지만, 회사의 핵심 가치나 비전 등을 알아보는데 적절한 질문으로 구성되어 있어 동일하게 적용할 수 있습니다.

❶ 비전(The Vision)

> **Q** 브랜드가 세상에 어떤 변화를 일으키고자 하나요? 브랜드가 성공하면 세상은 어떻게 더 나은 곳이 될까요?

이 질문에 대한 대답은 현재 상황에서 찾아서는 안 됩니다. 오히려, 우리는 미래를 향한 가이드라인으로 답해야 합니다. 즉, 반드시 달성해야 하는 구체적인 목표들을 제시하기보다는 우리에게 이상적인 방향을 제시하고 목표에 이르는 길을 밝혀주는 등대와 같은 역할을 수행해야 합니다. 따라서, 현실보다는 이상적인 상황을 토대로 답변을 구성해야 합니다.

❷ 미션(The Mission)

> **Q** 비전을 달성하기 위해 무엇을 하고 있나요? 변화를 끌어내기 위해 어떻게 노력하고 있나요?

이 답변은 현재와 관련이 있습니다. 행동의 지침이 되는 원칙과 주요 행동 영역을 간결하게 설명해야 합니다.

❸ 가치(Values)

> **Q** 브랜드를 유지하고 실천하는 데 중요한 가치는 무엇인가요?
> 브랜드를 전 세계에 홍보하는 데 중요한 가치는 무엇인가요?
> 이와 같은 가치 중에 브랜드에 가장 중요한 가치 다섯 가지는 무엇인가요?
> 각각의 가치를 간단히 설명하세요. 이 가치들이 여러분과 브랜드에는 어떤 의미가 있나요?

답변을 제시할 때 각 가치를 명확하고 간결하게 설명하는 것이 중요합니다. 특히 해당 가치가 브랜드에 왜 중요한지를 분명히 밝혀야 합니다. 올바른 설명을 통해 그 가치들이 브랜드와 어떻게 연결되는지 강조할 수 있으며, 이 가치들이 브랜드의 목표와 어떻게 일치하는지도 명시해야 합니다.

브랜드에 있어 가장 중요한 다섯 가지 가치를 선정할 때는 각 가치가 지닌 상대적 중요성을 깊이 있게 설명해야 합니다. 이러한 가치들이 브랜드의 성공에 어떠한 역할을 하는지 부각시키는 것이 필요합니다.

❹ 브랜드 특성(The Personality of the Brand)

Q 브랜드가 사람이고, 브랜드가 방에 들어왔다면 첫눈에 보고 떠오르는 세 가지 생각은 무엇인가요?

브랜드가 우리와 함께 커피를 마시며 더 알아가게 된다고 했을 때, 우리는 브랜드의 어떤 면모를 또 발견할 수 있나요?

브랜드가 사람이라면 몇 살이고, 옷차림은 어떻고, 결혼은 했나요? 신문을 펼쳤을 때 스포츠, 예술, 뉴스 중 어떤 섹션을 가장 먼저 읽을까요? 갤럭시와 아이폰 중 어떤 종류의 스마트폰을 사용할까요? 취미와 관심 분야는 무엇인가요?

브랜드가 유머 감각이 있다면, 언제 유머를 사용할까요?

브랜드에게 절대 안 되는 것은 무엇인가요?

브랜드하면 어떤 유명한 인물이 떠오르나요?

브랜드의 독특한 특성을 강조하기 위한 이런 질문들은 내부 구성원 간의 공감대 형성을 목적으로 합니다. 브랜드를 의인화함으로써 사용자와의 감정적 연결을 고려하는 것이 중요하며, 이를 통해 브랜드가 사용자의 마음을 사로잡을 방법을 설명할 수 있습니다.

이러한 질문들은 서비스를 분석하고 해당 서비스에 맞는 원칙을 설정하는 데 도움이 됩니다. UX 라이터는 다른 직무와는 다른 시각에서 문제를 바라보고, 문제를 해결하는 방식을 제시합니다.

구성원과의 협업 방식과 업무 접근 방식을 고려할 때, UX 라이팅의 작업 프로세스를 체계적으로 정립하는 것이 중요합니다. 이를 통해 UX 라이팅의 투입 시기와 업무의 중요성을 명확히 할 수 있습니다.

UX 라이팅의 중요성을 인식하지 못하는 경우, 프로덕트 출시 직전에 UX 라이터를 투입하는 상황이 발생할 수 있습니다. 이는 UX 라이팅을 단순한 문구 교정으로 간주하는 오해를 낳을 수 있습니다.

이러한 오해를 방지하기 위해 다음 세 가지를 고려해야 합니다.

첫 번째로, UX 라이터의 투입 시기를 체계화해야 합니다. UX 라이팅 가이드라인이 확립되기 전에는 UX 라이터의 투입 시기가 명확하지 않았을 것입니다. 하지만 원칙을 설정함으로써, UX 라이팅의 작업 프로세스를 체계적으로 정립해야 합니다.

프로세스 원칙이 없으면 UX 라이터의 투입 시기가 모호해지고, 결과적으로 UX 라이팅이 중요시되지 않는 잘못된 인식을 불러올 수 있습니다. 이러한 오해를 바로잡기 위해 원칙이 필요합니다.

프로덕트 출시 직전에 UX 라이터를 투입하는 것은 UX 라이팅의 중요성을 간과하는 회사에서 흔히 일어나는 일입니다. 이는 UX 라이터의 역할을 단순한 문구 교정으로 오해하게 만들 수 있습니다.

▲ 시계 방향으로 챗GPT, 뤼튼(wrtn.), 클로바 엑스(Clova X), 아숙업(AskUp)

만약 단순한 문구 교정이나 교열만을 목표로 한다면, UX 라이터보다 이를 더 효과적으로 수행할 수 있는 서비스들을 활용하는 것이 좋습니다. 챗GPT, 카카오톡의 아숙업^{AskUp}, 네이버의 클로바 엑스, 그리고 뤼튼과 같은 서비스가 포함됩니다.

이와 같은 도구들을 사용하여 문장을 수정하는 것은 가능하지만, UX 라이팅을 기대해서는 안 됩니다. 이러한 도구들은 사용자의 맥락을 파악하지 못하며, 맥락 없이 문구를 수정하게 됩니다. 결과적으로, 이를 UX 라이팅에 의존할 경우, 프로덕트에 대한 충분한 이해 없이 문구가 작성될 위험이 있습니다. 이는 단순 교정과 교열로 그칠 가능성이 높습니다.

아직은 생성형 인공지능을 UX 라이팅 작업에 완전히 맡기기에는 이런 이유에서 부족함이 있습니다. 비록 맥락을 학습시키고 인공지능을 이용한 작업이 가능할 것으로 보일 수 있으나, 초안 생성용으로만 활용하는 것이 바람직합니다. 맥락을 학습한다 해도 다양한 배경, 기능성, 사용자 맥락, UI 컴포넌트 등의 복잡한 상황을 충분히 고려하기에는 아직 한계가 존재합니다. 생성형 인공지능으로 작성된 문구는 초안으로 활용하되, UX 라이터가 반드시 후속 작업을 진행해야 합니다.

두 번째로, UX 라이팅 가이드라인의 운영 방식을 결정해야 합니다. 이는 크게 두 가지 의미를 지닙니다.

하나는 가이드라인을 지속적으로 업데이트하는 것입니다. UX 라이팅 가이드라인은 고정되지 않고, 비즈니스 방향성에 따라 유연하게 변회히며 발진하는 것으로, 상황 변화에 맞춰 꾸준히 업데이트하는 것이 필요합니다. 비즈니스 방향성을 반영하지 못하면, 서비스의 일관성을 유지하기 어려워집니다.

다른 하나는 내부 구성원들이 가이드라인을 활용하도록 이끌어야 한다는 점입니다. 가이드라인을 만들고 이의 중요성을 설명하며 교육을 진행해도, 실제로 내부 구성원들이 이를 사용하지 않는 상황이 자주 발생합니다.

가이드라인이 낯설고 적용하기 복잡하며 습관화되지 않은 경우, 바쁜 일정 속에서 구성원들이 이를 활용하기 어렵습니다. UX 라이터는 자연스럽게 이 원칙을 적용할 수 있지만, 다른 구성원들은 문장 작성 시나 검토 과정에서 쉽게 적용하기에 어려움을 겪습니다.

UX 라이팅 가이드라인을 활성화하기 위해 다양한 접근 방식을 시도해야 합니다. 교육을 진행하거나 수정이 필요하지 않은 프로덕트를 대상으로 조언을 제공하는 것이 한 방법입니다. 제 경험에 따르면, 스터디그룹을 만들어 매달 하나의 프로덕트에 대한 문구를 직접 수정하는 활동이 효과적이었습니다.

UX 라이팅 교육 세션을 마친 후 스터디 멤버들이 직접 문구를 수정해 볼 수 있도록 안내하고 UX 라이팅을 직접 경험하게 하는 것이 중요합니다. UX 라이팅의 효과를 외부에서 가져온 데이터로만 설명하지 마시고, 회사 내부 데이터를 활용해 실질적으로 경험할 수 있도록 하는 게 더욱 설득력이 있습니다.

여기서 중요한 점은 UX 라이터가 독자적으로 문구를 수정하고 이를 전달하는 게 아니라 스터디 멤버들이 직접 수정하는 과정을 경험하도록 하는 것입니다. 이렇게 실천적인 접근을 제공해야 UX 라이팅 가이드라인 수립 취지에 더 부합합니다.

각각의 접근 방식은 UX 라이팅을 단순히 UX 라이터의 업무가 아닌, 공동의 작업으로 보는 인식을 확산시키는 데 목적이 있습니다. 사용자와 올바른 커뮤니케이션을 위해서는 UX 라이터만의 능력으로는 한계가 있기 때문입니다.

국내 많은 기업에서는 UX 라이터가 한두 명에 불과하여 서비스 전체의 문구를 검토하고 수정하기 어렵습니다. 이를 위해 프로덕트 오너, UX 디자이너, 개발자 등 다양한 팀원들과 적극적인 협의를 통해 UX 라이팅 작업을 원활하게 진행해야 합니다. 조직 전체가 UX 라이팅을 내재화하고 직접 적용할 수 있는 단계까지 발전시키는 것이 최종 목표입니다. UX 라이터가 모든 요청에 응해 개별 문구를 검토하고 수정하는 것은 비효율적이며, 이는 바람직한 시스템이 아닙니다.

세 번째로 UX 라이팅은 사용자를 위한 문장을 만드는 작업입니다. UX 라이터 혼자서 사용자의 모든 관점을 이해할 수 없기 때문에 브레인스토밍을 통하여 시야를 넓혀야 합니다.

UX 라이팅을 위한 브레인스토밍은 기존의 방식과는 다릅니다. 문제를 정의하고 해결책을 제안하는 과정은 비슷하지만, 사용자와 브랜드의 다양한 견해를 이해하는 것이 중요합니다. 이때, 다음과 같은 제약 사항을 고려해야 합니다.

01   디자인 제약 사항(Design Constraints)
    컴포넌트의 구조나 기능에 대한 이름을 붙이는 것에 제약이 있습니다.

02   개발 제약 사항(Development Constraints)
    새로운 기능이나 기존 프로덕트의 기능 변경에 제약이 있습니다.

03   음성, 어조, 스타일 제약 사항(Voice, Tone, and Style Constraints)
    브랜드 목소리와 어조를 고려해야 하는 부분들에 제약이 있습니다.

효과적인 UX 라이팅 브레인스토밍을 위한 팁은 다음과 같습니다.

목적을 정의하라

브레인스토밍을 진행하며 달성하고자 하는 목표를 명확히 설정해야 합니다. 그렇게 하지 않으면 시간을 낭비하게 됩니다. 목표 설정 방법은 '사용자 플로우'나 '사용자 맥락'에 맞추어 한 가지 목표를 정하는 것입니다. 예를 들어, 사용자가 빈 페이지를 마주했을 때 그 공간을 어떻게 채울지 안내하는 문구에 집중하는 것입니다.

빈 페이지 문구로 예를 들면, '배달의민족' 앱에서 장바구니가 비어 있을 때 보여주는 문구를 생각해 볼 수 있습니다. 여기서 '장바구니가 텅 비었어요.'라는 문구로 사용자에게 장바구니를 채워야 함을 간접적으로 전달합니다. 동시에 CTA^{Call To Action} 버튼을 통해 바로 행동에 옮길 방법을 제시합니다.

▲ 배달의민족의 장바구니 공백 문구

해당 문구와 CTA 버튼을 본 사용자는 '비어 있는 장바구니를 채워야겠다.'고 생각하게 됩니다. 이는 사용자가 소비를 계속 이어나가도록 유도하는 문구의 핵심 목적입니다. '텅 비었다'는 상황 설명과 '더 담으러 가기' 같은 안내를 통해 사용자의 행동을 유인합니다. 이는 추가 매출로 이어질 수도 있습니다.

적합한 사람을 초대하라

적절한 인원을 초대하는 것이 중요합니다. 필요한 참여자만 결정하여 각 분야의 프로덕트 담당자들을 모아야 합니다. 불필요한 참석자는 제외하는 것이 좋습니다.

너무 많은 참여자가 모이면 회의는 불필요하게 길어지고, 의견을 일치시키는 데 어려움이 생길 수 있습니다. 필요한 인원만 초대해 회의를 효율적으로 진행하고, 시간을 절약할 수 있습니다.

단, 필수 참석자로 회의를 진행할 때는 모든 참석자의 의견을 꼭 듣고 각자의 요구사항을 이해해야 합니다. 이를 통해 최종 문구를 결정하고 추후 발생할 수 있는 문제를 예방할 수 있습니다.

명확한 지침을 전달하라

브레인스토밍을 시작하기 전, 해당 세션의 방향성과 결정해야 할 사항들에 대해 미리 설명하는 것이 중요합니다. 이는 브레인스토밍의 주요 목표와 아젠다[Aagenda: 의제]를 참가사들에게 미리 알리는 과정입니다.

또한, 누가 브레인스토밍 세션을 이끌 것인지, 어떤 주제를 중심으로 의견을 나눌 것인지 사전에 공유하는 것이 중요합니다. 이렇게 사전에 정보를 공유하면 브레인스토밍의 목적이 명확해지고, 참여자들이 이 목적에 집중할 수 있습니다.

요약하고 작업 항목을 설정하라

브레인스토밍 세션이 종료된 후에는 나온 내용을 요약하는 것이 중요합니다. 이 과정에서 다양한 의견을 주고받게 되므로, 참가자 중 한 명이 회의록을 담당하는 게 좋습니다.

브레인스토밍을 주도하는 동안 회의록을 작성하는 것은 어렵기 때문에, 논의된 내용을 제대로 정리하지 않으면 쉽게 잊혀질 수 있습니다. 정리된 아이디어들을 바탕으로 다음 단계를 정하고 실행할 사항들을 결정해, 실제 사용자를 대상으로 문구를 테스트하고 적용할 수 있습니다.

또한, 브레인스토밍을 진행하면서 반드시 던지는 필수 질문들이 있는데, 이는 참가자들에게 UX 라이팅의 목적이 무엇인지, 누구를 대상으로 하고 있는지 등을 지속적으로 상기시키는 역할을 합니다.

01   우리 서비스 사용자는 누구인가요?

02   우리는 어떤 문제와 페인 포인트(프로덕트에서 고객이 불만스럽거나 불편하게 여기는 부분)를 해결하려고 하나요?

03   주요 메시지는 무엇인가요?

04   우리가 직면한 제약 조건은 무엇인가요?

05   이 문구를 어떻게 오해할 수 있을까요?

06   이를 다시 표현할 몇 가지 아이디어를 제안할 수 있나요?

이 질문은 UX 라이팅의 중요성을 재조명하고, 우리가 어떤 대상을 위해 문구를 작성하는지 상기시킵니다. 이를 통해 브레인스토밍의 목적을 명확히 합니다. 또한, UX 라이팅의 중요성을 설명하는 과정입니다.

UX 라이팅은 사용자 경험의 맥락에서 발생하는 문제점들을 식별하고, 이를 팀 원들에게 전달하는 데 핵심적인 역할을 합니다. 이 과정에서 문제 해결을 위한 아이디어와 방안이 제시되면서 팀원들은 UX 라이팅이 무엇이며 어떤 역할을 하는지 이해하게 됩니다.

이러한 이해를 바탕으로, UX 라이팅의 중요성을 인지하고 필요성에 대한 공감대가 형성됩니다. 이후에는 프로덕트 개발 과정에서 UX 라이팅의 필수적인 역할을 인정하고 받아들이게 됩니다.

다시 강조하지만, 'UX 라이팅은 함께 작성하는 것'이 핵심입니다. 이는 UX 라이터 한 명이 전체 서비스의 문구를 단독으로 작성하고 관리할 수 없기 때문에, 운영을 효율적으로 만들기 위한 목적에서 비롯된다는 사실을 잊지 말아야 합니다.

대외적 원칙

대내적 원칙이 조직 내부의 구성원을 대상으로 설정된 원칙이라면, 대외적 원칙은 사용자를 중심으로 하는 원칙입니다. 이를 더 구체화하면 브랜드의 목소리와 톤을 대표하는 보이스 톤을 정립하고 이를 프로덕트에 적용하는 핵심 원칙을 설정할 수 있습니다.

핵심 원칙을 도출하는 과정은 우선 내부 구성원과의 소통을 통하여 브랜드의 핵심 가치, 비전, 그리고 미션을 파악하는 것에서 시작됩니다. 이를 바탕으로 핵심 원칙을 도출합니다.

동시에 이러한 원칙을 설정할 때는 기존에 설정한 내부 기준과 사용자의 기준을 맞추는 것이 중요합니다. 그 이유는 우리가 서비스하는 대상이 바로 사용자이기 때문입니다. UX 라이팅이 누구를 위한 것인지 잊지 않는 게 중요합니다.

다시 말해, 사용자와의 관계 속에서 핵심 원칙을 확립해야 합니다. 여기서 말하는 핵심 원칙은 앞선 챕터에서 설명했던 'UX 라이팅 원칙'이라고 불리는 것들입니다. 저는 그중 사용성을 가장 중요한 요소로 꼽습니다. 특히, UX 라이터를 처음 채용했거나 홀로 UX 라이팅을 이끌어가는 곳이라면 말이죠.

먼저, UX$^{User eXperience}$와 사용성^{Usability}이 동일한 개념이 아님을 알려주는 것이 중요합니다. 그럼에도 불구하고 많은 사람이 사용성을 UX와 동일하게 이해하고 사용하는 경향이 있습니다. 주변 동료들에게 UX와 사용성의 차이에 대해 물어보면 많은 이들이 대답할 겁니다.

  "UX와 사용성이 같은 거 아니야?"

이 두 개념은 서로 밀접하게 관련되어 있지만 프로덕트를 평가하고 개선하는 데 있어 서로 다른 관점에서 접근할 수 있습니다. 이를 구체적으로 정리해 보면 다음과 같습니다.

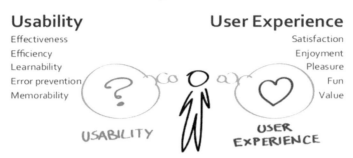

▲ UX와 사용성의 차이점[10]

01   사용성(Usability)

프로덕트가 사용자에게 얼마나 쉽게 사용될 수 있는지에 초점을 둡니다. 이는 프로덕트의 학습
가능성, 효율성 및 작업 완료의 용이성과 관련되어 있습니다. 즉, 사용자가 프로덕트를 얼마나
쉽게 배울 수 있으며, 얼마나 효과적으로 사용할 수 있는지 측정하는 기준입니다.

02   UX(User eXperience)

사용성보다 더 넓은 개념으로, 프로덕트 사용에 대한 사용자의 주관적 평가를 포함합니다. 사용
자가 프로덕트와의 상호 작용 과정에서 느끼는 만족도, 감정, 디자인의 인상, 편의성 등 다양한
측면을 고려합니다.

사용성은 프로덕트의 사용 용이성을 측정하는 데 초점을 맞춘 반면, UX는 프로
덕트 사용으로 인해 사용자가 경험하는 전반적인 느낌과 평가를 다룹니다.

---

[10] 출처 – https://hackernoon.com/the-ultimate-guide-difference-between-usability-and-user-
experience-e926c11eac7a?gi=24ef67b54546

'사용성이 좋다.'는 프로덕트가 효율적이고, 쉽게 배울 수 있으며, 사용하기 편리하다는 것을 의미합니다. 이는 사용자가 목표를 달성하는 데 필요한 기능을 쉽게 이해하고 활용할 수 있도록 설계되었다는 것을 나타냅니다.

반면 'UX가 좋다.'는 프로덕트를 사용하는 과정이 사용자에게 긍정적인 감정을 전달하며, 사용자의 기대를 충족하거나 초과하는 전반적인 만족스러운 경험을 제공한다는 것을 의미합니다.[11] 이는 프로덕트가 사용자 요구에 부합하고, 사용자가 원하는 결과를 얻을 수 있도록 유도하며, 사용하는 동안에도 즐거움을 제공한다는 것을 나타냅니다.

'사용성이 좋다.'는 서비스가 사용하기 편리하고 직관적이며, 사용자가 쉽게 접근하여 이용할 수 있는 것을 의미합니다. 이는 프로덕트가 학습하기 쉽고, 작업을 효율적으로 수행할 수 있으며, 사용자가 목표를 달성하는 데 어려움을 겪지 않게 지원하는 것을 의미합니다. 이러한 사용성은 사용자 경험[UX]의 개선에 큰 영향을 미칩니다.

---

[11] 사용성(Usability)은 사용자가 목표를 완수하도록 돕는 도구의 용이함으로 요약할 수 있습니다. 사용성은 인간공학의 영역으로 볼 수 있죠. 또한 컴퓨터 소프트웨어와 인간의 상호 작용에 적용되기 때문에 심리학과 통계학의 중요 이론을 포함합니다. 그 결과 사용성은 정성적 지표를 토대로 연구하지만, 정량적 자료를 활용해 문제점을 개선하기도 합니다. UT(Usability Test)라는 말이 있듯이 개인이 수행하는 포괄적인 태스크를 따라 사용성 측정이 이루어집니다. 이외에도 심도 깊은 내용을 다룰 때는 사용성을 세세하게 따져보기 위해 시선 추적(Eye Tracking)과 같은 기술을 활용하기도 합니다. 그래서 사용성이 좋은 인터페이스는 직관적이며, 간단하여 배우기 쉽다는 평을 듣곤 합니다.

사용자 경험(User eXperience, 이하 UX)은 사용자가 시스템의 상호작용을 인식하는 것을 의미합니다. UX 디자인은 상호 작용, 시각적 디자인을 포함하며, 사용자가 만족하는 인터페이스를 제작합니다. 하지만 단순히 사용자의 만족도에만 집중하지는 않습니다. 사용자와 시스템 간의 상호 작용이 심리적으로 어떤 영향을 끼치고 있는지까지 연구하기 때문이죠. 그래서 UXer는 민속지학(民俗誌學, Ethnography)적, 심리적 연구를 수행합니다. 또한, UX 디자인은 사용성보다 정성적 측면에 집중하는 면모를 보이지만, 정량적인 데이터를 배척하지 않습니다. 즉, 사용성과 동일하게 둘을 적절히 활용하는 방식으로 나아갑니다. 이를 위해 UXer는 디자인을 완성하고 사용성 전문가에게 테스트를 맡기기도 합니다. 마치, UX 디자이너가 시스템을 디자인하고, UX 리서처에게 넘기는 것처럼 말이죠.

• 출처 – The Ultimate Guide–Difference Between Usability and User Experience(www.mockplus.com/blog/post/defference–between–usability–and–user–experience)

반면에 '사용자 경험이 좋다.'는 사용자가 서비스를 사용함으로써 만족감을 느끼는 것을 의미합니다. 어느 서비스의 검색 후 나오는 로딩 화면이 길었는데, 오히려 사용자들은 길다고 느끼지 않았습니다. 그 이유는 무엇일까요?

사용자들은 로딩 중에 보이는 애니메이션과 서비스의 이미지가 연결되어 기다리는 동안에도 설렘을 느꼈기 때문입니다. 이렇듯, 사용성은 사용의 편리함을 강조하는 반면, 사용자 경험은 사용자의 전반적인 만족도와 감정적인 연결을 의미합니다.

이런 예시를 통해 서비스의 이미지와 애니메이션이 사용자에게 긍정적인 감정을 전달하여, 사용자가 기다리는 동안에도 만족스러운 경험을 제공한다는 것을 알 수 있습니다.[12]

이로부터 사용성이 UX를 개선하는 중요한 요소임을 알 수 있으며 '사용성을 향상시키면 UX가 개선된다.'라는 결론을 내릴 수 있습니다. UX 작성 시 사용성은 반드시 고려해야 할 요소입니다. 그러나 사용성은 UX 라이팅 핵심 원칙 중 가변적인 요소이기도 하죠.

가변적인 요소임에도 가장 우선으로 해야 합니다. 첫 번째 UX 라이터로서 사용성을 중심으로 라이팅을 진행해 실제 결과물이 사용성과 관련되어 있음을 보여줌으로써 팀원들의 공감을 끌어낼 수 있습니다.

이후 기업 또는 브랜드의 이미지 변화에 따라 사용성이라는 핵심 원칙을 '접근성', '유용성' 또는 '친근성'으로 대체할 수 있습니다. 이러한 변화는 비즈니스 방향성에 의존합니다. 핵심 원칙을 변경하고자 한다면, 서비스의 현재 방향과 향후 목표를 재고할 필요가 있습니다.

---

[12] 하지만, 감시자가 있었기 때문에 사용자의 긍정적인 반응이 영향을 받았을 가능성을 고려해야 합니다.

핵심 원칙이 정해지면, 해당 요소들이 실제로 필요한지, 우리 서비스에 적용 가능한지 다시 한번 검토할 필요가 있습니다. 이를 확인하는 방법으로 다음 기준들은 해당 원칙이 서비스의 목표와 사용자의 필요에 어떻게 기여하는지를 평가하는 것이 될 수 있습니다.

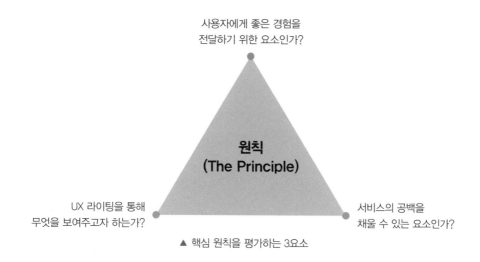

▲ 핵심 원칙을 평가하는 3요소

❶ 사용자에게 좋은 경험을 전달하기 위한 요소인가?

가장 간단한 방법은 그 요소들이 '우리 서비스에 좋은 경험을 전달하고 있는가?'를 점검하는 것입니다. '좋은 경험'을 전달한다는 것은 '0'이 되는 것이 아니라 '+'가 되는 것이라고 볼 수 있습니다.

UX 라이팅은 사용성에 내재된 문제를 개선한다는 사실에 국한되지 않습니다. 그 너머로 나아가는 것이죠. 보통 문제라는 것은 '−' 요소입니다. 여기에 '+' 요소를 더하면 결괏값은 어떻게 되나요? '0'으로 수렴하게 됩니다.

즉, 문제를 없애는 것은 원래대로 돌렸다는 것입니다. 사용자에게는 여전히 '+'라는 경험이 와닿지 않은 것이죠. 그럼 사용성을 '좋게' 만들기 위해서는 무엇을 해야 할까요? 여기서 스티브 잡스의 말을 인용할 수 있습니다.

"많은 경우 사람들은 원하는 것을 보여주기 전까지는 무엇을 원하는 지도 모른다.

A lot of times, people don't know what they want until you show it to them."

따라서 사용자가 좋아할 만한 요소를 우선 제공해야 하며, UX 라이팅은 이를 가능하게 하는 핵심 요소입니다.

문제 해결에만 집중하면 진정한 시너지를 끌어내기는 어렵습니다. 단순한 문제 해결을 넘어서 사용자 맥락을 깊이 이해하고, 그로 인해 더 나은 결과를 끌어낼 수 있는 요소를 찾는 것이 중요합니다.

❷ 비어 있는 부분을 채울 수 있는 요소인가?

공급자는 사용자의 주의를 끌기 어려운 부분까지도 고려해 프로덕트를 기획합니다. 이를 '공백'이라고 칭하는데, 이는 사용자가 쉽게 접근하거나 인식하기 어려운 영역을 의미합니다.

UX 라이터로서 이러한 공백을 어떻게 채울지 고민하게 됩니다. 사용자가 의도치 않게 이 공간에 접근했을 때 그들이 프로덕트에 긍정적인 인상을 받을 수 있도록 하는 것이 중요합니다.

사람들은 보통 익숙한 환경에서의 사소한 변화를 쉽게 감지하지 못합니다. 예를 들어, 매일 보던 친구가 머리를 약간 자르면 그 변화를 즉시 알아차리지 못할 수 있습니다. 하지만 큰 변화는 쉽게 눈에 띕니다.

이것은 UX 라이팅에서 중요한 포인트입니다. 사용자가 예상치 못한 방식으로 접근했을 때 발견하는 공간, 즉 '공백', 이를 잘 활용하고 채운다면, 사용자 경험을 획기적으로 개선할 수 있습니다.

앱을 업데이트할 때 상세 내용을 집중해서 확인해 보신 적 있나요? 대다수는 이를 잘 살펴보지 않는다고 말할 것입니다. 왜냐하면 사용자들은 앱 사용이 중요하고, 구체적인 변화에 대해서는 큰 관심이 없기 때문입니다.

앱스토어에서 제공하는 업데이트 설명보다는 앱 내에서 보여주는 팝업 설명이 훨씬 확인하기 편리합니다. 대부분의 사람들, 저 역시 마찬가지로, 모든 변화에 대해 상세히 알려주기보다는 내가 관련될 수 있는 부분만을 알려주는 것을 선호합니다.

이러한 관점에서 볼 때, 앱스토어의 업데이트 설명은 사용자의 관심 영역 바깥, 즉 '공백'으로 여겨질 수 있습니다. 이는 자주 놓치는 부분 중 하나이지만, 이를 잘 활용한다면 사용자에게 유익한 경험과 브랜드만의 독특한 경험을 제공할 좋은 기회가 될 수 있습니다.

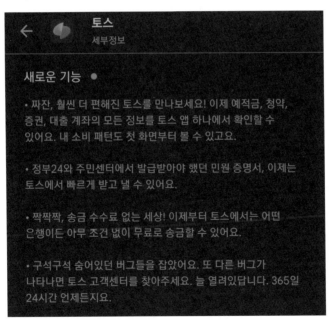

▲ 앱스토어에 있는 토스 세부 정보 내역

유명한 서비스로는 슬랙, 유튜브, 토스 같은 예가 있습니다. UX 라이팅의 좋은 예시로 토스를 살펴보겠습니다.

> "구석구석 숨어있던 버그들을 잡았어요. 또 다른 버그가 나타나면 토스 고객센터를 찾아주세요. 늘 열려 있답니다. 365일 24시간 언제든지요."

토스의 보이스 톤이 잘 드러나는 문장입니다. 마치 버그를 실제 벌레처럼 색다르게 표현해 해결하고 있다는 점을 알 수 있습니다. 이를 통해 매우 사소한 부분까지도 토스가 얼마나 신경 쓰고 있는지 보여줍니다.

토스의 메시지를 보면 두 가지 이미지가 생각납니다. 하나는 벌레를 잡는 사람이고, 다른 하나는 서비스의 버그를 찾아내는 개발자입니다.

또한, 365일 24시간 고객센터가 버그 해결에 전념하고 있다는 점을 강조합니다. 가벼운 톤 속에서도 토스가 '버그 해결'에 얼마나 진심인지를 엿볼 수 있습니다.

토스의 핵심 가치를 고려할 때 우리는 친근하고 명확한 커뮤니케이션을 강조합니다. 이는 우리 브랜드의 가치를 효과적으로 전달하는 좋은 방법입니다. 하지만 심각한 문제가 발생한다면 토스는 진지하고 무거운 톤으로 접근할 것입니다.[13]

❸ UX 라이팅을 통해 무엇을 보여주고자 하는가?

많은 기업이 자체적인 가치와 비전을 바탕으로 서비스를 운영하고 있습니다. 이에 따라 궁금증이 생깁니다. 업계에서 1등을 지키는 기업들의 UX가 우수한 이유는 무엇일까요? 사용자 경험이 부족한 서비스는 사용자들이 그 서비스를 떠날 가능성이 높을까요?

---

[13] 토스의 오류 메시지 작성법은 〈좋은 에러 메시지를 만드는 여섯 가지 원칙, 23.10.04.〉에서 확인할 수 있습니다.
  • 출처 – https://toss.tech/article/how-to-write-error-message

이 질문에 대한 대답은 아마도 '아니요'일 것입니다. UX는 서비스에서 단순히 추가 요소에 불과하다고 여겨질 수 있습니다. 하지만 우리는 UX를 통해 사용자 경험을 깊이 있게 확장할 수 있다는 사실을 기억해야 합니다.

이 확장의 한 예시로, '공간적 확장'의 중요성을 들 수 있습니다. 예를 들어 고양이는 수평적이고 수직적인 공간을 통해 자신의 영역을 인식한다고 합니다. 사용자도 마찬가지입니다. 서비스를 이용할 때 사용자는 수직적 공간을 자연스럽게 인식합니다. 이는 기업들이 사용자의 목적에 따라 서비스를 수직적으로 구성하기 때문입니다. 이와 비슷하게 사용자도 서비스를 수직과 수평으로 인식합니다.

그러나 수평적 공간은 그 특성을 인지하기 어렵습니다. 사람들은 보통 특정 목적을 위해 특정 서비스를 선택하기 때문에 사용자는 수직적 공간을 통해 가치를 얻습니다. 그 결과, 같은 서비스 내의 다양한 카테고리를 비교하기 어렵지만 우리는 수평적 공간도 주의를 기울여야 합니다.

사용자들은 수평적 공간을 발견하지 못할 수도 있습니다. 이는 그들에게 사각지대로 남을 가능성이 크기 때문입니다. 하지만, 우리는 사용자들이 인지하지 못하는 동안에도 지속적으로 서비스를 개선할 필요가 있습니다.

'언젠가는' 사용자가 이를 발견하고 '좋은 경험'으로 인식할 가능성이 높기 때문이죠. 비즈니스 방향성과 결합해 발전시키면 이러한 확장은 서비스를 통합하는 효과적인 요소가 됩니다.

UX 라이팅의 역할은 바로 이 '통합'과 깊은 연관이 있습니다. 서비스로 하나의 목소리를 만들고, 모든 사용자가 쉽게 이용할 수 있도록 안내하며, 하나의 가치를 전달하는 것, UX 라이팅에 달려있습니다.

UX 라이팅 가이드라인 두 번째, 글쓰기 가이드라인

글쓰기 가이드라인 제작 시 주의사항

'원칙'을 확립한 후, 기업의 가치와 비전을 반영하며 추상적인 원리와 논리를 구체화한 '글쓰기 가이드라인UX Writing Guidelines'을 제작해야 합니다.

그러나 왜 손에 잡히지 않고 추상적인 이미지를 담은 원칙부터 만들었을까요? 이는 원칙이 글쓰기 가이드라인이 나아가야 할 방향을 정립해주기 때문입니다. 원칙은 일관된 방향성을 갖고 지침을 마련할 수 있는 기반이 되죠.

원칙
(The Principle)

가이드라인
(Guidelines)

▲ 원칙 확립 후 가이드라인을 제작하는 단계

반면, 글쓰기 가이드라인은 UX 라이팅의 규칙을 모두 아우르며, 메시지 유형이나 UI 컴포넌트 등에 따른 구체적인 지침을 제시합니다. 이로 인해 가이드라인의 분량은 매우 방대해집니다. 하지만 앞서 설정한 원칙이 있기에, 방대한 양의 지침도 일관된 방향으로 구성하면서 동일한 목표를 향해 나아갈 수 있습니다.

글쓰기 가이드라인을 수립할 때는 다음과 같은 주의사항이 있습니다.

❶ 사용자에 집중한다.

가이드라인을 방대하게 구성하다 보면 종종 우리는 실제 사용자보다 그 가이드라인을 참조하게 될 내부 구성원들에게 더 집중하게 되는 경향이 있습니다. 이는 UX 라이팅의 본래 목적인 사용자 중심의 방향성을 벗어나는 결과를 초래할 수 있습니다. 따라서 항상 사용자의 입장에서 생각하며, 그들에게 집중하는 것이 중요합니다.

UX 라이팅의 궁극적 목표가 사용자에게 도움을 주고, 그들을 위한 콘텐츠를 제작하는 것임을 잊지 말아야 합니다. 이를 위해 UX 라이터는 마치 사용자가 되어 생각하고, 그들의 입장에서 콘텐츠를 기획하고 작성해야 합니다. 가이드라인을 수립할 때는 사용자의 필요와 목표를 우선시하며, 이들이 원하는 바를 충족시킬 수 있는 콘텐츠로 구성되어야 한다는 점을 기억해야 합니다.

❷ 명확하고 간결하게 작성한다.

글의 가독성을 향상시키는 가장 효과적인 방법은 명확하고 간결하게 작성하는 것입니다. 이 원칙은 UX 라이팅뿐만 아니라, 모든 문서 작성에 적용됩니다. 특히 UX 라이팅 가이드라인은 이 원칙을 철저히 준수해야 합니다.

그 이유는 UX 라이팅이 명확하고 간결하며 이해하기 쉬워야 하기 때문입니다. 가이드라인이 이러한 특성으로 작성되면 구성원이 문구를 작성하는 데 있어 참조하기 용이합니다.

만약 가이드라인이 구체적이기보다 추상적인 언어로 작성된다면, 과연 모든 구성원이 해당 언어를 일관된 방식으로 해석할 수 있을까요? 그렇지 않습니다. 각자의 환경에 따라 다르게 해석하게 됩니다.

페르디낭 드 소쉬르^{Ferdinand de Saussure}의 말처럼, 기호와 의미의 관계는 자의적입니다. 즉, 하나의 단어와 하나의 의미가 필연적이지 않다는 의미입니다.

일반적인 언어 사용에서는 큰 문제가 되지 않지만, IT 분야에서는 다릅니다. 직무에 따라 UI 컴포넌트나 기술을 지칭하는 용어의 적용이 달라질 수 있기 때문입니다.

따라서 직무에 따른 용어 학습, 적용 방식, 지칭 방법 등이 다양합니다. 이것이 바로 UX 용어와 개념을 정립하는 많은 글이 존재하는 이유입니다. 이 모든 정보를 일관되게 지칭하고 안내하는 것이 가이드라인의 중요한 역할입니다. 이를 통해 구성원 모두가 동일한 용어로 소통할 수 있어야 합니다.

❸ 예시를 제공한다.

사용자에게 좋고 나쁜 UX 라이팅을 분명하게 보여주기 위해서는 대비되는 예시를 제시하는 것이 좋습니다. 이 방법을 통해 구성원은 쉽게 차이점을 이해하고 내용을 받아들일 수 있습니다. 두 가지 상반된 예시를 나란히 보면, 사람들은 그 차이를 두드러지게 느낍니다. 색상의 대비처럼 좋은 예시는 더욱 긍정적으로, 나쁜 예시는 더욱 부정적으로 인식되죠. 예시 또한 대비 현상을 활용할 수 있습니다.

일반적으로 색상은 긍정적이거나 부정적인 이미지를 전달하는 데 사용될 수 있습니다. 좋은 UX 라이팅 예시에서는 긍정적인 색상을 사용하여 긍정적인 이미지를 강조할 수 있습니다. 이때 회사 내에서 긍정적으로 인식되는 색을 사용해도 무방합니다. 대부분의 구성원이 이를 긍정적으로 받아들일 가능성이 높기 때문입니다.

반면, 나쁜 UX 라이팅 예시에는 긍정적인 색상과는 반대되는 부정적인 이미지의 색상을 사용합니다. 이는 구성원들의 심리적인 편향을 활용한 것입니다. 그러나 사회적으로 긍정적인 이미지로 알려진 색상은 사용을 피해야 합니다.

색상이 지닌 이미지만으로는 메시지의 긍정이나 부정을 정확하게 파악하기 어렵고, 구성원이 문구를 다 읽기 전까지는 전체적인 의미를 이해하지 못할 수 있으며, 혼란을 겪을 가능성도 있습니다. 사회적 의미와 충돌하는 메시지는 구성원에게 낯설게 다가올 수 있습니다.

많은 사람이 사회적 언어의 관례를 무시하고 글을 작성하면 사회적인 정의와 달라져 인식에 혼란을 느낄 수 있습니다. 이러한 점들을 고려하여 가이드를 작성하는 것이 중요합니다.

❹ **메시지 유형을 정의한다.**

UX 라이팅에는 다양한 메시지 유형을 포함할 수 있습니다. 이를 구분하고 정리한 결과, 총 열아홉 가지 종류를 도출해 냈습니다. 더 많은 유형이 있었지만 종류를 정리하고 합쳐 압축했습니다. 이 열아홉 가지 유형은 각각 네 가지 주요 카테고리로 분류할 수 있으며, 유형별 메시지 작성 방법에 대해서는 이후에 자세히 설명하겠습니다.

메시지 유형에 따라 글쓰기 가이드라인을 마련해야 하는 이유는 두 가지가 있습니다.

첫째, 일관성을 유지하기 위해서이며 모든 메시지가 동일한 목소리와 양식으로 전달되어야 합니다.

둘째, 유형별로 동일한 효과를 내기 위해서입니다. 만약 유형별로 메시지가 다른 효과를 낸다면 그것은 의도한 바와 다르게 메시지가 해석될 위험이 있습니다. 이러한 이유로, 각 메시지 유형별로 일관성 있고 명확한 효과를 내기 위한 가이드라인 구축이 중요합니다.

또한, UI 컴포넌트 메시지 작성을 위한 가이드라인이 필요합니다. 모든 UI 컴포넌트에 대한 가이드라인을 마련할 필요는 없으며, 회사가 사용하는 디자인 시스템에 포함된 컴포넌트들을 선별해 이에 적합한 가이드라인을 마련해야 합니다. 이 과정에서는 디자인 시스템을 고려한 UX 라이팅 가이드라인 시스템 구축이 필요합니다.

❺ 브랜드 목소리와 어조를 정립한다.

글쓰기의 목소리와 어조는 브랜드의 개성을 반영하며 사용자의 기대에 부응해야 합니다. 브랜드에 적합한 목소리와 어조를 정의하고, 이를 구현하는 방법을 제시하면 사용자는 일정한 목소리와 어조를 통해 브랜드에 대한 신뢰를 느낍니다.

브랜드 목소리를 확립하는 것과 더불어 반드시 수행해야 할 또 다른 과정은 사용자 페르소나를 정립하는 것입니다. 이 과정에서 브랜드의 목표 대상과 대화 주체가 누구인지 정의합니다. 그리고 사용자 페르소나는 브랜드 목소리가 구체적인 대상에게 닿도록 하여, 메시지의 방향성을 명확히 합니다.

사용자 페르소나는 또한 중요한 기능을 수행합니다. 브랜드나 프로덕트의 메시지가 사용자에게 명확하게 전달되도록 지원합니다. 이는 브랜드의 핵심 타깃이 지닌 성향을 이해할 수 있게 해주기 때문입니다. 그리고 사용자 페르소나의 특징을 기반으로 메시지를 작성하면 효율적인 지표 개선과 우수한 사용자 경험으로 이어집니다.

❻ 팀과 협업한다.

여기서 말하는 협업은, UX 라이팅 가이드라인의 세부 사항을 함께 작성하라는 뜻이 아닙니다. 효과적인 UX 라이팅 가이드라인을 만들기 위해서는 프로덕트 매니저, 디자이너, 개발자 같은 다양한 이해관계자들의 의견을 수렴하는 것이 중요합니다. 이는 결국 풍부한 커뮤니케이션을 의미합니다.

UX 라이팅 가이드라인을 주로 읽는 대상이 메이커들임을 감안할 때, 그들의 의견을 반영해 내용을 구성하는 것이 필요합니다. 모든 회의의 글쓰기 가이드라인에 초대할 필요는 없지만, 초안이 완성된 후에는 함께 검토하며 피드백을 받는 과정이 필요합니다. 더 나아가, 가이드라인 제작 전에 의견을 모아두면 내용을 여러 번 수정하지 않아도 됩니다.

UX 라이팅 가이드라인 제작 로드맵을 작성하고 이를 전사적으로 공유하는 것이 가장 좋은 방법입니다. 요구 사항을 사전에 파악할 수 있도록 설문조사를 포함해 발송하는 것이 좋습니다. 이 설문조사는 부서별 필요 사항을 확실하게 파악할 수 있도록 구성해야 합니다. 어느 부서의 어떤 직무자가 어떤 요구를 하는지 명확히 할 수 있어, 후속 작업에 반영하기 좋습니다.

특히 이 과정은 UX 라이터가 처음이라면 반드시 진행해야 합니다. 이는 구성원들의 관심을 끌 좋은 기회입니다. 방대한 서비스 문구 중 소수를 수정하는 것만으로는 UX 라이터의 업무를 구성원들이 인지하기 어렵습니다. 이는 UX 라이터의 역할과 그 중요성을 알리고 증명하는 데에도 도움이 됩니다.

현업에서 UX 라이터들은 "문구 수정이 왜 UX 라이터의 업무인가?"라는 질문을 자주 받습니다. 위와 같은 활동을 통해 UX 라이터는 자신의 업무를 구성원들에게 드러낼 수 있습니다.

글쓰기 가이드라인 구성 시 던져야 할 질문

글쓰기 가이드라인을 마련할 때 우리는 서비스를 어떻게 바라봐야 할지 고민합니다.

"구성원이 필요로 하는 내용을 어떻게 구체화할 수 있을까?"

이 질문에 답하기 위해서, 우리는 퍼널별 내용 구성이 필요한지, 아니면 카테고리별로 접근해야 하는지 고민해야 합니다. 이러한 고민의 해답은 간단합니다.

계속 강조해왔던 '사용자 중심'으로 서비스를 바라보면 됩니다.

서비스 퍼널이 '누구를 위해서' 만들어졌는지 생각해 본 적 있나요? 이 질문을 고민하면, 우리는 쉽게 이해할 수 있습니다. 따라서 UX 라이팅 역시 사용자와의 관계 속에서 내용을 구축하면 됩니다.

글쓰기 가이드라인을 구성할 때 가장 중요한 것은 '목적'입니다. 명확한 목적성을 가지고 작업을 진행하면, 서비스가 지향하는 바가 드러납니다. 보통 사용자 맥락 중심으로 우리가 직면한 문제를 풀어가면, 글쓰기 가이드라인에서 설정한 목표에 도달할 수 있습니다.

이제 중요한 질문을 던져보겠습니다. 글쓰기 가이드라인의 '핵심 지점'은 무엇이라고 생각하나요? 바로 사용자가 서비스를 사용할 때 맞닥뜨리는 'UI 컴포넌트'와 '콘텐츠'입니다. 이 두 요소의 역할을 명확히 구분하면, 글쓰기 가이드라인의 목적이 더욱 명확해집니다.

UI 컴포넌트와 콘텐츠의 역할을 다음과 같이 정의할 수 있습니다.

> • UI 컴포넌트 = 사용자 행동 초점
> • 콘텐츠 = 사용자가 서비스를 구매하는데 초점

이 두 가지 요소의 역할을 명확히 한 뒤에는 UX 라이팅에 적합한 패턴을 구성할 수 있습니다. 이 패턴 중에서도 정보 전달 요소와 액션을 유도하는 요소를 구분하여 명확히 해야 합니다.

요소에 따라 제각기 다른 역할을 이해하는 것이 중요합니다. 구성원들이 UX 라이팅의 효과를 깨닫고, 가이드라인에 따라 적절한 문구를 작성할 수 있게 되면,

UX 라이팅의 중요성에 대한 공감대가 형성됩니다. 이 공감대는 다음의 내용을 반드시 포함해야 합니다.

'단순히 정보를 전달하는 요소와 사용자 액션을 유도하는 요소는 다르다.'

정보를 단순하게 전달하는 문구는 내용의 이해에 초점을 맞춥니다. 반면, 사용자 액션을 유도하는 문구는 사용자에게 이로운 혜택과 중요 정보를 압축해 전달합니다. 이를 통해 사용자가 행동하도록 유도하고, 사용자의 목적과 서비스의 비즈니스 목적을 일치시킵니다. 이러한 이유로 사용자 액션을 유도하는 요소가 정보 전달 요소보다 더 중요할 수 있습니다.

그러나 글쓰기 가이드라인은 모든 상황에 완벽하게 적용할 수 있는 만능 키가 아닙니다. 모두가 UX 라이터처럼 효과적인 문구를 작성할 수 있는 게 아니기 때문인데, 이에 따라 UX 라이팅 가이드라인을 따르는 것이 최상의 문구를 보장하지 않습니다. 사용자와 직접 접점을 이루며 비즈니스에 중대한 영향을 줄 수 있는 문구는, UX 라이터가 직접 작성하는 것이 가장 바람직합니다.[14]

다음으로 UX 라이팅 글쓰기 가이드라인을 왜 수립해야 하는가에 대해 고민하는 것이 중요합니다.

---

[14] 국내 많은 기업에서 UX 라이팅 가이드라인만 있으면, 모든 구성원이 UX 라이터처럼 UX 라이팅을 할 수 있을 것이라 생각합니다. 하지만 실제 업무에서는 UX 라이팅 가이드라인을 사용하기 쉽지 않습니다. 이러한 이유로는 다음의 두 가지를 예상합니다.

첫째, 따라 하기에 조건들이 너무 많습니다. 바쁜 와중에 가이드라인을 참고해 일일이 문구를 작성하기에 시간이 부족하다는 것입니다. 또한, 복잡할 수 있습니다. 규정이기 때문에 조건이 많을 것이고, 모든 것을 따라 하기 어렵습니다.

둘째, 가이드라인을 따라 한다고 해도, UX 라이터가 작성한 결과물과 동일한 퀄리티가 보장되지 않습니다. 이는 당연한 결과입니다. UX 라이터는 문구를 작성하는 게 직무라, 구성원보다 전문적으로 접근해 문구를 작성하기 때문이죠. 그럼에도 가이드라인을 제작하여 배포하는 이유는 UX 라이터의 손이 닿지 않더라도 어느 정도의 문구 퀄리티를 유지했으면 하는 마음입니다.

일단 "UX 라이팅 글쓰기 가이드라인을 어떻게 정의할 수 있는가?"라는 질문에 직면했을 때 이미 그 목적이 명확해 보임에도 불구하고 추가로 정의를 내릴 필요성에 대해 의문을 가질 수 있습니다. 목적에 따라 가이드라인을 수립하는 것만으로 충분하다고 생각할 수 있기 때문이죠.

그러나 우리는 글쓰기 가이드라인을 명확히 정의해야 합니다. 이러한 정의 과정을 통해, UX 라이팅과 관련된 내용을 더 구체화할 수 있다는 점에 그 중요성이 있습니다. 이때 중점을 두어야 하는 것은 바로 '구체적인 내용'입니다.

구체적인 내용은 사용자가 어떻게 움직이는지, 서비스를 어떻게 이용하는지에 대한 플로우와 전체적인 퍼널을 꼼꼼히 분석해서 도출할 수 있습니다. 이 분석은 단순히 문제를 발견하는 것에서 그치지 않고, 발견된 문제의 근본적인 원인을 드러내고 이를 더욱더 선명하게 만드는 도구가 됩니다. 예를 들어, 문구 작성이라는 실질적인 활동을 통해 이론적인 가이드라인을 실제 상황에 어떻게 적용할 수 있는지 보여줄 수 있습니다.

이렇게 UX 라이팅 글쓰기 가이드라인을 정의하는 과정은 단순한 문제 발견을 넘어서, 사용자 경험을 극대화할 구체적인 해결 방안을 모색하는 작업이 됩니다. 그 결과, 사용자와 서비스 간의 연결 고리를 강화하고, 사용자 행동을 유도하는 더 효과적인 문구 생성이 가능해집니다. 예를 들어 설명하겠습니다.

> **라이더님이 배달을 시작했어요.**
> 배달팁을 아낀 대신 라이더님이 여러 건을 함께 배달해요.

▲ 배달 안내 푸시 메시지

배달 앱에서 사용한 문장이 의도와 다르게 해석된 적이 있습니다.

"배달 팁을 아낀 대신 라이더님이 여러 건을 함께 배달해요."

이 메시지를 살펴보면, 두 가지로 해석할 수 있습니다. 하나는 사용자가 소통하는 형태의 해석입니다. 예를 들어, '돈이 없으면 배달을 시키지 말라는 것인가?'라고 생각할 수 있습니다. 이는 '저렴한 배달' 옵션을 선택한 고객에 대한 비판처럼 느껴질 수 있습니다. 이런 반응은 일부 사용자 사이에서 '사용자를 경시한다.'는 느낌을 줄 수 있습니다.

반면에 이 메시지는 문자 그대로 해석할 때, 단지 사용자가 선택한 '저렴한 배달' 옵션에 대해 설명하고 있는 것으로 볼 수 있습니다. 즉, '사용자의 배달 팁을 절약하기 위해, 여러 주문을 동시에 배달하는 방식입니다.'라는 사실을 전달하고 있습니다. 이는 악의적 의도보다는 고객이 선택한 배송 방식에 대한 사실적 설명에 더 가까워 보입니다.

그러나 이 두 관점을 모두 고려해 보면 메시지가 분명하지 않다는 문제가 드러납니다. 이는 사용자에게 혼란을 줄 수 있으며 그로 인해 의도치 않게 부정적인 해석을 초래할 수 있습니다.

UX 라이팅 측면에서 이 문제를 해결하려면 메시지의 명확성을 우선 고려해야 합니다. 공급자의 관점에서는 '저렴한 배달' 옵션을 구체적으로 설명하려는 의도가 있겠지만 사용자의 관점에서 메시지를 꼼꼼히 검토해 표현을 수정할 필요가 있습니다.

이 두 가지를 기반으로 문제를 다음과 같이 정의할 수 있습니다.

> *'저렴한 배달 옵션을 설명하고자 하는 의도적인 측면에서 나쁘지 않은 메시지이지만, 사용자 입장에 따라 다른 의미로 해석되기 때문에 나쁜 메시지이다.'*

저렴한 배달 옵션은 사용자가 실시간으로 배송 상황을 확인할 수 있다는 특징을 지니고 있습니다. 이를 바탕으로 문제 해결책을 제시하고 메시지의 의미를 명확히 할 수 있는 규칙을 설정합니다. 메시지에서 중의적 의미를 제거하는 규칙을 설정할 수 있습니다.

중의적 의미를 제거하세요. 중의적 의미만 제거하더라도, 조롱하는 톤을 명확하고 객관적인 정보만을 전달하는 문장으로 수정할 수 있습니다. 사용자가 선택한 저렴한 배달 옵션에 대해 긍정적인 인식을 형성하는 데 도움을 줍니다. 여기서 한 가지 규칙을 꼽을 수 있습니다.

> • 상위 규칙: 명확성
> • 하위 규칙: 중의적 의미를 제거한다.

배달에서 사용자에게 가장 중요한 정보 중 하나는 '주문의 실시간 배송 현황'입니다. 이를 더 효과적으로 제공하기 위해, 메시지를 통해 실시간으로 라이더의 위치를 확인할 수 있는 기능을 강조할 필요가 있습니다.

사용자는 언제나 그들의 주문이 어떤 프로세스로 흘러가는지 실시간으로 알고 싶어합니다. 따라서, 주문의 실시간 위치를 알 수 있는 기능을 명확히 안내하고 쉽게 접근할 수 있게 해야 합니다.

이러한 방식은 사용자에게 배달 프로세스의 불확실성을 줄여주고 배달의 예상 소요 시간을 명확히 제공함으로써 믿음과 안정감을 전달합니다. 또한, 실시간 위치 추적 기능을 통해 사용자는 주문의 진행 상황을 실시간 파악할 수 있게 됩니다.[15]

> • 상위 규칙: 유용성
> • 하위 규칙: 사용자 맥락을 고려하여 문구를 작성한다.

사용자 중심의 글쓰기 가이드라인을 만들고 정제하는 과정에서는 사용자의 경험을 최우선으로 고려해야 합니다. 그러나 '사용자 중심'이라는 용어를 사용할 때는 주의해야 하죠. 이 용어가 적절하지 않게 사용되어 그 의미가 퇴색되는 것을 막아야 합니다. 용어가 지닌 문제가 아니라 이 용어를 남발하는 메이커들의 문제입니다.

'사용자 중심'을 사용하지만 실제로는 사용자에 대한 깊은 고민과 연구를 등한시하는 경우가 있습니다. UX 라이터로서는 이러한 태도를 피하고, 사용자를 진정으로 위한 글을 작성하세요.

페르소나를 통한 목표 사용자 분석은 이러한 글쓰기에 있어서 중요한 요소입니다. '사용자 중심'이라는 용어를 사용하는 것뿐만 아니라 실제로 누구에게 초점을 맞출 것인지, 그리고 그들이 어떤 환경에 놓여 있는지를 명확하게 이해하고 반영하는 거죠.

앞선 배달 서비스 예시처럼, 사용자가 '저렴한 배달' 옵션을 선택하는 이유를 정확히 이해해야 합니다. 이는 금전적인 측면 외에도 사용자의 시간 활용과 연관

---

15 해당 문구와 관련해 다양한 의견을 받은 적이 있습니다. 그 중 기억에 남는 내용은 다음과 같습니다.
"이미 배달 옵션 선택이 다 끝났고, 배달 옵션을 바꿀 수 없기 때문에, 음식이 느리게 오고 있다는 발송 맥락이 중요하다. 이미 선택 플로우가 끝이 났기 때문에, 굳이 돈을 덜 낸 사용자에게 끊임없이 차별과 박탈감을 상기시킬 필요가 없다. 예를 들어 '앞으로 더 빨리 받을 수 있게 한집 배달 상품을 쓰세요.'라고 이 시점에 말할 필요가 없다. 홍보를 할 때가 있고, 안 할 때가 있는데 지금은 필요가 없다. 왜냐하면 사용자는 저렴한 배달 상품을 골라 심리적으로 위축되었을 가능성이 있기 때문이다. 이때는 고객의 자존감을 지켜주고, 그의 합리적인 선택을 존중하는 게 중요하다. 또한, 사용자를 존중하지 않을 거라면 저렴한 배달 옵션을 만들었으면 안 된다.
이 상황에 대한 서비스의 해석을 최소화하고, 일반 배송과 동일한 객관적 정보만 제공하면 된다. 즉, 사용자 입장에서 쓰는 게 가장 좋다. 예를 들자면 다음과 같다.
'배달이 시작되었습니다.
라이더님이 여러 건을 함께 배달하고 있습니다. 도착 예상 시간을 확인해 보세요.'
배달 시간 정보를 넣을 필요는 없다. 알림의 시간 변수는 보통 실시간 반영되지 않는다. 보통 알림 발송 시간은 한 번 찍히면 끝나기 때문이다. 1분만 지나도 금세 정보가 아웃데이트 된다. 알림을 안 눌러본 사용자는 '알림이 온 시간 − 배송 시간'을 뺄셈해서 계산하거나, 나중에 알림을 보고 '뭐 아직도 이 정도 시간이 걸린다고?'라고 잘못된 정보를 인식할 수 있기 때문이다. 그래서 보통 알림에는 카운트다운되는 시간 변수나 변동할 여지가 있는 숫자 변수는 잘 넣지 않는다."

이 있을 수 있습니다. 더 빠른 배달이 아니라 시간을 고려해 미리 주문했을 수도 있는 거죠.

이처럼 사용자 중심을 강조하면서도 실제로는 공급자의 편리함을 위해 사용자의 다양한 요구를 단순화해서는 안 됩니다. 요구를 단순화하게 되면 더 많은 사용자를 놓칠 수 있습니다. 물론 우리 서비스를 이용하는 모두를 만족시키는 것은 불가능합니다.

이 원칙은 모든 비즈니스에 동일하게 적용됩니다. 기업이 성공하려면 주요 타깃과 페르소나에 집중하듯이, UX 라이팅에서도 이 원칙은 중요합니다. 가능한 많은 이를 만족시키는 것을 목표로 삼아야 하죠. 이는 글쓰기 가이드라인을 정립할 때도 적용됩니다.

핵심 원칙 사이의 우선순위를 설정하는 것이 필요합니다. 또 다른 방법은 구체적인 예시를 통해 다양한 상황에 따라 어떤 원칙을 우선시해야 하는지 명시하는 것입니다. 전자는 이미 정립된 글쓰기 가이드라인에 따라 우선순위를 정하는 것이며, 후자는 각 상황에 맞는 예시를 제공하여 이해를 돕는 것입니다.

앞에서도 예를 든 것처럼 명확성과 간결성 사이의 우선 원칙을 유연하게 설정하는 것이죠. 명확한 표현은 간결함을 도모하며, 간결함이 명확성을 증진시키는데, 사용자 관점에서 무엇을 더 우선시하게 될지 예상해 보는 거죠.

물론, UI 컴포넌트의 제약이나 담당자의 특별한 요청으로 인하여 문장 길이를 조정해야 할 때도 있습니다. 이때는 글쓰기 가이드라인에 명시된 기준을 준수하고, 합리적인 해결책을 찾기 위한 의사소통 능력을 발휘하는 것이 더 나은 해결책이 되겠죠.

다음으로 문구의 위계를 만들기 위한 질문이 있습니다.

'IA(Information Architecture)에 따라 카테고리가 잘 분류되어 있고, 문구가 정돈되어 있는가?'

IA^{정보 구조도}는 글쓰기 가이드라인에 반드시 고려해야 합니다. 서비스의 계층적 구조에 따라 나뉘는 뎁스에서, 상품 카테고리가 체계적으로 분류되지 않으면 상품 간에 충돌이 발생할 수 있기 때문이죠.

카테고리 내에서 일부 상품이 중복될 수 있지만, 상위 카테고리 상품들을 명확하게 분류함으로써, 사용자는 카테고리별로 표시될 상품을 예상할 수 있습니다. 상위 카테고리 내에서 상품들을 배타적으로 분류하면, 사용자는 어떤 상품이 해당 카테고리 내에 표시될지 예측하기 쉽습니다.

이러한 분류 체계는 UX 라이팅에서 테이블링과 밀접한 관련이 있습니다. 사용자가 이해하기 쉬운 방식과 일관되고 대표적인 정보를 제공하는 방식으로 말이죠. 여기서 중요한 점은 각 뎁스 간의 적절한 위계를 확인하는 것입니다.

특히, 이커머스나 OTA^{Online Travel Agency} 플랫폼에서는 카테고리 구분의 중요성이 더욱 부각되며, 가장 포괄적인 카테고리부터 시작해 세부적인 상품으로 연결되는 계층 구조를 통하여 사용자가 자연스럽게 정보를 탐색할 수 있도록 해야 합니다.

예를 들어, 30~40대 여성에게 인기 있는 공동구매 이커머스 '올웨이즈^{Alwayz}'의 카테고리 구분을 '패션'에 초점을 맞춰 살펴보면, 이러한 원칙들이 어떻게 적용되는지 확인할 수 있습니다.

- 1뎁스: 패션
- 2뎁스: 스포츠, 언더웨어, 바지, 스커트, 원피스, 헤어엑세서리, 상의, 양말/스타킹, 트레이닝복, 세트, 가방/지갑, 아웃도어, 패션잡화, 쥬얼리, 아우터

올웨이즈는 2뎁스까지 카테고리를 선택하면, 세부 상품을 살펴볼 수 있습니다. 즉, 세부 상품들이 3뎁스가 되는 것입니다. 올웨이즈와 마찬가지로 이커머스로 큰 성과를 내는 쿠팡의 '패션'을 살펴볼까요?

- 1뎁스: 패션/잡화
- 2뎁스: 여성, 남성, 남녀공용, 가방, 신발, 스포츠, 여아, 남아, 베이비, 패션아울렛
- 3뎁스: 2뎁스의 하위 영역 카테고리

쿠팡은 IA가 더욱 복잡하게 구성되어 있습니다. 사용자가 4뎁스까지 가야 세부 상품을 살펴볼 수 있기 때문이죠. 그만큼 각 뎁스에 따른 구조나 구분이 복잡하게 설정되어 있어, 레이블링 시스템이 없다면 혼돈 속으로 빠져들 것입니다.[16]

올웨이즈와 쿠팡은 나름의 기준을 세워서, 뎁스별로 카테고리 위계를 잘 지키고 있는 것으로 판단됩니다. 위계에 따라 사용자 플로우가 그려질 것이고, 사용자는 원하는 상품을 찾아낼 가능성이 높습니다.[17]

저는 다양한 서비스의 레이블링 시스템이 잘 되어 있는지 살펴보는 편입니다. 주로 이용하는 서비스나 관심을 두고 있는 서비스들이 그 대상이죠. OTA 서비스를 살펴보다가 명확하지 않은 레이블링 시스템을 보게 되었습니다.

OTA 서비스의 '전체 메뉴'는 가장 왼쪽에 위치합니다. 여기에서 1뎁스는 '여행

---

[16] 올웨이즈와 쿠팡의 비교는 간단한 설명을 위한 예입니다. 레이블링 시스템에 따른 카테고리 위계 구분 등을 자세히 살펴보고자 한다면, 하나의 서비스 내에서 뎁스별로 구분하면 명확한 결과를 얻어낼 수 있습니다.

[17] 상품을 찾아가는 사용자 플로우는 두 가지로 구분할 수 있다고 판단됩니다. 이미 구매하고자 하는 상품을 정한 '인텐트 유저'와 카테고리를 일일이 찾아가며 원하는 상품을 찾아내는 '디스커버리 유저'입니다. 이 둘을 어떻게 구분하는지는 쿠팡 자체 데이터를 기준으로 구분할 것이기 때문에 자세히 이야기할 수 없지만, 주로 카테고리는 디스커버리 유저가 이용할 가능성이 높습니다. 이들의 데이터를 활용해 카테고리 위계를 효과적으로 설정할 수 있습니다.

편의, 할인 특가, 도움말'로 구성되어 있습니다. 특히 '여행 편의' 항목에는 '일본 식당'도 포함되어 있어, 사용자가 이를 선택하면 일본 식당 예약 페이지로 이동하게 됩니다. 이를 통해 사용자는 전체 메뉴에서 여행 편의 카테고리로 들어가면 일본 식당 예약이 가능하다고 이해할 수 있습니다.

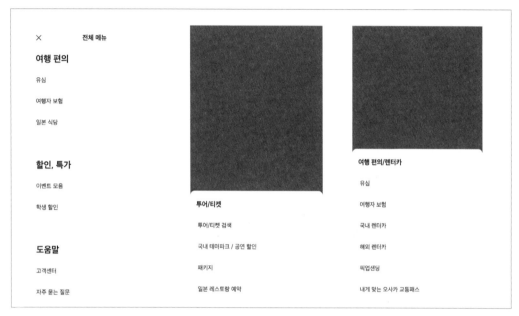

▲ 전체 메뉴의 여행 편의 카테고리

그러나 메인 화면의 '여행 편의/렌터카' 퀵 카테고리에서는 일본 식당 카테고리를 찾을 수 없습니다. 이러한 불일치는 사용자가 예상했던 것과 다른 경험을 하게 하며, 결과적으로 혼란을 초래할 수 있습니다.

사용자는 다른 퀵 카테고리를 탐색하는 과정에서 '투어/티켓' 카테고리 내에 '일본 레스토랑 예약'이라는 항목이 있음을 발견할 수 있습니다. 그러나 '전체 메뉴'의 '일본 식당'과 '퀵 카테고리'의 '일본 레스토랑 예약' 사이의 명칭이 달라 사용자가 두 항목이 연관되어 있음을 쉽게 인지하기 어렵습니다.

이처럼 사용자가 혼동을 느끼지 않게 하려면, 카테고리가 입자성^{Granularity}[18]을 기준으로 일관된 방식으로 제공되고 있는지 검토해야 합니다. 입자성이 균일하게 맞춰져 있다면, 카테고리에 레이블링 시스템을 효과적으로 적용할 수 있죠.

같은 계층에 위치한 용어는 동등한 수준의 의미를 가져야 합니다. 이를 통해 사용자는 같은 계층에 위치한 다양한 카테고리를 통하여 추가적인 프로덕트군을 탐색할 수 있습니다. 정보 구조가 적절하게 레이블링되어 있을 때, 사용자는 서비스를 쉽게 탐색하고 이용할 수 있습니다.

---

[18] 입자성이란 정보의 상세한 정도와 양을 의미합니다. Granularity라는 단어로 사용할 수 있으며 번역하면 입도(粒度)라고 쓸 수 있습니다. 각 카테고리 뎁스별로 적정한 위계의 용어로 설명하고 있는지 등을 일관된 기준으로 만드는 것입니다. 예를 들어 패션/잡화의 하위 범주로 남성, 여성, 아동처럼 인간의 생물학적 기준을 중심으로 나눌 것인지 등을 고려하는 방식입니다.

UX 라이팅 가이드라인 세 번째, 체크리스트

UX 라이팅 가이드라인, 세 가지 요소를 가르는 기준

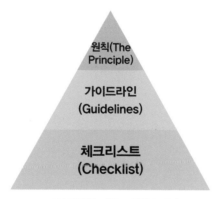

▲ UX 라이팅 가이드라인의 3요소

　　체크리스트를 만들면서 가이드라인과의 구분이 모호해지는 경우가 많습니다. 타사 사례를 살펴봐도, 가이드라인과 체크리스트를 별도로 제공하는 예는 드뭅니다. 이는 외부 공개 자료와 내부 자료가 다를 수 있기 때문에 확실치는 않습니다.

체크리스트가 없어 보이는 타사 사례를 조사하면서 체크리스트의 필요성에 대해 의문을 갖게 됩니다. 이미 구체적인 글쓰기 지침이 있는 상황에서, 이를 다시 확인할 수 있는 자료가 정말 필요한가 하는 의문이죠. 하지만 실제 업무를 하다 보면 그 필요성을 느끼게 됩니다.

글쓰기 가이드라인은 내용이 방대하고 구성이 복잡해서 UX 라이터가 아닌 이상 이를 빠르게 파악하고 적용하기 어렵습니다. 이는 실험을 통해 확인할 수 있었습니다.

구성원이 검수를 요청한 문구를 UX 라이터가 우선 검토하고 수정했습니다. 다만 결과를 보여주지 않습니다. 구성원이 실제로 가이드라인을 어떻게 사용하는지 파악하기 위해서였죠. 구성원에게 가이드라인을 주고 수정을 위해 적용해야 할 내용을 찾아보도록 요청했습니다. 결과적으로 구성원은 찾지 못했습니다. 구성원은 UX 라이팅에 상당히 높은 관심을 유지하고 있었음에도 말이죠.

이러한 결과는 체크리스트의 중요성을 보여주는 사례였습니다. 이 사례를 통해 체크리스트는 구성원이 글쓰기 가이드라인을 보다 쉽고 빠르게 이해하고 적용할 수 있도록 도와준다는 사실을 알 수 있었습니다.

UX 라이팅 가이드라인이 즉각 반영되지 않는 시스템에서는 구성원들에게 무용지물이라는 결론에 도달하게 됩니다. 오히려, 글쓰기 가이드라인을 검토하는 과정이 구성원의 많은 시간을 소모하게 만든다는 결론에 도달하게 됩니다.

시스템을 구축할 여력이 부족하다면, 체크리스트를 만들어 보세요. 구성원의 시간을 지켜줄 수 있어요. 이때, 글쓰기 가이드라인을 간략하게 요약해 제공하고, 반드시 확인해야 할 규칙들을 간추려 안내합니다.

체크리스트의 핵심 목적은 구성원이 직접 문구를 신속하게 검토할 수 있도록 하는 것입니다. 구성원이 스스로 문구를 점검하게 하여, UX 라이팅의 질을 향상시킬 수 있습니다.

또한, 체크리스트를 기준으로 구성원과 UX 라이터가 함께 검토할 수 있어 커뮤니케이션 시간을 절약할 수 있습니다. 피드백을 체크리스트 형태로 전달하여, UX 라이터는 업무 효율을 높일 수 있습니다.

원칙과 글쓰기 가이드라인, 체크리스트 이 세 가지를 구분하는 방법은 다음과 같습니다. 우선 원칙은 추상적인 내용을 담고 있습니다. 서비스의 가치나 비전 같은 비가시적인 요소들을 구체화하는 데 초점을 맞춥니다.

반면, 체크리스트는 구체적인 문장 검토 방법을 제시합니다. 이는 구성원이 스스로 UX 라이팅의 목적을 달성하게 하거나 커뮤니케이션 비용을 줄이는 데 기여합니다.

마지막으로 가이드라인은 원칙과 체크리스트 사이를 메우는 글쓰기 방법론으로 볼 수 있습니다. 이 세 가지 요소가 통합될 때, 서비스에 적합한 최적의 UX 라이팅 가이드라인이 완성됩니다.

체크리스트를 정립하는 여덟 가지 기준

원칙은 서비스의 핵심 가치와 비전, 서비스가 추구하는 방향성과 목표를 담습니다. 이 과정에서 비즈니스의 방향성도 반드시 고려되어야 하며, 이는 내부 구성원과의 심도 깊은 논의를 필요로 합니다.

가이드라인은 이러한 원칙을 기반으로 '우리 서비스에 적합한 글쓰기 방법론'을 제시합니다. 예를 들어, 명확성, 간결성, 일관성 등의 원칙을 포함하여, 이러한 원칙들이 서비스의 핵심 가치와 어떻게 연결되는지에 대한 글쓰기 방법론을 제안합니다.

가이드라인의 목적은 프로덕트 담당자들이 일관된 문구를 작성하게 하여, 효율적인 커뮤니케이션을 가능하게 하는 데 있습니다. 효율적인 커뮤니케이션이란, 프로덕트 담당자들이 UX 라이터에게 문구 수정을 요청할 때 가이드라인을 기준으로 설명할 수 있는 것을 의미합니다.

"왜 이렇게 수정해야 하나요?"라는 질문에 "가이드라인에 따라 수정했습니다."라고 답하면 커뮤니케이션이 원활하게 종결됩니다. 따라서 가이드라인을 지켜야 하는 이유에 대한 설명이 필요합니다.

가이드라인은 모든 구성원이 동의한 글쓰기 기준입니다. 비록 법적인 효력은 없지만 내부 구성원이 지켜야 할 규범으로 여겨져야 합니다. 가이드라인이 규범처럼 받아들여져야 하는 이유는 이것이 UX 라이터 혼자만의 결정이 아니라 경영진부터 시작해서 관리자, 실무자 등 모든 이의 합의로 이루어진 결과물이기 때문이죠.

체크리스트는 이 결과물에 따라 문구 작성이 잘 이루어지고 있는지 확인하는 기준점이 됩니다. 그리고 그 기준을 확인하는 방법으로는 다음 여덟 가지 사항을 검토해 보세요.

❶ 문제 해결에 적합한 콘텐츠를 제공하고 있는가?

우리는 공급자의 입장에서 문제 해결이 효과적으로 이루어지고 있는지 직접 확인하기 어렵습니다. 우리는 사용자가 될 수 없기 때문이죠. 이러한 상황에서는 전체 프로세스를 고려해 다음과 같은 질문을 던져야 합니다.

> • 이 화면의 목적은 무엇이며, 사용자가 목표를 쉽게 달성할 수 있는가?
> • 사용자는 이 화면을 통해 어떤 가치를 얻을 수 있는가?
> • 화면에는 사용자의 목표와 관련된 유용한 정보만 제공되고 있는가?

- 사용자의 맥락을 고려할 때, 현재 화면이 이전 화면에서의 경험을 바탕으로 다음 화면으로의 전환을 잘 준비하고 있는가?
- 사용자가 성공을 어떻게 판단할 수 있는지 정의되어 있는가?
- 내가 작성하는 문구에 개인적인 자존심이 얽혀있지는 않는가?

플로우상의 문제가 발견되면, UX 라이터는 문제를 지적하고 의견을 제시할 책임이 있습니다. 이는 사용자 관점에서 문제가 있는 부분을 제거하기 위한 것이죠. UX 라이터는 사용자 맥락을 기반으로 문구를 작성하는 게 중요하다는 점을 기억해야 합니다.

"플로우에 대한 의견 제시는 프로덕트 오너나 디자이너의 역할이 아닌가요?"

위와 같은 질문이 나올 수 있습니다. 하지만, 사용자를 가장 가까이에서 관찰하고 이해하는 직무가 UX 라이터인 만큼, 이에 대한 답변은 '아니요'입니다.

❷ 모바일 환경에 맞춰서 문구를 작성하고 있는가?

우리가 사는 시대는 모바일이 중심입니다. 하지만 이것이 웹을 고려하지 않아도 된다는 의미는 아닙니다. 모바일을 우선시하되, 웹도 함께 고려해야 한다는 것이죠. 모바일 UX 라이팅을 위한 체크리스트는 다음과 같습니다.

- 문장은 20단어를 넘지 않도록 한다.
- 단락은 짧게 유지한다.
- 타이틀과 서브 타이틀을 적극적으로 활용한다.
- 글머리 기호 사용으로 명확성을 높인다.
- 사용자가 다음 단계로 넘어가는 데 필요한 정보를 우선순위에 맞게 제시한다.

- 중요한 정보와 CTA(Call To Action)는 ATF(Above The Fold[19]) 영역에 배치한다.
- 안드로이드(Android)와 iOS 모두에 적합하게 디자인한다.
- 모든 화면 크기에서의 텍스트 가독성을 고려한다.
- 번역을 위한 충분한 공간을 확보한다. (글로벌 서비스의 경우)
- 각 단어가 지닌 중요성을 강조한다.

❸ 사람들이 화면을 F 패턴으로 읽는 것을 고려하고 있는가?

모바일 시대에 사용자들은 글 전체를 세세하게 읽기보다는 필요한 정보만을 빠르게 찾아내는 경향이 있습니다. 앞서 이야기했던 'F 패턴'이죠. 대다수 사용자가 이런 습관을 보인다고 합니다. 그들은 주로 헤더와 CTA 부분만을 훑어보고 화면을 넘깁니다. 이러한 사용자의 행동 패턴을 고려할 때 화면의 핵심 내용을 즉시 파악할 수 있도록 문구를 구성해야 합니다.

- 명확한 액션 가이드를 제공한다.
- 중요한 정보를 중심으로 내용을 구성한다.
- 헤더에는 사용자에게 꼭 필요한 정보와 예상 결과를 간결하게 제시한다.
- 공백과 글머리 기호를 활용하여 가독성을 높인다.
- 불필요한 내용은 과감히 제거한다.

❹ How가 아닌 Why로 작업하고 있는가?

사용자에게 중심이 되는 것은 '어떻게^{How}'보다 '왜^{Why}'입니다. 즉, 사용자는 자신이 왜 이 행동을 해야 하는지에 더 관심을 가집니다. 이러한 관점에서, '왜'를 먼저 제시하면 사용자의 흥미를 끌고, 그들이 원하는 가치를 충족할 수 있는지 확인하는 데 도움이 됩니다. 사용자의 행동을 유도하는 것은 '어떻게'가 아닌 '왜'라는 사실을 잊지 마세요.

❺ 전문 용어(Jargon)를 사용하고 있는가?

전문 용어는 모든 사용자가 쉽게 이해할 수 없는 용어로, 이로 인해 일부 사용자는 혼란을 느끼고 서비스 이탈을 고려할 수도 있습니다. 전문 용어를 피하는 방법은 일상적인 언어로 대체하는 것인데, 마치 지인들과 대화하듯 문구를 작성하면 됩니다. 이 방식은 주로 B2C^{Business to Consumer} 환경에 적합합니다.

그러나 B2B^{Business to Business} 환경에서는 상황이 다릅니다. 여기서는 전문 용어의 사용이 필수적일 수 있으며, 오히려 전문 용어를 제거하면 사용자에게 혼란을 초래할 수 있죠. B2B는 특정 업계의 전문가들을 대상으로 하기 때문에, 이들에게는 업무 중 자주 사용하는 전문 용어가 바로 일상 용어가 됩니다. 비즈니스와 사용자 환경을 고려하여 전문 용어 사용 방법을 정하세요.

❻ 다크 패턴을 사용하고 있는가?

다크 패턴은 사용자의 신뢰를 빠르게 잃는 방법입니다. 이는 사용자의 의사 결정을 의도적으로 조작하여, 사용자가 원치 않는 결과를 얻게 하기 때문이죠.

이러한 방법은 사용자에게 부정적인 감정을 유발하고, 공급자가 원하는 결과를 얻기 위한 설계로 볼 수 있습니다. UX 라이팅에서는 컨펌셰이밍^{Confirmshaming}이 이러한 방식의 하나로, 마케팅에서 성과를 위해 자주 사용됩니다.[20]

---

[19] ATF(Above the Fold): (가판대에 진열된 신문의 헤드라인처럼) 스크롤하지 않아도 확인할 수 있는 영역, BTF(Below the Fold) 스크롤해야 확인할 수 있는 영역

[20] 공정거래위원회는 2023년 7월 31일 〈온라인 다크 패턴 자율 관리 가이드라인〉을 발표했습니다. 온라인 다크 패턴 자율 관리 가이드라인은 4개 범주, 19개 유형의 다크 패턴으로 구성되어 있습니다. 자세한 내용은 공정거래위원회에서 제공하는 원문을 확인해 주세요.
  • 출처 – https://www.ftc.go.kr/solution/skin/doc.html?fn=2aa54a3265a7ccb63a79f6798a190059c7b351
    5bce77199a7cd8c1d16a08f7d6&rs=/fileupload/data/result//news/report/2023/

그러나 이 방식을 사용하면 기업은 사용자가 진정으로 원하는 가치가 무엇인지 모르게 됩니다. 사용자 이탈의 원인이나 전환 목표가 어떤 가치에 영향을 미쳤는지 파악하기 어렵습니다. 반면에 사용자에게 직접적으로 정보를 전달하고, 그로 인한 문제점을 파악하여 개선하는 것이 서비스의 장기적인 발전을 위해 훨씬 나은 방법입니다.

❼ 일관성을 유지하고 있는가?

일관성은 사용자의 신뢰와 밀접하게 연결되어 있습니다. 서비스가 일관성을 잃으면 사용자는 혼란스러워 하며, 브랜드가 제시하는 근본적인 가치를 파악하기 어려워집니다. 반면, 일관된 경험을 제공하면 사용자는 안정감을 느끼며 브랜드를 신뢰하게 됩니다. 그리고 서비스가 자신을 잘 이해하고 가치 있는 경험을 제공한다고 느낍니다.

이런 일관성을 유지하는 데 체크리스트가 중요한 역할을 합니다. 체크리스트에 명시된 규칙을 따르면, 모든 커뮤니케이션이 같은 방향성을 가지며, 이는 전체적인 서비스 경험의 일관성을 강화합니다.

❽ 브랜드 콘텐츠를 제공하고 있는가?

브랜드에 일관된 콘텐츠를 제공하는 것은 사용자와의 깊은 관계를 형성하는 데 중요합니다. 이는 브랜드의 개성을 드러내고, 어떤 서비스 가치를 제공하는지 보여주는 역할을 합니다.

예를 들어, 평소 활기찬 친구가 갑자기 우울해진다면 우리는 당혹스러워집니다. 마찬가지로 브랜드의 일관성은 사용자에게 안정감을 주고 프로덕트에 대한 평가를 내리는 데 도움을 줍니다. 이를 위해 '보이스 톤'이라는 도구가 있습니다. 이는 우리 서비스의 개성을 표현하는 데에 가장 적합한 도구입니다.

그러나 보이스 톤을 설정할 때는 주의가 필요합니다. 단순히 '친근함'이나 '다른 서비스가 그러니 우리도 그래야 한다.'는 식의 접근은 피해야 합니다. 이는 오히려 개성을 잃게 만들 수 있습니다. 우리 서비스가 추구하는 브랜드 이미지와 페르소나를 고려하여 보이스 톤을 개발해야 합니다.

위의 여덟 가지 기준을 고려하여 체크리스트를 만들면 실용적인 도구가 될 것입니다. 이때 중요한 것은 글쓰기 가이드라인을 단순히 넘어서, 실제로 활용할 수 있는 구체적이고 실용적인 내용을 포함하는 것입니다.

구성원들이 가이드라인을 반복적으로 확인하는 대신, 가이드라인과 체크리스트 사이의 관계를 신중하게 고려하고, 필요한 도구를 적절히 선택하여 사용할 수 있도록 해야 합니다.

사용자의
상황과
UI 컴포넌트를
고려한
UX 라이팅

사용자가 처한 상황을 이해하면 유형별 메시
지를 작성할 수 있고, 디자인 시스템을 이해하
면 UI 컴포넌트 문구를 작성할 수 있습니다. 각
요소에 맞는 문구 작성법을 살펴보겠습니다.

UX 라이터가 사용자의 상황에 따라 마주하는 메시지들

UI 텍스트, 컴포넌트와 문구의 만남

UX 라이터가 사용자의 상황에 따라
마주하는 메시지들

유형에 꼭 맞는 메시지, 유형별 메시지

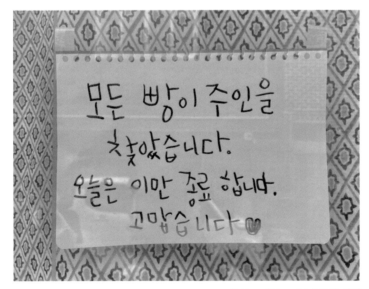

Part 4 · 사용자의 상황과 UI 컴포넌트를 고려한 UX 라이팅

우리는 일상에서 자주 UX 라이팅을 마주하지만, 대부분 이를 인식하지 못합니다. 예를 들어, '모든 빵이 주인을 찾았습니다. 오늘은 이만 종료합니다. 고맙습니다.'라는 문구를 본다면 어떤 생각이 드나요?

빵을 사기 위해 가게에 방문한 사람이라면 '빵이 다 팔려서 가게가 문을 닫았구나.'라고 생각하며 아쉬움을 느낄 것입니다. 그들의 목적은 빵을 구매하는 것이니까요.

반대로, 우연히 그 문구를 본 지나가는 사람은 '이런 귀여운 표현도 있네.'라고 생각하며 지나칠 수 있습니다. 이들에게 그 메시지는 단순히 귀여운 표현일 뿐입니다. 그들의 목적이 빵을 구매하는 것은 아니기 때문이죠. 이렇듯 메시지를 접하는 사용자의 맥락에 따라 그 해석이 달라질 수 있습니다. 즉, 사용자의 맥락에 따라 메시지를 다르게 해석하게 됩니다.

또한, 메시지의 필요성은 사용자의 목적과 밀접한 관련이 있습니다. 사용자의 목적에 필요한 내용인지, 그렇지 않은 내용인지에 따라 메시지의 중요성이 달라집니다. 그렇다면 이 필요성은 언제 충족될까요?

필요성은 적절한 시기에, 적절한 장소에서 제공되었을 때 충족됩니다. 한 카페를 예로 들어 살펴보겠습니다.

'발밑에 문 열림 버튼이 있습니다.'[1]

▲ 클러스터즈 카페의 안내 문구
출처 – https://www.instagram.com/clusters__coffeebar

---

[1] 원문은 '발밑 문 열림 버튼 있습니다.'이지만, 완전한 문장을 위해 조사를 추가하였습니다. UX 라이팅 관점에서 더 정확하게 문장을 수정하면, '발밑'보다는 '발 앞에'라는 표현으로 바꾸는 것이 좋지 않을까 조심스레 의견을 던져 봅니다.

기존 카페들과 달리, 이 카페는 특이하게도 문을 열 수 있는 버튼을 문 중앙이 아닌 하단에 설치했습니다. 이유는 카페의 독특한 공간 구성과 깊은 연관이 있습니다.

이 카페는 루프탑을 포함해 총 4층 규모입니다. 하지만 1층은 오직 주문과 대기 공간으로 사용되며, 손님들은 주문 후 음료를 받으면 1층을 떠나야 합니다. 1층에서는 음료를 마실 수 없기 때문이죠.

이러한 구성 때문에 손님들은 음료와 디저트가 담긴 트레이를 들고 다른 층으로 이동해야 합니다. 이때, 손은 트레이를 드는 데 사용되므로, 실제로 자유로운 신체 부위는 '발'이 됩니다. 이 점을 고려하여 카페는 발로 누를 수 있는 위치에 문 열림 버튼을 설치한 것입니다. 결과적으로, 손님들은 음료를 받고 다른 층으로 쉽게 이동할 수 있게 되었습니다.

이처럼 사용자의 상황과 서비스가 제공되는 구체적 환경을 고려하여 메시지를 전달하는 것이 '유형별 메시지 전달'의 핵심입니다. 사용자의 맥락을 심층적으로 이해하고, 그에 맞게 메시지를 조정해야만 사용자 경험이 극대화됩니다. 이는 우수한 UX 라이팅을 위한 필수 요소로, 사용자의 맥락을 무시하는 경우에는 결코 좋은 UX 라이팅을 기대할 수 없습니다.

What can you do

Use the guidelines and table below to inform your copywriting, calibrate your tone, and maintain consistency in your content. The following guidelines have information on specific message types:

- Error messages
- Success messages
- Info messages
- Warning messages
- Feature discovery

▲ 아틀라시안 디자인 시스템(Atlassian Design System)[2]

---

[2] 출처 – https://atlassian.design/content/writing-guidelines

메시지 유형은 각 회사의 가이드라인과 우선순위에 따라 다양하게 나뉩니다. 기업마다 강조하는 메시지 유형이 다르기 때문에, 분류 방법도 회사별로 다릅니다. 예를 들어, 아틀라시안^{Atlassian}을 보면 그들이 선호하는 특별한 메시지 유형 분류를 알 수 있죠. 아틀라시안은 메시지 유형을 크게 다섯 가지로 나누고 있습니다.

- 오류 메시지(Error Messages)
- 성공 메시지(Success Messages)
- 정보 메시지(Info Messages)
- 경고 메시지(Warning Messages)
- 기능 검색 메시지(Feature Discovery Messages)

아틀라시안이 사용하는 독특한 메시지 유형 중 하나는 바로 '기능 검색 메시지' 입니다. 이 유형은 다른 회사의 가이드라인에서는 보기 드문 것으로, 간단히 해당 기능이 무엇을 하는지 설명하는 데 초점을 맞춥니다.

"기능 검색 메시지는 사용자에게 새로운 기능에 대해 알려준다.

Feature Discovery Messages Let People Know About a New Feature."

해당 메시지는 아틀라시안 서비스에서 새로 출시되거나 업데이트된 기능을 강조하여, 사용자에게 변경 사항을 알리고 새로운 기능을 활용하도록 독려하는 데 목적이 있습니다.

가이드라인에서는 이 메시지를 통하여 사용자가 다음 세 가지 감정을 경험할 수 있도록 권장하고 있습니다.

- 호기심(Curious)

- 흥미로움(Excited)

- 권한 부여(Empowered)

이 세 가지 감정을 기반으로, 아틀라시안은 사용자가 추구하는 목표, 현재 진행 중인 작업, 그리고 향후 나아갈 방향을 고려하며 기능 검색 메시지를 활용할 것을 권장합니다. 사용자의 상황을 방해하지 않는 범위 내에서 해당 메시지를 적극적으로 사용해야 한다는 것입니다.

또한, 사용자가 새로운 기능을 사용했을 때 얻을 수 있는 효용에 대해서도 명확하게 설명해야 합니다. '문서를 더 효율적으로 정리할 수 있다.'거나, '문서 검색 속도가 빨라진다.'와 같은 구체적인 이점을 제시합니다.

이를 종합해 볼 때, 아틀라시안의 기능 검색 메시지는 사용자가 새로운 기능을 사용함으로써 얻을 수 있는 장점을 안내하는 메시지로 볼 수 있습니다.

호주 정부 웹사이트[NSW Government]에서는 메시지 유형을 여섯 가지로 정리하고 있습니다.

- 중요한 정보(Important Information)

- 경고(Warning)

- 오류(Error)

- 필드 유효성 검증(Field Validation)

- 성공(Success)

- 로딩 및 진행(Loading and Progress)

> **Messages**
>
> Types of messages are:
>
> - Important information
> - Warning
> - Error
> - Field validation
> - Success
> - Loading and progress
>
> Messages are polite, logical and easy for users to understand. Maintain a friendly tone and informal style as much as possible.
>
> **Guidelines for writing messages**
>
> - **Don't use redundant words.** Avoid using words that add no value to the message. Don't over-use 'please'. Aim to be direct and concise.
> - **Use contractions** to sound more conversational.
> - **Avoid passive voice.** Passive voice can sound robotic.
> - **Take responsibility** when something goes wrong. 'We couldn't...' rather than 'You failed...'
> - **Error messages** should tell users what's wrong and how to fix it (if appropriate).

▲ 호주 정부 웹사이트(Digital.NSW) '마이크로카피(Microcopy)'[3]

호주 정부는 메시지 작성 시 구체적인 방법을 자세히 설명하지는 않지만, 정중하고 논리적이며 사용자 이해가 쉬운 메시지를 강조합니다. 또한, 친근한 어조와 비격식적 스타일을 유지할 것을 권장합니다.

메시지 작성에 있어 기본적인 가이드라인은 다음과 같습니다.

01   중복되는 단어 사용을 피하라고 권장합니다. 특히, 의미를 추가하지 않거나 요청을 과도하게 반복하는 단어는 피해야 합니다. 이를 위해 직접적이고 간결한 표현을 사용하세요.

02   대화하듯이 단어를 압축해 사용합니다. 구어체는 맥락을 포함하므로, 맥락상 생략 가능한 단어는 생략하는 것이 좋습니다.

03   수동태 대신 능동태를 사용하세요. 수동태는 로봇처럼 들릴 수 있으며, 주어가 없어 이야기하는 주체가 사라진 것처럼 느껴질 수 있습니다.

---

[3] 출처 – https://www.digital.nsw.gov.au/delivery/digital-service-toolkit/resources/writing-content/content-style-guide/microcopy#anchor-messages

04   오류가 발생했을 때 책임을 인정해야 합니다. 사용자가 태스크(Task)에 실패했다는 표현 대신, 할 수 없었던 이유를 설명해야 합니다.

05   오류 메시지는 무엇이 잘못되었는지, 어떻게 해결할 수 있는지를 명확하게 안내해야 합니다. 오류 메시지는 '상태 → 원인 → 해결책'의 순서로 구성되어야 합니다.

이 가이드라인은 간단하지만 메시지 작성의 핵심 요소를 담고 있으며, UX 라이팅 방법론과도 밀접한 관련이 있습니다.

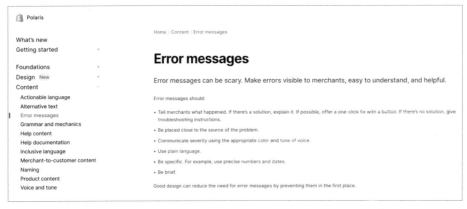

▲ 쇼피파이 폴라리스 디자인 시스템(Shopify Polaris Design System)[4]

쇼피파이 폴라리스^{Shopify Polaris}는 오류 메시지에 대한 가이드라인을 제시하고 있습니다. 이 가이드라인 내에서 경고 메시지를 포함하는 방식으로 오류 메시지를 더욱 광범위한 개념으로 다루고 있습니다. 오류 메시지는 문제가 발생한 후에 표시되는 반면, 경고 메시지는 문제가 발생하기 전에 보이는 차이가 있습니다. 쇼피파이 폴라리스는 이러한 분류를 통해 경고 메시지를 오류 메시지의 일부로 간주합니다.

---

4 출처 – https://polaris.shopify.com/content/error-messages

쇼피파이 폴라리스는 판매자를 대상으로 운영하는 서비스로, 작은 오류 하나가 판매자의 매출에 큰 영향을 미칠 수 있습니다. 따라서, 오류 메시지를 통해 판매자들이 문제를 신속하게 해결할 수 있도록 하는 것이 중요합니다. 이는 쇼피파이 폴라리스가 오류 메시지에 중점을 두는 이유입니다.

오류 메시지는 판매자의 매출과 직접적인 관련이 있을 수 있으므로, 이를 '끔찍한' 문제로 간주하고, 해결하기 위한 방안을 제시합니다. 오류 메시지는 "판매자가 쉽게 인지하고 이해할 수 있어야 하며, 실질적인 도움을 제공해야 한다."고 말이죠.

오류 메시지는 판매자가 처한 상황을 설명하고, 문제가 발생한 원인을 명확히 함으로써 판매자가 상황을 이해할 수 있도록 해야 합니다. 해결책을 제시하되, 즉시 해결이 불가능한 경우에는 문제가 무엇인지 명확히 설명해 판매자가 문제 해결을 시도할 수 있도록 안내합니다. 때로는 '새로고침'을 하거나 시간이 지난 후에 사이트를 '다시 방문'하도록 유도하는 메시지를 포함하기도 합니다. 쇼피파이 폴라리스의 오류 메시지 가이드라인은 다음과 같이 구성되어 있습니다.

- 오류 메시지 유형
- 오류 색상 – 중요한(Critical), 경고(Warning)
- 금지 패턴
- UI 컴포넌트별 작성 방식
- 해결 방법이 없는 오류
- 보이스 톤

쇼피파이 폴라리스의 UX 라이팅 가이드라인은 디자인 시스템의 일부이며, 이를 기준으로 디자인 시스템을 이해하는 것이 유용합니다.[5]

Writing for errors

Thoughtful error messaging design reduces support requests and helps users understand a system.

Table of contents

What is an error?

Error message design foundations

Anatomy of an error message

Be empathetic to users, not the system

Be as useful as possible

Writing the error message

Choosing the right error message component

▲ 어도비 디자인 시스템(Adobe Design System)[6]

어도비[Adobe]는 오류 메시지 작성에 중점을 두며, 사용자의 감정과 밀접한 관련이 있다고 강조합니다. 사용자에게 실망스러운 소식을 전달하는 것으로 오류 메시지를 정의하고, 오류와 관련성이 높고 유용하며 명확하게 작성되어야 한다고 합니다. 이를 위해 오류의 원인과 해결 방법[7]을 명확히 제시하는 것이 중요합니다.

일반적으로, 외국 기업들의 UX 라이팅 가이드라인은 오류 메시지를 중심으로 다루는 경우가 많습니다. 그러나 아틀라시안과 같이 다양한 메시지 유형을 분류하고 각각에 대한 작성법을 상세히 설명하는 사례도 있습니다.

이제 다음으로는 각각의 상황에 따른 메시지를 살펴보고자 합니다.

---

[5] UX 라이팅 가이드라인은 디자인 시스템과 별개로 운영될 수 있지만, 해당 체계를 수립할 때는 디자인 시스템과 함께 고려해야 합니다. 앞서 언급한 대로, UX 라이터가 속한 팀에 따라 책임과 역할이 달라질 수 있습니다. 따라서, UX 라이팅 가이드라인이 디자인 시스템 체계에 통합되거나 독립적으로 존재할 수 있습니다.

[6] 출처 - https://spectrum.adobe.com/page/writing-for-errors

[7] 어도비는 쇼피파이 폴라리스와 같은 방식으로 오류 메시지 작성법을 안내하고 있습니다.

확인 메시지

확인 메시지^{Confirmation Messages}는 사용자가 수행하려는 작업을 명확히 이해하고 올바르게 진행할 수 있게 도와주는 역할을 합니다. 또한, 변경된 상태를 알리고 사용자가 취해진 조치에 대한 세부 정보를 제공해 안심시키는 역할도 합니다. 이렇게 하면 사용자는 발생할 수 있는 사건과 그에 따른 영향을 쉽게 파악할 수 있습니다.

그러나 사용자가 이미 알고 있는 내용이나 큰 변화가 없는 작업에 대해서는 확인 메시지를 표시할 필요가 없습니다. 이는 해당 작업이 사용자에게 큰 변화를 초래하지 않기 때문입니다. 하지만 변화가 예상될 때는 확인 메시지를 통해 사용자가 인지하고 결정할 수 있도록 도와야 합니다. 이는 사용자에게 선택권을 부여하고, 사용자의 의사를 확인하는 역할을 합니다.

▲ 샌드위치 조합 삭제 확인 메시지

예를 들어, 샌드위치를 주문할 때 '대표 조합'의 재료를 초기화하려 할 때 나타나는 메시지는 사용자가 이전에 선택한 '대표 조합' 옵션을 취소할 것인지를 다시 한번 확인하는 역할을 합니다.

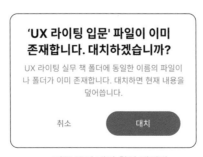

▲ 기존 문서 대치 확인 메시지

문서 도구에서 현재 작성 중인 파일을 다른 파일에 덮어쓸 경우 나타나는 확인 메시지는 덮어쓰면 원래 파일이 사라지게 됨을 설명합니다. 이는 사용자에게 미래에 발생할 수 있는 사항에 대해 미리 알려주는 역할을 합니다.

이 두 예시를 통해 알 수 있는 것은, 시스템이 사용자에게 방금 선택한 행동을 '정말로 실행하고 싶은지' 다시 한번 확인하는 것입니다. 다르게 표현하면 '사용자가 실제로 원하지 않을 수도 있다고 판단될 때'에만 확인 메시지를 다시 보여주고 있습니다. 이러한 관점에서 확인 메시지는 '사용자의 행위 중 사용자가 반드시 확인해야 할 중요한 정보를 전달할 때'에만 사용되어야 합니다.

또한, 확인 메시지가 사용자에게 어떤 형태로 나타나는지도 중요하게 고려해야 합니다. 대체로 확인 메시지는 팝업 형태로 등장해 사용자의 작업 흐름을 방해합니다. 이러한 이유로 불필요하게 자주 나타나는 확인 메시지는 사용자의 불편함을 증가시키고 짜증을 유발할 수 있다는 점도 알아두어야 합니다.

이 두 가지 메시지는 사용자가 직면할 상황이나 초래될 결과를 객관적인 사실에 기반해 전달하는 동일한 목적을 지니고 있습니다. 이는 사용자의 선택에 직접적으로 개입하지 않으며, 선택의 여부는 전적으로 사용자에게 달려 있습니다.

다만, 이러한 메시지는 사용자의 결정을 돕기 위해, 사용자가 수행하려는 행위와 그로 인해 발생할 수 있는 결과에 대해 명확한 설명을 제공해야 합니다.

이 점에서, 샌드위치 주문과 문서 대치 예시에서 제공하는 메시지 사이에는 질적인 차이가 발생합니다. 샌드위치 주문 예시 메시지는 단순히 사용자의 행동을 확인하는 수준에 머무는 반면, 문서 대치 예시 메시지는 사용자에게 발생할 수 있는 구체적인 결과를 상세히 알립니다.

이러한 차이로 인해 샌드위치 주문 예시 메시지는 불필요하게 느껴질 수 있습니다. 이처럼 불필요하게 반복되는 의미 없는 메시지는 사용자로 하여금 메시지의 가치를 간과하게 만들 수 있습니다.

예를 들어 샌드위치 주문 예시에서 '적용한 조합을 삭제하시겠습니까?'라는 메시지를 받은 사용자는 대부분 '이미 결정한 행동이므로 당연히 실행할 것'이라고 생각하며 바로 [확인] 버튼을 누를 것입니다. 이는 사용자에게 있어 합리적인 반응이지만 사실 메시지는 큰 의미를 두지 않고 있습니다. 만약 이 메시지가 반복되어 나타난다면 메시지는 사용자의 무관심을 유발합니다. 결과적으로 사용자는 앞으로 나올 메시지에 대해서도 '별 의미 없다.'고 인식하게 되겠죠.

이러한 문제를 예방하기 위해 확인 메시지를 효율적으로 사용하는 여덟 가지 방법을 알아두어야 합니다.

01   사용자의 작업을 중단시키거나 큰 손실을 입힐 수 있는 중대한 작업을 실행하기 전에는 확인 메시지를 통해 사용자에게 사전에 경고해야 합니다. 특히 되돌릴 수 없는 작업에 대해서는 반드시 사용하는 것이 바람직합니다.[8]

02   일상적으로 반복되는 작업에 대해 확인 메시지를 사용하는 것은 피해야 합니다. 확인 메시지가 너무 자주 나타나면 사용자는 메시지의 중요성을 무시하게 되며, 이는 메시지의 효과를 약화시킵니다.

03   사용자가 수행하려는 행동의 결과를 자세하고 명확하게 알려주어야 합니다. 단순히 '정말로 실행할 건가요?'라고 묻는 대신, 사용자가 쉽게 이해할 수 있는 일상적인 언어를 사용하여 결과를 설명해야 합니다.

04   확인 메시지에서의 버튼 선택도 중요한 요소입니다. 설명이 길어지면 사용자가 읽지 않을 가능성이 높으므로, 버튼을 통해 사용자의 선택을 명확하게 안내해야 합니다. 예를 들어, 단순하게 [취소]나 [확인]보다는 앞선 예시처럼 버튼에 '대치'와 같이 특정 행동의 결과를 명시하는 방식을 사용해야 합니다.

---

[8] 이때 사용자가 방금 한 행동에 대해서 취소할 수 있도록 '실행 취소' 기능을 제공해도 좋습니다. 만약, 그 행동으로 인해 문제가 발생했을 때 사용자는 쉽게 복구할 수 있습니다.

05 사용자가 작업을 수행하기 전에 결과를 명확하게 알아볼 수 있도록 정보를 점진적으로 제공하는 방법도 효과적입니다.[9] 이 경우, 확인 메시지는 사용자가 빠르고 쉽게 읽을 수 있도록 구성해야 합니다.[10]

06 확인 메시지에서 '예' 또는 '아니요'를 기본값으로 설정하는 것은 피해야 합니다. 대신, 가장 일반적인 선택을 기본값으로 하여 사용자가 더 빠르게 결정할 수 있도록 돕고, 더 가능성이 높은 응답을 미리 제시하는 것이 좋습니다. 하지만, 확인 메시지의 근본적인 목적이 사용자의 행동을 재확인하고자 하는 것임을 잊지 말아야 합니다.

07 특히 위험한 작업을 실행할 때는 사용자에게 추가적인 확인 절차를 제공해야 합니다. 단순히 [확인] 버튼을 누르는 것이 아니라 사용자가 평소에 수행하지 않는 특별한 행동을 요구함으로써 진지하게 고민하도록 만들어야 합니다.[11]

도날드 노먼(Donarld Norman)은 사용자가 위험한 결정을 내릴 때 다른 이의 확인을 받도록 제안하기도 했습니다. 이는 사용자를 방해하거나 주의를 환기시키는 방식으로, 극히 위험하거나 드물게 발생하는 작업에 한해 사용되어야 합니다. 이러한 방식은 너무 자주 사용하면 안 됩니다. 양치기 소년의 이야기처럼 사용자가 메시지를 진지하게 받아들이지 않게 되기 때문이죠.

08 사용자가 일상에서 반복적으로 접하는 메시지에는 건너뛸 수 있는 옵션을 제공해야 합니다. 이는 '양치기 소년의 메시지' 효과를 방지하기 위한 것입니다. 그러나 새로운 기능을 도입할 때는 의도하지 않은 부작용이 있더라도, 교육 목적으로 확인 메시지를 제공해야 하는 경우도 있습니다.

---

[9] 사용자가 확인해야 하는 정보를 점진적으로 공개하면, 필수 기능이 아닌 부가 옵션을 숨길 수 있습니다. 그 결과 사용자는 서비스를 더 쉽게 익히고, 사용 시 오류를 줄일 수 있습니다.

그러면 '사용자는 서비스를 온전히 이해하지 못하는 것은 아닌가?'라고 질문할 수 있습니다. 이에 대해 닐슨 노먼 그룹은 "연구 결과에 따르면 이러한 우려는 근거 없는 행위로, 사용자가 기능의 우선순위를 정하도록 돕거나 가장 중요한 기능에 더 많은 시간을 할애하도록 도와주면 시스템을 더 잘 이해하는 결과를 얻을 수 있었다."라고 말하고 있습니다.
- 출처 – Nielsen Norman Group, 'Progressive Disclosure'(https://www.nngroup.com/articles/rogressive-disclosure

[10] 점진적으로 정보를 공개하는 방식은 사용자가 현재 제시되는 정보에 집중하도록 도와줍니다. 하나의 정보만 집중하도록 유도하기 때문에 문장 또한 간결하면서 동시에 명확하게 제공할 수 있습니다. 대표적인 예시로 서비스 회원가입 시, 필요한 정보를 한 번에 노출하지 않고 단계별로 노출하는 서비스를 많이 찾아볼 수 있습니다.
- 예 – 토스 회원가입

[11] 도널드 노먼(Don Norman)은 사용자가 가장 위험한 행동을 할 때 다른 사용자에게 확인을 요청하도록 해야 한다고 제안하기까지 했습니다.

비록 그 부작용이 크지 않더라도, 교육적인 관점에서 확인 메시지를 제공하는 것이 중요합니다. 이러한 경우 부작용은 일시적이어야 하며, 메시지는 사용자가 해당 부작용을 피할 방법을 안내해야 합니다.[12]

확인 메시지의 반복 사용에 있어 그 중요성은 메시지 내용의 중요도와 어떻게 반복되는지에 달려 있습니다. 너무 자주 사용되면 사용자에게 무의미해지며, 적절한 시기에 사용되지 않으면 사용자가 문제를 경험할 수 있습니다. 따라서 확인 메시지는 시기적절하게 제공되어야 합니다.

UX 관점에서 확인 메시지를 남발하기보다는 사용자가 의도적으로 결정을 내릴 수 있도록 유도하거나 실수를 되돌릴 수 있는 기능을 제공하는 방법을 고려해야 합니다. 이는 사용자 플로우를 재설계하는 것과 '실행 취소' 기능을 제공하는 것을 포함합니다. 어떤 방법이 더 적합한지는 서비스 특성과 사용자 맥락에 따라 결정됩니다.

또한, 확인 메시지는 경고 메시지나 오류 메시지와 역할이 겹칠 수 있습니다. 따라서, 각 메시지의 역할을 명확히 구분할 수 있는 가이드라인이 필요합니다. 오류나 위험을 알리는 메시지는 각각 오류 메시지와 경고 메시지로 분류되며 이에 대한 명확한 지침을 제공해야 합니다. 요약하면 다음의 세 가지 원칙을 따릅니다.

- 사용자에게 실제로 확인 메시지가 필요한지 확인한다.
- 결과를 명확하게 설명하여 사용자가 이해할 수 있도록 한다.
- 사용자의 선택을 명확히 알 수 있도록 버튼 텍스트를 간결하게 작성한다.

---

[12] 확인 메시지를 효율적으로 사용하는 여덟 가지 방법은 닐슨 노먼 그룹의 'Confirmation Dialogs Can Prevent User Errors - If Not Overuesd' 글을 변용하여 작성하였습니다.
- 출처 - https://www.nngroup.com/articles/confirmation-dialog

성공 메시지

성공 메시지^{Success Messages}는 사용자가 특정 작업을 완료했을 때 나타나는 메시지로,
원하는 작업이 성공적으로 수행되었음을 알립니다. 이 메시지는 항목이 성공적
으로 삭제되었을 때, 업데이트가 완료되었을 때, 또는 변경 사항이 저장되었을
때 사용자에게 표시됩니다.

▲ 성공 메시지

출처 – 카카오페이지[13]

---

[13] 카카오페이지에서 보이는 두 가지 성공 메시지를 살펴보겠습니다. 왼쪽의 메시지는 퀴즈의 정답을 맞췄을 때 나타
나며, '캐시 내역에서 지급된 리워드를 확인해 주세요.'라는 내용이 포함되어 있습니다. 이는 사용자에게 상호 작용을
요청하는 내용을 담고 있어, 바텀 시트를 통해 한 번 더 확인을 요청합니다. 반면에, 오른쪽의 메시지는 팝업을 통해
사용자 행위에 대한 결과만을 전달하고 있습니다.
성공 메시지의 UI는 서비스의 디자인 시스템에 따라 다를 수 있습니다. 즉, 팝업, 바텀 시트, 또는 토스트 메시지를 사
용할지는 기업의 정책에 따라 달라집니다. 이때, UX 라이팅은 해당 UI를 활용하여 적절한 형태로 작성되어야 합니다.

메시지의 긴급성에 따라 사용자에게 표시하는 방식이 달라집니다. 사용자가 확인을 필요로 하는 경우 팝업이나 바텀 시트와 같은 상호 작용이 요구되는 UI 요소를 활용하여 사용자의 주의를 끕니다.

반면, 사용자의 추가적인 상호 작용이 필요하지 않은 상황에서는 자동으로 사라지는 토스트 메시지를 사용합니다. 토스트 메시지는 상태 변경과 같은 사건 발생시 자주 이용되며 사용자의 행동에 대한 직접적인 피드백을 제공합니다. 이는 사용자가 수행한 작업이 의도한 대로 이루어졌음을 알려줘 사용자가 시스템 상태를 쉽게 이해할 수 있도록 합니다.

성공적으로 작업을 완료했을 때는 사용자에게 계속해서 다음 단계를 안내하는 것이 중요합니다. 이는 사용자가 자신의 목표를 달성했음을 인지하게 하는 것과 동시에 목표 달성에 한 걸음 더 가까워졌음을 알려주는 두 가지 측면을 모두 포함해야 합니다. 성공 메시지는 사용자가 추구하는 최종 목표의 종점이 아닐 수 있기 때문에 사용자를 다음 단계로 유도하는 안내도 포함되어야 합니다.

▲ 중간 과정에서의 성공 메시지

예를 들어, 세 가지 다른 스크린샷에서 볼 수 있는 성공 메시지는 모두 같은 작업의 결과를 나타냅니다. 사용자가 '배달 메뉴'를 장바구니에 추가했다는 사실을 말이죠.

하지만 배달 메뉴를 장바구니에 추가하는 것이 사용자의 최종 목표는 아닙니다. 이는 사용자가 다음 단계로 나아가기 위한 시작점에 불과하며 이 메시지는 그다음 단계로의 연결 고리 역할을 합니다.

따라서 여기서 보이는 성공 메시지는 '배달 메뉴 주문'이라는 큰 목표의 일환으로, 전체 주문 과정에서 한 단계 완료했음을 알리는 신호이며 모든 메뉴를 장바구니에 담고 주문을 시작하는 지점일 뿐입니다.[14]

▲ 왼쪽 - 토스트 메시지, 오른쪽 - 바텀 시트

성공 메시지는 사용자의 작업 흐름을 중요한 부분으로 가지고 있습니다. 이는 사용자 경험을 크게 좌우할 수 있죠. 예를 들어, 토스트 메시지와 바텀 시트는 사용자가 상품을 장바구니에 담은 후에도 쉽게 다음 단계로 진행할 수 있도록 도와줍니다.

이러한 메시지는 사용자가 상품을 담는 것이 최종 목표가 아니라는 점을 분명히 하고 장바구니에 담긴 상품을 확인하고 결제하는 것을 권장하는 내용을 포함합니다. 이런 방식으로 성공 메시지는 사용자가 편리하게 다음 단계로 넘어갈 수 있도록 하며 구매 과정의 연속성을 유지하는 데 도움을 줍니다.

하지만 이런 메시지를 토스트 메시지 UI로 제공하는 것이 더 효과적일 수 있습니다. 토스트 메시지는 일정 시간이 지나면 자동으로 사라지므로 사용자의 작업을 방해하지 않으면서도 사용자의 흐름을 유지할 수 있습니다.

다른 측면에서 바텀 시트를 사용하면 사용자가 최종 목표에 도달하는 과정이 중단될 수 있습니다. 바텀 시트 UI는 사용자의 직접적인 상호 작용을 필요로 하기 때문이죠. 사용자는 바텀 시트를 닫고 다음 단계로 넘어가려면 추가적인 행동을 취해야 합니다.

성공 메시지를 적절한 UI에 담는 것은 사용자 경험을 중심으로 고려되어야 합니다. 이를 결정하기 위해 다음과 같은 핵심 질문을 고려할 필요가 있습니다.

---

14 배달 앱에서 토스트 메시지에 텍스트 버튼을 제공하지 않는 이유는 간단합니다. 사용자는 CTA 버튼을 통해 쉽게 장바구니를 확인할 수 있기 때문이죠. 이런 플로우를 구성할 수 있는 이유는 배달 서비스의 특징 덕분입니다. 배달의 민족 예시를 보면 '장바구니에는 같은 가게의 메뉴만 담을 수 있습니다.'라고 안내합니다. 즉, 장바구니에 여러 가게 메뉴를 담을 수 없도록 제한하고 있습니다. 이는 배달 시스템에서 발생할 수 있는 문제를 미리 방지하기 위한 수단으로 보입니다.

이커머스 시스템은 동시에 다른 가게의 상품을 담아서 결제할 수 있는데, 배달 앱은 왜 안 될까요? 추측해 보면 다음과 같습니다. 배달 앱은 실시간으로 주문서가 접수됩니다. 시급을 다투는 일인 거죠. 또한, 배달 앱이 라이더를 지정해 줍니다. 이때, 라이더 매칭이 꼬이면 일분일초가 중요한 배달에서 큰 문제가 발생할 수 있습니다.

반면 이커머스 시스템은 물류창고를 통해 한꺼번에 출고를 진행할 수 있고, 판매자마다 계약한 택배사를 통해 배달을 진행합니다. 즉, 이커머스 플랫폼에서 배달해 줄 인력을 매칭하지 않는다는 점입니다.

이러한 질문들은 사용자의 현재 상황과 메시지를 접하는 맥락을 이해하는 데 도움을 줍니다. 이에 대한 답변을 바탕으로 적절한 UI를 선택하고, 그에 맞는 성공 메시지를 구성할 수 있습니다.

이처럼 각 서비스의 특성을 반영하기 위한 UI 선택이 중요합니다. 예를 들어, 팝업을 사용할 때 서비스마다 제목과 내용을 분리하거나 통합해 작성하는 방식이 다를 수 있습니다. 이런 차이는 각 서비스의 메시지 작성 방식에 영향을 미칩니다.

따라서, 사용자의 다음 단계를 명확히 안내하고 서비스의 특성을 고려하여 적절한 UI를 선택하는 것이 성공 메시지의 효과를 극대화하는 데 중요합니다.

성공 메시지 작성에 대한 가이드라인을 정리하면 다음과 같습니다.

먼저, '성공'이라는 단어를 직접적으로 언급하지 않습니다. 대신 내용이나 콘텐츠를 간결하게 요약하여, 제목만으로도 무슨 일이 발생했는지 이해할 수 있도록 합니다. 느낌표 사용은 자제하되, 긍정적인 결과에 대한 축하가 필요한 경우에만 사용합니다. 그리고 감정을 표현하고자 한다면, 서비스의 보이스 톤에 맞춰 표현합니다.

성공의 원인을 명확히 작성하여 사용자가 행한 행동과 완료된 작업을 이해할 수 있도록 합니다. 제목과 본문은 중복되는 내용을 피하며, 최대 2문장 이내로 간결하게 작성합니다. 사용자가 이해하기 어려운 기술 용어는 사용하지 않으며, 필요할 때 상세 정보를 확인할 수 있는 링크를 제공합니다. 또한, 필요한 결과를 확인할 수 있도록 단축 링크나 버튼을 활용하여 안내합니다.

버튼은 추가 안내 사항이 없을 경우 특별한 내용을 기재할 필요가 없으며, 사용자가 메시지를 건너뛸 수 있는 옵션을 제공합니다. 다음 단계로의 이동을 유도할 경우, '확인'과 같은 모호한 용어 대신 구체적인 행동을 나타내는 단어를 사용합니다. 버튼은 2어절 이내로 간결하게 작성합니다.

성공 메시지는 사용자에게 작업이 성공적으로 완료됐다는 확신을 주고, 필요한 정보를 제공하며, 긍정적인 사용자 경험을 강화하는 역할을 합니다. 토스트 메시지 형식으로 제공될 때 이는 간결하면서도 명확한 한 문장으로 결과를 전달해야 합니다. 사용자가 다음 단계로 쉽게 넘어갈 수 있도록 UI 요소를 적절히 활용하는 것이 중요합니다.

토스트 메시지는 일반적인 성공 알림에 가장 적합한 방식입니다. 이는 기존 레이아웃과 분리되어 표시되며 일정 시간이 지난 후 자동으로 사라지므로 사용자의 작업 흐름을 방해하지 않습니다. 간단한 작업의 성공을 알릴 때 이상적이며 사용자의 주목을 필요로 하는 더욱 복잡한 상황에서는 팝업이나 바텀 시트 같은 다른 UI 요소를 고려하는 것이 좋습니다.

성공 메시지를 구성할 때는 확신, 정보, 관계라는 세 가지 핵심 가치를 기억해야 합니다.

- **확신**: 사용자에게 작업이 성공적으로 완료되었음을 분명히 알리며, 이 과정에서 발생할 수 있는 모든 의문을 해소합니다.
- **정보**: 사용자가 알아야 할 다음 단계가 무엇인지 명확하게 안내함으로써 사용자가 다음에 무엇을 해야 할지 결정하는 데 도움을 줍니다.
- **관계**: 우리 서비스의 전체 프로세스를 마치며 사용자에게 긍정적인 마지막 인상을 남깁니다. 이를 통해 사용자의 만족도를 높이고, 서비스에 대한 좋은 경험을 공유하도록 격려합니다.

이러한 원칙들을 바탕으로 구성된 성공 메시지는 사용자와의 긍정적인 상호 작용을 구축하는 데 중요한 역할을 합니다.

경고 메시지

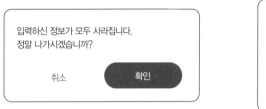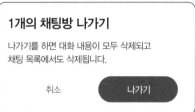

▲ 경고 메시지의 예시

경고 메시지^{Warning Messages}는 사용자가 잠재적인 문제나 위험에 직면할 때 이를 미리 알려 문제 발생을 예방하거나 대처하기 쉽게 돕는 중요한 역할을 합니다. 사용자가 시스템 업데이트나 변화를 초래할 수 있는 작업을 실행하려고 할 때 특히 유용합니다. 이러한 메시지는 사용자가 행동의 결과를 명확히 인지하고, 의도치 않은 결과를 피할 수 있도록 선택의 기회를 제공하여 실수를 방지합니다.

경고 메시지의 주요 역할은 다음과 같습니다.

01 위험을 알립니다. 사용자가 실행하려는 작업으로 인해 발생할 수 있는 데이터 손실, 계정 비활성화, 보안 위험 등의 치명적인 문제를 명확히 알립니다.

02 정보를 제공합니다. 사용자가 상황을 정확히 이해하고, 이에 기반하여 결정을 내릴 수 있도록 문제와 해결 방안에 대한 충분한 정보를 제공합니다.

03 시각적으로 잘 보이게 강조합니다. 경고 메시지는 사용자가 쉽게 알아볼 수 있도록 화면에서 눈에 띄게 표시되어야 하며, 이해하기 쉬운 언어로 설명해야 합니다. 이를 위해 팝업 창이나 경고 메시지에 적합한 색상을 사용하여 표현하는 것이 좋습니다. 중요한 것은 문제와 직접적으로 관련된 용어를 사용하여 복잡하거나 혼란스러운 요소 없이 핵심 내용을 명확하게 전달하는 것입니다.

핵심을 전달하는 방법은 명료함입니다. 사용자가 직면할 수 있는 잠재적 문제에 대하여 주의를 기울이도록 경고 메시지를 작성합니다. 이때, 사용자의 상황에 맞춰 '할 행동'과 그 '결과'에 초점을 맞추어 설명하는 것이 중요합니다. 복잡한 과정을 설명하기보다는 사용자가 혼란스러워하지 않도록 바로 이해할 수 있는 방식으로 메시지를 전달해야 합니다.

경고 메시지도 남발하면 안 됩니다. 너무 자주 나타나는 경고는 사용자가 중요한 메시지를 간과하게 만들 수 있으므로, 중요한 상황에서만 경고해야 합니다.

경고 메시지는 사용자가 서비스를 이탈하는 것을 방지하고, 방향을 잃지 않도록 도와줍니다. 오류나 경고로 인한 작업 중단이나 데이터 손실은 사용자에게 좌절감을 주어 서비스에 대한 부정적인 인식을 초래할 수 있는데, 이를 방지하죠.

서비스 제공 시, 긍정적 또는 부정적 표현의 사용이 사용자 경험의 질을 결정하지는 않습니다. 중요한 것은 사용자가 명확하게 이해할 수 있는 내용을 전달하는 것입니다. 오류 및 경고 메시지는 명확하고 간결해야 합니다.

사용자는 문제의 원인을 쉽게 이해하고 해결을 위한 구체적인 행동 방안을 알 수 있어야 합니다.

그러나 경고 메시지의 효과는 문구만으로 결정되지 않습니다. 디자인은 사용자가 메시지를 어떻게 인식하고 반응하는지에 큰 영향을 미칩니다. 잘 구성된 디자인은 문제의 심각성을 효과적으로 전달하고 사용자가 적절한 조치를 취할 수 있도록 유도합니다.

경고 메시지의 니자인은 색상, 아이콘, 그리고 UI 요소를 포함해야 합니다. 이러한 디자인 요소는 메시지의 내용을 강조하고 사용자가 쉽게 인지할 수 있도록 도와줍니다. 최적의 경고 메시지는 문구와 디자인 요소가 조화롭게 결합되어 사용자에게 명확하고 간결하게 메시지를 전달합니다.

1번 더 틀리면 비밀번호가 초기화되어 다시 설정해야 해요

비밀번호가 기억나지 않으면,
비밀번호 찾기 기능을 이용해 주세요.

다시 입력   비밀번호 찾기

비밀번호 입력 실패

비밀번호를 5회 틀려서 계정이 잠겼어요.

확인

▲ 왼쪽 − 경고 메시지, 오른쪽 − 오류 메시지

경고 메시지와 오류 메시지에는 서로 유사하면서도 명확한 차이가 있습니다. 오류 메시지는 사용자가 이미 취한 행동으로 발생한 문제를 알리고 결과를 설명합니다. 반면에 경고 메시지는 사용자가 아직 행동을 취하기 전에 주의해야 할 사항을 알리고, 예상되는 결과를 예고합니다.

사용자의 상황에 맞춰 경고 메시지를 사용할지, 오류 메시지를 사용할지 결정할 때는 문제의 핵심 요소에 집중해야 합니다. 사용자의 작업을 방해하는 문제가 발생했다면 오류 메시지를 사용하고 작업을 계속할 수 있지만 주의가 필요한 경우라면 경고 메시지를 사용하는 것이 적절합니다.

경고 메시지의 주된 목적은 사용자가 오류를 경험하지 않게 예방하는 것입니다. 이는 경고 메시지와 오류 메시지가 서로 연관되어 있지만 그 시점에 따라 다른 기능을 수행한다는 것을 의미합니다.

경고 메시지는 사용자와의 상호 작용 중 잘못될 수 있는 사항을 미리 알려 오류를 방지하는 역할과 함께 발생 가능한 부정적인 경험을 차단하여 사용자에게 긍정적인 경험을 제공하고 이탈을 방지하는 두 가지 중요한 역할을 합니다.

따라서 경고 메시지에서는 중대한 변경이나 데이터 손실 가능성 등 중요한 정보를 사전에 알리는 것이 중요하며 모든 단어는 필수적인 정보만을 포함시켜 사용자가 의미를 정확하게 이해할 수 있어야 합니다.

F 패턴에 따라 사람들은 적은 수의 글자도 훑어봅니다. 디지털 화면을 통해 정보를 접할 때, 단기 기억에 많은 정보가 쏟아져 들어오기 때문에 발생합니다. 화면에 많은 텍스트가 배열되어 있을 때 정보의 병목 현상과 집중력 저하로 사용자들은 주요 내용만을 빠르게 스캔하려는 경향을 보입니다.

사람들이 텍스트를 전부 세세하게 읽지 않고 훑어보는 이유는 디지털 환경에서의 정보 처리 방식과 관련이 깊습니다. F 패턴 읽기는 이러한 현상의 한 예로, 사용자들이 디지털 화면을 보면서 페이지의 상단 부분과 왼쪽을 중심으로 주요 정보를 빠르게 파악하려는 경향을 보여줍니다. 이는 10초 이내에 페이지의 전체적인 내용을 파악하려는 노력의 일환입니다.

우리 뇌의 작동 방식은 디지털 환경에서의 읽기 패턴에 중요한 역할을 합니다. 특히 디지털 매체에서는 매우 짧은 시간 동안 많은 정보가 제공되기 때문에 단기 기억력이 큰 부담을 받습니다. 사용자들은 이러한 정보의 홍수 속에서 중요한 내용을 빠르게 식별하려는 경향이 있습니다.

작은 화면에 많은 텍스트가 나열되면 정보의 병목 현상이 발생하고, 이는 사용자의 집중력을 저하시키며 산만함을 유발할 수 있습니다. 따라서 사람들은 필수적인 내용을 빠르게 훑어보고 선별함으로써 정보를 효율적으로 처리하려는 자연스러운 반응을 보입니다.

결론적으로, 디지털 매체에서의 정보 처리 방식은 우리 뇌의 특성과 디지털 환경 제약 사이의 상호 작용에 의해 결정됩니다. 이러한 이해는 디지털 콘텐츠를 설계하고 세상하는 데 있어 매우 중요한 고려 사항이 됩니다.

앞선 내용을 참조하여 제목은 경고 메시지의 주요 내용을 간략하게 요약해 사용자가 한눈에 무슨 일이 발생했는지 파악할 수 있도록 해야 합니다. 사용자가 취해야 할 구체적인 조치를 설명하기보다는 상황을 이해할 수 있게 해주며 '경고'

나 '주의'와 같은 단어는 사용하지 않으면서 한 문장으로 명확하게 표현해야 합니다.

내용 부분에서는 경고 메시지가 나타내는 문제의 원인과 사용자가 어떻게 대처해야 하는지, 그리고 그렇게 하지 않을 경우 발생할 수 있는 상황에 대해 반드시 명시해야 합니다. 만약 경고의 정확한 원인을 모른다면 상황을 꾸며내지 말고 단순히 문제가 발생했다는 사실과 가능한 해결책을 알려주어야 합니다. 이때, 제목에서 언급한 내용을 반복하지 않고, 메시지는 1~2문장으로 간결하게 작성해야 하며, 필수적으로 전달해야 할 정보가 많아질 경우에는 대체 링크를 제공하여 해결할 수 있도록 합니다.

사용자에게 행동을 유도하는 버튼^{CTA}에는 '완료'와 같은 모호한 표현 대신 '저장하기', '삭제하기', '뒤로가기'와 같이 구체적인 명령어를 사용하여 사용자가 수행할 작업을 명확히 설명해야 합니다. 또한, '닫기'나 '취소'와 같은 선택지를 제공하여 사용자가 원하는 대로 선택할 수 있도록 하며, 버튼에 들어가는 단어는 간결하게 2어절 이하로 구성합니다.

경고 메시지는 사용자에게 잠재적인 문제를 알리는 것이지만, 사용자를 놀라게 하거나 비난하는 내용을 포함해서는 안 됩니다. 신중한 단어 선택을 통해 사용자에게 명확하게 어떤 일이 발생할 수 있는지 알려주고 선택할 수 있는 옵션을 제공해야 합니다. 가능한 대안이 있다면 이를 설명하고 제공해, 사용자가 문제를 인식하고 즉시 행동하지 않아도 되는 상황을 이해할 수 있도록 해야 합니다.

긴급한 상황에서 사용자가 즉시 조치를 취해야 한다면, 메시지는 사용자가 무엇을 해야 하는지, 왜 그렇게 해야 하는지를 명확하게 설명해야 합니다. 또한, 각 옵션에 맞는 버튼을 제공하여 사용자가 쉽게 행동할 수 있도록 도와야 합니다.

특정 변화에 대해 사용자가 준비할 수 있는 시간을 제공하는 것도 중요합니다.

충분한 시간을 주어 사용자가 혼란스럽거나 준비되지 않은 상태로 변화를 맞이하지 않도록 안내해야 합니다.

경고 메시지를 작성할 때는 사용자를 일반인으로 간주하고 일상적인 언어로 쉽게 설명해야 합니다. 이를 통해 모든 사용자가 메시지를 이해하고 적절하게 대응할 수 있도록 해야 합니다.

오류 메시지

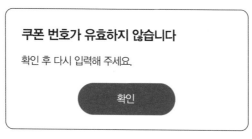

▲ 오류 메시지 예시

최고의 상황은 오류 메시지가 필요하지 않은 것이죠. 실제로는 모든 서비스에서 오류를 완전히 피할 수 없기 때문에, 오류 메시지는 필수 요소라고 할 수 있습니다.

오류 메시지^{Erorr Messages}는 단순한 기술적인 문제를 넘어 사용자 경험에 큰 영향을 미칩니다. 때로는 서비스에 대한 사용자의 인상을 결정짓는 중요한 요소가 될 수도 있습니다.

잘못된 오류 메시지는 사용자의 문제를 해결하지 못하고 오히려 불편을 더합니다. 그러나 잘 구성된 오류 메시지는 사용자가 문제를 인식하고 적절히 대응할 수 있도록 안내해 주며, 이는 서비스에 대한 긍정적인 인상을 남길 수 있습니다.

오류 메시지를 통해 사용자에게 좋은 경험을 제공하려면, 우선 오류의 원인을 파악해야 합니다. 오류의 원인은 주로 다음과 같은 세 가지로 나뉩니다.

01 **사용자 오류**: 사용자가 요구하는 입력 조건과 다르게 데이터를 입력했을 때 발생한다.

02 **시스템 오류**: 서비스를 운영하는 시스템에 문제가 있을 때 발생한다.

03 **그 외 오류**: 사용자나 시스템의 문제가 아니라 외부 요인으로 인해 발생한다.

오류 메시지를 작성할 때는 발생한 원인을 명확히 이해하고, 해당 상황에 맞는 해결책을 제시해야 합니다. 메시지는 사용자가 마주한 문제를 이해하고 스스로 해결할 수 있도록 도와주어야 합니다.

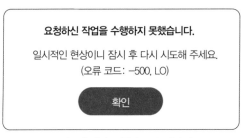

▲ 전문 용어가 포함된 오류 메시지

오류 메시지가 실제로 도움이 되려면, 사용자가 상황을 정확히 이해하고 적절하게 대응할 수 있도록 명확한 정보를 제공해야 합니다. 예를 들어, 데이터센터에서 발생한 화재로 인해 메신저 서버가 장애를 겪었을 때의 오류 메시지가 그 예입니다.

이 오류 메시지를 통해 사용자들은 발생한 문제의 원인을 알 수 없었고, 어떻게 대응해야 할지, 해결 방법은 무엇인지에 대해서도 알지 못했습니다. 이로 인해 사용자는 문제 해결을 위한 어떠한 행동도 취할 수 없게 되었고, 결국 혼란과 불안 속에서 해결책을 찾지 못한 채 답답함을 느끼게 되었습니다.

만약 오류 메시지가 조금 더 친절하게 상태, 원인 그리고 해결책을 명확하게 제시했다면, 사용자는 문제에 대해 이해하고 적극적으로 대응할 수 있었을 것입니다. 그러면 사용자는 문제를 해결하고 다시 원활하게 서비스를 이용할 수 있게 됩니다.

메신저 측에서는 해당 사태에 대해 '예상치 못했다.'는 반응을 보였습니다. 이는 문제에 대한 충분한 대비가 이루어지지 않았음을 의미하며, 이로 인해 발생한 오류 메시지는 사용자에게 적절한 해결책을 제공하지 못했습니다. 이는 결국 메신저에 대한 부정적인 인상을 남길 수밖에 없습니다.

오류 메시지는 '상태 → 원인 → 해결책'의 흐름으로 작성해야 합니다. 이는 사용자가 오류 메시지를 통해 알고자 하는 핵심 내용을 포함하는 방식이며, 사용자가 문제를 이해하고 해결하는 데 도움이 됩니다. 오류 메시지는 단순히 기술적 문제를 알리는 것을 넘어서, 사용자에게 실질적인 도움을 주는 중요한 수단이라고 생각해야 합니다.

> • 사용자가 마주한 '상태'를 설명합니다. 사용자가 어떤 상황에 직면해 있는지 알아야 당황스러운 상황을 받아들일 수 있습니다. 사용자 중심으로 설명해 주세요.
> • 오류가 발생한 '원인'을 설명합니다. 사용자로부터 발생했는지, 시스템으로부터 발생했는지, 아니면 제3자로 인해 발생했는지 말이죠. 사용자가 알아야 하는 내용을 반드시 명시해 주세요.
> • 마지막으로 각 원인에 맞춰 '해결책'을 제시합니다. 사용자는 해결책을 보고 스스로 문제를 해결할 수 있습니다. 사용자가 실행할 방법을 명시해 주세요.[15]

오류 메시지를 작성할 때는 명확성을 최우선으로 생각하면 좋습니다. 명확성을 확보하기 위해서는 사용자가 이해하기 쉬운 용어와 문장으로 설명하면 되는데, 사용자가 오류 메시지에 담겨 있는 콘텐츠를 쉽게 이해해야 하기 때문이죠.

---

[15] 사용자가 원인이 아닌 경우에는 사용자 스스로 해결할 수 없습니다. 이럴 때는 현 상태와 원인에 대해 설명하고, 해결책은 보수적으로 접근해 설명하는 것이 좋습니다. 즉, 오류 전반적인 것에 대해 말해주는 것입니다.

위의 예시처럼 오류 코드를 노출하면 안 됩니다. 이는 기술 용어로 일반 사용자가 이해하기 어렵기 때문입니다. 대신 기술 용어를 사용자가 이해할 수 있는 표현이나 용어로 바꾸면 됩니다. 예를 들어, 500 오류라면 '서버가 응답하지 않는 상황'이라고 설명해야 하는 거죠.

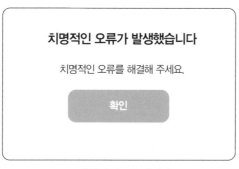

치명적인 오류가 발생했습니다

치명적인 오류를 해결해 주세요.

확인

▲ 추상적인 오류 메시지

특히 추상적이고 모호한 오류 메시지는 사용자에게 큰 혼란을 줄 수 있습니다. 이를 방지하기 위해 오류 메시지는 사용자가 문제의 본질을 명확하게 인식하고, 그에 따른 해결책을 쉽게 찾을 수 있도록 구체적이고 명확해야 합니다. 사용자가 모든 기술적 배경을 알고 있다고 가정하는 것은 위험합니다. 많은 경우 사용자는 전문적인 지식이 없을 수도 있으므로, 오류의 원인과 그 해결 방법을 간단하고 이해하기 쉬운 언어로 설명하는 것이 중요합니다. 이때, '주어, 목적어, 서술어'의 구조를 활용하여 문장을 짧고 간결하게 구성하는 것이 한국어 사용자에게 메시지를 더욱 명확히 전달하는 데 도움이 됩니다.

또한, 오류 메시지는 사용자가 문제를 신속하게 인지하고, 그에 대응해 문제를 해결할 수 있는 방향을 제시해야 합니다. 이를 위해 불필요한 기술 용어나 정보는 최대한 배제하고 사용자가 실제로 필요로 하는 정보만을 포함시키는 것이 중요합니다. 필요한 경우, 사용자가 단계별로 문제를 해결할 수 있도록 구체적인 지침을 제공할 수도 있습니다. 이러한 접근 방식은 사용자가 오류 메시지를 통해 문제의 원인을 정확히 파악하고, 그에 따른 해결책을 효과적으로 실행할 수 있도록 도와줍니다. 최종 목표는 사용자가 오류 메시지를 통해 문제를 빠르고 정확하게 이해하고, 가능한 한 쉽게 해결할 수 있도록 하는 것입니다. 간결한 오류 메시지 작성을 위한 핵심 단계는 다음과 같습니다.

01   필수 정보가 포함되어 있는지 확인한다.

02   필수 정보 외에는 모두 제거한다.

03   정보의 우선순위에 따라 배열한다.

04   다시 한번 필수가 아닌 정보를 제거한다.

05   유용한 정보만을 사용하여 명료하게 표현한다.

06   문법과 맞춤법을 꼼꼼하게 검토한다.

이 과정을 통해 오류 메시지에서 불필요한 내용을 제거할 수 있습니다.

오류 메시지에는 절대 포함되어서는 안 되는 내용도 있습니다. 그중 하나는 사용자를 비난하는 내용입니다. 오류 메시지는 사용자를 직접적으로 지칭하거나 사용자의 행동을 비난해서는 안 됩니다. 이는 사용자가 문제의 원인으로 오해할 수 있기 때문입니다. 대신, 메시지는 사용자가 처한 상황에 대한 이해와 공감을 표현해야 합니다.

사용자가 오류를 마주했을 때는 이미 불편한 상황에 처해 있을 것입니다. 이때 오류 메시지는 사용자의 불편함을 가중시키기보다 서비스가 사용자의 상황을 이해하고 있음을 적절한 어조로 전달해야 합니다. 이 접근 방식은 서비스가 사용자와 소통하고 있음을 보여주며 신뢰성 있는 관계 형성으로 이어질 수 있습니다. 오류 메시지는 사용자의 행동을 비난하기보다는 문제 자체에 집중해야 합니다.

느낌표도 안 됩니다. 느낌표를 사용하면 사용자는 큰일이 발생한 것처럼 느낍니다. 또한, 서비스가 사용자에게 소리를 지르고 있다는 인상을 줍니다.

▲ 왼쪽 – 투 버튼 팝업, 오른쪽 – 공백 메시지

오류 메시지에서 버튼은 사용자를 다음 단계로 안내하거나 사용자의 의사 변경 시 취소 경로를 제공하는 중요한 역할을 합니다. 사용자가 버튼의 기능을 쉽게 이해하고 해당 작업을 수월하게 수행할 수 있도록 버튼의 표현은 명확해야 합니다.

버튼을 적절히 활용하기 위한 형식 선택도 중요한데, 상황에 따라 위의 예시에서 왼쪽의 투 버튼 팝업 형태나 오른쪽의 공백 메시지 형식 등 다양한 방법을 적용할 수 있습니다. 중요한 것은 사용자의 주의를 오류 메시지에 얼마나 집중시켜야 하는지를 고려하는 것입니다.

팝업 형태의 오류 메시지는 사용자가 기본 콘텐츠에 접근하지 못하게 하여, 오류 메시지에 주의를 완전히 집중시킵니다. 이는 사용자의 주의를 100% 요구할 때 적합합니다. 반면, 오류가 심각하지 않고 쉽게 해결 가능할 때는 인라인 메시지나 오른쪽 스타일의 공백 메시지를 활용해 사용자가 기본 화면과 상호 작용을 계속할 수 있도록 하는 것이 좋습니다.

오류 메시지를 보여주기 이전, 무엇보다 중요한 것은 오류 자체를 방지하는 것입니다. 만약 오류 메시지가 자주 나타난다면 단순히 오류 메시지로 문제를 덮으려고 하지 마세요. 오류 메시지는 본래 부정적인 인상을 주며 사용자 경험을 저해합니다. 따라서, 오류 메시지는 심각한 문제가 발생했을 때만 사용되어야 하며, 발생 빈도를 최소화하는 것이 중요합니다.

오류 메시지는 오류 예방에 도움이 되는 중요한 지표로 활용될 수 있습니다. 이는 '오류의 원인'을 파악할 수 있게 해주기 때문입니다. 서비스 내 발생하는 모든 오류 메시지를 모아 원인을 분석하고 수정 방안을 프로젝트 단위로 논의해 보세요. 이 과정을 통해 효과적인 해결책을 도출하고 사용자 경험을 개선할 수 있습니다.

또한, 만약 우리 서비스의 톤에 유머가 포함되어 있지 않다면 오류 메시지에서 유머를 사용하지 마세요. 이는 서비스의 일관성을 해치고 부정적인 사용자 경험을 야기하여 서비스의 이미지를 손상시킬 수 있습니다.

유머는 신중하게 사용해야 하는 도구입니다. 잘못된 사용은 서비스의 이미지를 해칠 수 있지만 적절히 사용될 때는 긍정적인 효과를 가져올 수 있습니다. 명확한 기준이 없다면 유머보다는 브랜드의 톤에 맞는 표현을 사용하는 것이 좋습니다.

UI 텍스트, 컴포넌트와 문구의 만남

UI 컴포넌트에 문구를 배치할 때 한정된 공간 내에 의미를 어떻게 담을지가 큰 고민일 것입니다. 대부분의 UI 컴포넌트는 글자 수에 제한이 있지만 전달하고자 하는 의미에는 제한이 없기 때문이죠.

특히, 프로덕트를 관리하는 프로덕트 오너는 대규모 UX 수정보다는 UX 라이팅의 세밀한 조정을 통해 큰 변화를 끌어내고자 합니다. 그들은 한 문장에 다양한 의미를 담아 사용자에게 유용한 경험을 줄 수 있는 문구를 요구하게 되죠.

그러나 UX 라이팅은 사용성에 중점을 두고 있어 프로덕트 오너의 모든 요구를 충족시킬 수는 없습니다. 의미를 명확하게 하기 위해 의미를 축소하거나 사용자 맥락에 따라 UI 컴포넌트를 재배치하는 방식으로 소통하는 것이 전부입니다.

UI 컴포넌트와 UX 라이팅이 효과적으로 결합되는 방법을 모색하고 담당자의 의도와 목적을 고려하여 가장 적절한 대안을 제시하는 과정이죠. 사용자 플로우를 면밀히 검토하고, 디자인 시스템 내에서 가장 적합한 UI 컴포넌트를 선별하는 것이 UX 라이터의 역할이기도 합니다.

사실 UI 컴포넌트에 다양한 의미를 담는 것은 UX 라이터가 대안을 제시할 수 있으므로 큰 문제는 아닙니다. 더 큰 문제는 프로덕트 오너가 디자인 시스템이나 UX 라이팅 가이드라인에 없는 새로운 UI 컴포넌트를 도입하려고 할 때 발생합니다.

새로운 UI 컴포넌트를 도입하는 일은 우리 서비스의 일관성 훼손으로 이어질 수 있습니다. 앞서 설명한 것처럼 모든 요소가 일관되어야 사용자는 서비스로부터 신뢰를 느끼게 됩니다.

하지만 프로덕트 오너의 요구에 따라 기준이 모호한 UI 컴포넌트를 사용하면 회사 내에서조차 해당 컴포넌트의 사용법을 이해하지 못해, 구성원 사이에서도 일관성을 지키지 못하는 경우가 생깁니다. 사용자 역시 익숙하지 않은 UI 컴포넌트를 마주했을 때 그 의미를 파악하는 데 많은 시간을 소비하게 되고, 많은 시간을 빼앗기게 됩니다.

대니얼 카너먼Daniel Kahneman과 아모스 트버스키Amos Tversky가 주장한 '전망 이론Prospect Theory'에 따르면 사람들은 이익보다 손실에 더 민감합니다. 새로운 UI 컴포넌트가 기존 시스템과 일관성이 떨어져 사용자 경험이 달라질 경우, 사용자는 적응하기 위해 학습 비용을 지불하게 됩니다. 이 학습 비용이 최종적으로 이익으로 남을지, 손실로 남을지는 사용자가 해당 UI 컴포넌트로 인해 느끼는 효과에 달려 있습니다.

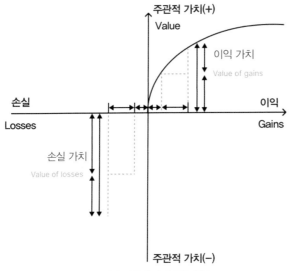

▲ 전망 이론에서의 효용 함수

사용자가 새로운 UI 컴포넌트를 처음 접했을 때, 그 유용성이 손실을 느끼게 하는 비용보다 더 높지 않다면, 이는 손실로 인식되어 쓸모없는 학습으로 여겨지게 됩니다. 반면, 새로운 컴포넌트가 기존에 익숙한 것보다 그 이상의 유용성을 제공한다고 느낀다면, 사용자는 이를 긍정적으로 받아들이죠.[16]

이런 맥락에서, 사용자는 일관성을 중요한 요소로 여깁니다. 새로운 것을 학습하는 것은 자연스럽게 피로감을 유발하기 때문에, 대부분의 사용자는 익숙한 요소를 중심으로 서비스를 더 쉽게 사용하려 합니다. 그렇기 때문에, 사용자는 자주 이용하는 서비스라 할지라도 UX/UI가 리뉴얼되었을 때 첫인상으로 어색함을 느끼는 경우가 많습니다.[17]

---

[16] 전망 이론은 우리가 이익이나 손실을 평가할 때 우리의 심리적 특성을 설명하는 중요한 개념 중 하나입니다. 이론에 따르면, 우리는 동등한 양의 이익과 손실을 받았을 때 손실을 더 크게 느끼는 경향이 있습니다.
김지은. 류호경의 〈전망 이론에 따른 사용자 경험 측정 연구: 온라인 뱅킹 시스템 사례〉에서 이를 증명하고 있습니다. 해당 연구는 사용자 경험을 전망 이론을 기초로 재해석하고, 온라인 뱅킹 로그인 시스템 사례에서 상충하는 디자인 요소들이 사용자 경험의 득실에 미치는 주관적 가치 차이를 분석해 보여주고 있습니다. 이 연구의 결과 사용자 경험의 준거점 이동과 인지심리학적 편향이 사용자 경험 평가 및 해석에 중요한 요소임을 보여주고 있습니다.

간단히 말해, 서비스는 새로운 UI 컴포넌트를 도입하기보다 익숙한 컴포넌트를 제공하는 것이 사용자에게 더 큰 가치를 제공한다는 결론에 이릅니다. 이는 기회비용 측면에서의 평가입니다.

그렇다면 일관성과 UX 라이팅 사이에는 어떤 상관관계가 있을까요? 디자인 시스템과 UX 라이팅 가이드라인은 밀접한 관련이 있습니다. 디자인 시스템 내의 UI 컴포넌트가 UX 라이팅 가이드라인과 상호관계를 맺기 때문입니다. 실제로 국내외 사례를 살펴보면, 많은 디자인 시스템이 UX 라이팅 가이드라인을 중요한 부분으로 삼고 있습니다.

이 두 요소의 관계를 고려할 때 디자인 시스템은 시각적 디자인 요소, 화면 레이아웃, UI 컴포넌트뿐만 아니라 UX 라이팅도 일관된 형태로 구성되어야 합니다. 즉, 디자인 시스템은 특정 상황에서 사용자에게 가장 적합한 UI 컴포넌트를 제공하는 방법을 설계하는 것이며, UX 라이팅은 이러한 UI 컴포넌트에 표기되는 모든 언어적 표현을 담당합니다.

잘못된 UX 라이팅은 아무리 우수한 사용자 인터페이스라도 실패로 이끌 수 있습니다. 예를 들어, 내비게이션 시스템에서 상황에 맞지 않는 문구를 제공하면 사용자가 혼란을 느낄 수 있습니다. 내비게이션이 가리키는 위치와 문구가 맥락에 맞지 않으면 사용자는 의문을 가질 수밖에 없습니다.

---

17 카카오웹툰의 케이스를 보면, 리브랜딩과 UX/UI의 전면 개편으로 큰 변화가 있었습니다. 그러나 이 변화에 대한 사용자의 적응이 어려웠습니다.

동적인 섬네일을 도입하여 메인 화면을 구성하고, 장르별로 차별화된 표현을 시도했습니다. 섬네일은 작품의 분위기를 더 잘 이해할 수 있도록 10초 동안 움직이는 것으로 설계되었습니다. 이를 통해 공포나 스릴러와 같은 장르는 긴장감을, 무협 장르는 액션을 강조하여 사용자에게 더 생동감 있는 경험을 제공하려 했습니다.

그러나, 이러한 변화가 초기에는 오히려 부정적인 영향을 미쳤습니다. 리뉴얼 직후인 8월에 비해 10월에는 MAU가 감소하고, 앱스토어와 구글스토어 평점 역시 하락했습니다. 또한, DAU도 크게 감소했습니다. 이를 통해 보면, 사용자들이 새로운 시스템에 적응하는 데 시간이 필요하며, 초기에는 부정적인 반응이 올 수 있음을 알 수 있습니다.

이러한 결과를 고려할 때, 카카오웹툰의 리뉴얼은 사용자에게 이익보다는 오히려 손실을 초래한 것으로 판단됩니다.

UI 컴포넌트와 UX 라이팅의 관계는 언어의 기의^{Signifié}와 기표^{Signifiant} 시스템에 비유할 수 있습니다. 즉, UI 컴포넌트 없이 UX 라이팅을 상상할 수 없으며, 반대로 UX 라이팅 없는 UI 컴포넌트도 상상할 수 없습니다.[18]

여기서 가장 중요한 것은 사용자 맥락입니다. UX 라이팅은 제공자의 관점이 아닌, 사용자 중심으로 진행되어야 합니다. UI 컴포넌트와 UX 라이팅의 관계에 대한 설명이 앞으로 이어질 때도, 항상 사용자가 중심이 되어야 한다는 사실을 기억해야 합니다. 또한, 각 서비스에 적용된 디자인 시스템을 기반으로 구성되어야 한다는 점도 중요합니다.

---

[18] 기의와 기표가 자의적이듯, UI 컴포넌트와 UX 라이팅은 자의적인 관계입니다. 어떤 서비스에서 어떻게 적용하느냐에 따라 달라지는 것이죠. 언어적 관계를 중심으로 예를 들면, 한국어의 '개'는 영어의 'Dog'와 같습니다. 이를 통해 기의와 기표 사이에는 필연성이 없음을 알 수 있습니다. 어떤 기표가 기의와 관계를 맺는가는 언어 기표가 사용되는 언어 공동체마다 다르기 때문입니다.

UI 컴포넌트와 UX 라이팅의 관계도 이와 동일합니다. 기표의 역할을 하는 UI 컴포넌트는 서비스마다 그 특징을 달리합니다. 각 서비스의 아이덴티티를 담아내야 하기 때문이죠. 그리고 UX 라이팅을 표현하는 그 형태 또한 달라집니다. 예를 들어 토스는 '해요'체를 서비스 전체에 적용했습니다. 토스가 지향하는 '금융을 좀 더 쉽게 만들기' 위해 친근함을 듬뿍 담아내기 위해서 어떤 형태의 말에서도 '해요'체를 사용하고 있습니다. 반면, 전통적인 금융 서비스는 '해요'체보다는 '합쇼'체를 사용합니다. 진중하고 묵직하게 신뢰를 더 중요시하기 때문입니다.

여기서 한 번 생각해 볼 지점은 "'해요'체를 사용하면 더 친근하고, '합쇼'체를 사용하면 더 신뢰가 있는가?"라는 질문입니다. 그에 대한 답은 '아니요'라고 할 수 있습니다. 친근함은 사용자와 서비스 간 쌓아진 신뢰를 기반으로 형성되기 때문입니다.

즉, 친근함이란 서비스가 사용자에게 '해요'체를 사용하며 친한 척한다고 형성되지 않습니다. 사용자가 필요로 하는 내용들에 대해 진솔하게 이야기하며 신뢰를 쌓았을 때 형성되기 때문이죠. 서비스에게 불리한 정보를 숨기지 않아야 합니다. 공유된 정보가 사용자와 서비스 간 동등할 때 신뢰가 쌓인다고 할 수 있습니다.

'합쇼'체 또한 동일합니다. '합쇼'체를 쓴다고 사용자에게 신뢰를 주는 것이 아닙니다. 사실을 기반으로 정보를 공유하고, 사용자가 중요하게 여기는 정보들을 투명하게 안내해야 사용자는 서비스가 진솔하게 자신들을 대한다고 여기고 신뢰를 차곡차곡 쌓아나갈 것입니다.

어떤 상황이 발생하는지 알려주는, 버튼

'버튼^{Button}'은 회사, 기업, 또는 서비스에서 주로 'CTA^{Call To Action}'로 불립니다. 이는 사용자를 원하는 방향으로 안내하는 역할을 합니다.

사용자가 버튼을 마주치는 상황은 크게 두 가지입니다. 첫 번째는 특정 작업을 수행하는 중에 계속 진행할 수 있도록 도와주는 경우입니다. 두 번째는 사용자가 버튼을 통해 행동을 이어나가거나 멈출 수 있는 상황입니다.

이 두 상황에 맞게 버튼을 설계할 때 고려해야 할 점이 있습니다. 첫 번째 상황에서는 사용자가 버튼을 누르면 어떤 일이 발생하는지를 명확하게 알려줘야 합니다. 즉, 사용자가 다음 단계에서 마주할 상황을 예상할 수 있도록 해야 합니다.

두 번째 상황에서는 사용자가 의견을 표현할 기회를 제공하는 역할을 합니다. 버튼의 문구는 사용자가 결정을 내리고 그 결정에 대한 다짐을 할 수 있도록 유도해야 합니다.

비즈니스적인 측면에서 보면, 이 두 가지 방법은 목적이 다르지만 결국 사용자를 '전환'시키는 데 도움을 주는 것입니다. 버튼은 이 목표에 도달하기 위한 중요한 수단으로 사용됩니다.

만약 버튼이 없다면, 사용자는 화면에서 길을 잃을 수 있습니다. 다음 단계로 진행하려 해도 방향을 알려주는 지침이 없어 헤매게 되겠죠. 이런 면에서 버튼은 사용자 경험을 원활하게 이어주는 핵심 요소입니다.

이처럼 사용자 경험이 매끄럽게 이어지도록^{Seamless} 버튼을 작성하는 방법은 다음과 같습니다.

동사로 작성하기

외국에서는 동사를 사용하여 버튼의 문구를 작성하는 것을 권장합니다. 예를 들어, 사이트에 처음 접속하여 아이디가 없는 경우 'Create your ○○○○ account'와 같이 동사로 시작하는 문구를 사용합니다. 이는 버튼이 '행동을 유도하기' 위함이며, 사용자가 버튼의 문구를 읽고 해당 행동을 취하도록 유도하는 행동 지향적인^{Action-Oriented} 내용으로 구성되어야 한다는 주장입니다.

그러나 이러한 논리가 한국어에 그대로 적용될 수 있는지는 의문입니다. 한국어는 영어와 달리 동사가 문장의 맨 앞에 오지 않습니다. 영어와 한국어의 근본적인 차이 때문에,[19] 직접적인 번역 대신 문맥에 맞게 조정이 필요합니다. 'Create your ○○○○ account'를 번역하면 다음과 같습니다.

▲ 버튼 문구 작성 예시

'○○○○ 계정 생성하기'

해당 문구에서 영어와 한국어 사이의 가장 큰 차이점은 '동사의 유무'에 있습니다. 영어는 동사의 원형을 사용해 행동을 명확하게 유도[20]할 수 있지만, 한국어에서는 동사가 어미를 통해 다양한 의미를 나타내기 때문에, 같은 효과를 내기 위해 어떤 어미를 사용할지 신중하게 선택해야 합니다. 하지만 문장이 길어지는 단점을 피하기 위해 우리는 동사처럼 보이는 명사를 사용하여 간결함을 유지합니다. 예를 들어 '생성하기'는 실제로는 동사 '생성하다'를 연상시키는 명사형 표현입니다.

이 방식은 사용자들이 버튼을 보고 '행동'을 취하도록 유도하지만 실제로는 명사를 사용함으로써 한국어의 문법적 특성에 맞게 조정된 것입니다. 이렇게 하면 버튼의 내용을 짧고 간결하게 유지하면서도 사용자가 원하는 행동을 취하도록 유도할 수 있습니다.

'생성하기'는 실제로 동사가 아닌 명사입니다. '생성하다'라는 동사에 명사형 전성어미 '-기'가 붙어서 품사가 변화한 것입니다. 이런 형태는 버튼을 동사형으로 작성해야 한다는 기본적인 지침과는 다른 방식이죠.

그럼에도 불구하고, 많은 기업은 이 지침을 그대로 적용하려는 경향이 있습니다. 이는 단순 번역의 결과로 '-기'를 붙임으로써 행동 지향적인 의미를 담을 수 있다고 생각하는데,[21] 이는 한국어의 특성을 무시한 결과론적 사고라고 할 수 있습니다.

---

19 한국어와 영어는 각각 토씨어와 위치어라는 근본적인 차이점을 가지고 있습니다. 한국어에서 주어가 될 때는 주로 '이/가'라는 주격조사를 사용하고, 목적어가 될 때는 '을/를'을 사용합니다. 그 결과, 조사에 따라 문장의 성분이 고정되며, 단어의 위치는 중요한 요소가 아닙니다.

반면 영어에서는 주어와 목적어의 위치를 바꾸면 문장의 의미가 변합니다. 예를 들어, 한국어로는 '나는 당신을 사랑합니다.'라고 말할 때 단어의 위치를 바꿔도 의미는 변하지 않습니다. '나'가 주어이고 '당신'이 목적어인 사실은 변하지 않기 때문입니다.

그러나 영어에서는 'You love I'라고 작성했을 때 문장이 성립되지 않습니다. 인칭 대명사의 격이 바뀌어야 하기 때문입니다. 올바른 문장은 'You love me'로 작성되어야 합니다. 이는 영어가 위치어이기 때문에 목적어의 역할에 맞춰 단어의 형태를 바꾸는 것입니다.

20 한국어는 동사 원형을 직접적으로 CTA에 사용하기 어렵습니다. 동사 원형을 사용하기 위해서는 어미를 조합해 완성해야 합니다. 이때 각종 사용자의 맥락을 고려하여 다양한 형태로 조합할 수 있습니다.

예를 들어, '생성하다'의 어미 활용을 보면 '생성하다', '생성해요', '생성합니다', '생성하자', '생성할게요'와 같은 형태로 조합할 수 있습니다. 각각의 단어가 가지는 맥락을 고려해 적절한 예시들을 선택할 수 있습니다. 그러나 모든 버튼에 맥락을 형성하여 구성하기 어렵기 때문에, 보통은 행동에 집중할 수 있는 명사형인 '생성하기'를 사용하는 게 일반적입니다.

21 일반적으로 '-하기'를 붙여서 명사형으로 변형하여 버튼에 작성해야 한다고 생각합니다. 하지만 실제로는 많은 경우 '동사 + -기' 형태로 구성됩니다. 다시 말해, 동사에 명사형 전성어미 '-기'가 붙은 형태를 명사에 '-하기'가 붙은 것으로 생각하는 경우가 많습니다. 이것이 버튼에 들어가는 단어들이 어떻게 형성되는지 살펴봐야 하는 이유입니다. 기본 구조에 따라 들어가는 형태가 달라지기 때문입니다.

예를 들어, '만들다'는 기본형이 '-하다'로 끝나지 않습니다. 따라서 '만들기'와 같이 명사형 전성어미 '-기'를 사용하는 형태로 구성됩니다. 때로는 '-ㅁ, 음'과 같은 명사형 전성어미도 사용되지만, 이것은 이미 완료된 일을 표현하므로 버튼과 어울리지 않습니다. 따라서 대부분의 경우 '-기'를 사용하게 됩니다. 이것이 단어의 태생에 따라 형성되는 경우입니다.

예를 들어, '생성하기' 대신에 '만들기'나 '시작하기'와 같이 실제 사용자가 어떤 행동을 해야 하는지를 보다 명확하게 전달하는 표현을 사용하는 것이 좋습니다. 이와 같은 방식은 한국어 사용자에게 더 자연스러운 느낌을 주며, 사용자가 버튼을 눌렀을 때, 어떤 결과로 이어지는지 명확하게 이해하게 됩니다.

▲ 버튼 예시

물론, 특정 상황에서 '-하기' 접미사를 사용하는 것이 좋을 수 있습니다. 예를 들어, 비즈니스 목표를 달성하기 위해 전환율을 높여야 하는 경우가 그러합니다. 다만, 단순히 일관성을 유지하기 위해서 '-하기'를 사용하지는 말아주세요.

'-하기' 접미사를 사용할 때는 '공간의 문제'도 고려해야 합니다. 버튼은 제한된 공간에 문구를 표시하게 됩니다. 팝업에서 사용하는 버튼을 대표적인 예시로 꼽을 수 있습니다.

▲ 왼쪽 – '-하기'가 없는 버튼, 오른쪽 – '-하기'를 추가한 버튼

팝업은 일반적으로 순행^{오른쪽 버튼}과 역행^{왼쪽 버튼}을 나타내는 투 버튼 시스템으로 구성되어 있습니다. 이런 상황에서 '-하기'를 추가하게 되면 버튼의 공간이 꽉 차게 됩니다. 이 경우 사용자는 '-하기'라는 공통 요소로 인해 버튼의 의미적 차이를 한눈에 인식하기 어려워집니다.

예를 들어, [취소하기]와 [삭제하기]로 버튼을 구성하면, 사용자는 '-하기'에 집중하며 각 버튼의 기능을 명확하게 구분하기 어렵게 만들며, 결국 변별력을 약화시킵니다. 또한, '-하기'를 추가함으로써 불필요한 2음절이 포함되어 버튼의 간결함이 손상됩니다. 버튼의 문구는 가능한 간결하게 유지해, 사용자가 버튼이 지니는 의미를 빠르게 간파하고 원하는 목적지에 빠르게 도달하도록 도와야 합니다.[22]

구체적으로 작성하기

2017년 구글 I/O에서 소개된 구글의 사례를 살펴보겠습니다. [객실 예약하기^{Book a room}] 대신 [예약 가능 여부 확인^{Check availability}]으로 문구를 변경한 이유는 사용자의 심리와 필요를 세심하게 고려한 결과였습니다.

사용자가 [객실 예약하기] 버튼을 보았을 때, 아직 예약 준비가 되지 않았거나 예약에 대한 확신이 없을 수 있습니다. 일반적으로 호텔 예약 과정은 날짜 결정 후 호텔 선택으로 이루어지는데, 날짜 설정 없이 바로 '객실 예약하기' 문구에 직면하면, 사용자는 이를 '바로 예약 단계로 넘어가는 것'으로 오해할 가능성이 높습니다. 이로 인해 많은 사용자가 버튼을 누르는 것을 주저하게 됩니다.

이에 구글은 사용자의 행동 맥락을 고려하여 문구를 '예약 가능 여부 확인'으로

---

[22] 영어는 단어 하나에 명사와 동사 두 가지 품사를 모두 활용할 수 있습니다. 예를 들어 'Love'는 동사와 명사의 글자 수 차이가 발생하지 않습니다. 활용에 따라 품사의 변화만 일어나죠. 반면, 한국어는 '사랑'을 동사로 만들고자 한다면 행동을 지칭하는 어미를 조합해야 합니다. '사랑+하다'처럼 말입니다. 그리고 이를 명사형으로 바꾸면 '사랑하기'가 되겠죠.

변경했습니다. 이는 사용자에게 먼저 예약 가능한 날짜를 확인할 수 있는 단계임을 명확히 해, 사용자가 다음 페이지에서 기대할 수 있는 내용을 구체적으로 안내합니다.

결과적으로, 사용자들은 변경된 버튼을 통해 특정 날짜에 대한 예약 가능 여부를 먼저 확인할 수 있다는 점을 인식하게 되었고, 이러한 접근 방식은 버튼 클릭률을 17%나 증가시켰습니다.

이처럼 버튼 문구는 사용자가 눌렀을 때 예상할 수 있는 다음 단계나 결과를 명확하게 설명해야 합니다. 사용자가 어떤 행동을 하게 될지를 항상 명확하게 전달하는 것이 중요합니다.

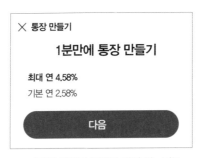

▲ '다음' 단계가 있음을 알려주는 버튼

사용자가 다음 단계로 넘어갈 때, '계속'이라는 의미를 포함한 문구를 사용하는 것이 중요합니다. 이는 다음 페이지에서도 과업이 계속됨을 알려주어야 하기 때문입니다. 위 이미지처럼 [다음] 버튼을 통해 다음 단계로의 이동을 안내합니다.

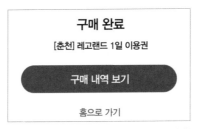

▲ 완료된 과업을 자세히 확인할 수 있도록 안내하는 버튼

과업이 완료된 상황도 사용자에게 알려주어야 합니다. 위 예시는 '구매 완료'와 함께 구매 상세 내역을 확인할 수 있는 버튼을 제공해, 사용자가 구매한 상품의 정보를 다시 확인할 수 있도록 합니다.

▲ 사용자에게 필요한 선택지를 제공한 버튼

위 예시는 [로그인], [회원가입], [메신저로 시작하기] 세 가지 버튼을 통해 각기 다른 액션을 안내합니다. 여기서 [회원가입] 버튼을 누르면 회원가입 페이지로 이동하고, [메신저로 시작하기] 버튼을 누르면 메신저를 통해 로그인 프로세스가 자동으로 진행됩니다.

이러한 예시들은 사용자가 버튼을 통해 다음 단계에서 예상되는 행동을 명확하게 이해할 수 있도록 합니다. 그러나 문구를 구체적으로 작성할 때도 간결성과 명확성을 유지하는 것이 중요합니다. 이를 위한 네 가지 팁을 드리고자 합니다.

첫째, 2어절 이하로 작성합니다.[23] 2어절 이하로 작성하기 어려운 경우, 최대 3어절까지 작성할 수 있습니다. 2어절 이하로 작성했을 때, 보통 2개의 단어를 조합하는데, 사용자가 한 번에 보고 이해할 수 있는 분량을 의미합니다.

---

[23] 어절은 한 단어 및 그 이상의 이어진 단어들에 의하여 이루어진 문법 단위입니다. 대개 띄어쓰기 단위와 일치하는 경향을 보여줍니다.

이를 작동 기억^{Working Memory}이라고도 하며, 제한된 정보를 짧은 시간에 파지^{把持: 움키어} ^{가짐}하는 임시 저장고를 말합니다. 동시에 두 가지 인지적 과제를 수행할 때, 어느 정도 제한된 분량만 기억할 수 있는 능력을 의미합니다. 정보 저장과 관련된 한계가 있다는 점을 의미하는데, 이를 기억 범위^{Working Span}라고도 합니다. 기억 범위는 사람의 의식 속에서 동시에 활성화할 수 있는 항목의 수를 나타냅니다.

작동 기억은 일반적으로 약 7개 정도의 정보를 동시에 유지할 수 있다고 합니다. 또한, 새로운 정보가 들어오면 이를 약 10~20초 정도만 유지할 수 있습니다. 그러나 과업에 따라 이런 제한이 달라질 수 있습니다. 예를 들어, 단순히 정보를 유지하는 경우에는 약 7개의 정보를 유지할 수 있지만, 특정한 과업을 수행하는 동안에는 2~3개 정도의 정보만 동시에 처리할 수 있습니다.[24]

결국, 사람은 어떤 작업을 수행할 때 약 2~3개의 정보만을 동시에 처리할 수 있다는 결론에 도달합니다. 이에 따라 모든 서비스에서는 작동 기억의 제한을 고려하여 가능한 한 간결한 내용을 제공하는 것이 중요합니다. 특히 사용자의 행동을 유도하는 버튼에서는 이러한 원칙을 더욱 엄격하게 준수해야 합니다.

둘째, 동사를 사용하여 사용자에게 구체적이고 명확한 행동 지시를 제공하는 것이 중요합니다. 예를 들어, '취소'나 '확인'과 같은 중립적인 단어보다는 사용자가 즉시 행동으로 옮길 수 있도록 명확한 지시어를 사용하는 것이 좋습니다. 이렇게 하면 사용자가 버튼의 의미를 직관적으로 이해하고 신속하게 결정을 내릴 수 있습니다.

셋째, 문장 부호는 그 문맥에 따라 유연하게 다루는 것이 중요합니다. 예를 들어, 사용자가 '다짐^{Commitment}'과 같이 중요한 결정을 전달할 때 문장 부호를 사용해 강조할 수 있습니다. 그러나 사용자 경험을 고려할 때는 너무 많은 감정적 요소를

---

24 존 스웰러(John Sweller)의 인지 부하 이론(Cognitive Load THeory)에서 발췌한 내용입니다.
   • 출처 – 〈Sweller의 인지 부하 이론〉, 2013년

포함하지 않는 것이 좋습니다.

한편, 마케팅에서는 브랜드 이미지나 메시지를 강조하기 위해 감정을 표현하는 것이 필요할 수 있습니다. 특히 랜딩 페이지에서는 가치나 특별한 혜택을 강조할 때 느낌표를 사용하여 설명하는 것이 효과적일 수 있습니다. 그러나 너무 과도한 사용은 사용자에게 부담을 줄 수 있으니 느낌표의 적절한 사용이 중요합니다.

넷째, 다크 패턴Dark Pattern을 사용하지 않습니다.[25] 다크 패턴 중 특히 버튼에서 많이 사용되는 것은 컨펌셰이밍Confirmshaming입니다. 아래 예시처럼 '혜택 포기하기'라는 '감정적 언어'를 주로 사용하는데, 사용자의 판단 능력에 불신을 일으키게 만듭니다. 이를 통해 사용자가 '잘못하고 있구나'라는 생각이 들게 하여 마지막 단계에 놓인 버튼을 누르지 못하도록 만드는 것이죠.

▲ 다크 패턴이 적용된 버튼

---

[25] 2023년 7월 31일 공정거래위원회가 〈온라인 다크 패턴 자율 관리 가이드라인〉을 발표했습니다. 이 가이드라인은 4개 범주와 19개 유형으로 구분하여 안내하고 있습니다. 기본 원칙은 "사업자가 소비자와 전자상거래 등을 할 때 거래 조건을 정확히 이해하고 의사 표시를 할 수 있도록 인터페이스를 설계·운영해야 하고, 소비자가 자신의 선호에 따라 자유롭고 합리적으로 의사결정을 할 수 있도록 해야 한다."라고 밝혔습니다.
가이드라인에서 주목해야 할 점은 '자율 관리'라는 측면입니다. 이는 법적 구속력이나 법 위반 여부 판단이 들어가지 않기 때문에, 기업에게 '자율적으로 가이드라인을 적용해라.'라는 의미로 해석됩니다. 이로 인해 '사업자들이 자율적으로 시용자 친화적 인터페이스를 마련해야 한다.'는 것으로 이해됩니다. 그러나 이에 대해 회의적인 시각도 있습니다. 여전히 다크 패턴이 '마케팅의 넛지'로 활용되고 있는데, 이는 윤리적인 측면에서도 문제가 될 수 있습니다. 이러한 인식이 변하지 않는 한 '자율 관리'가 효과적일지 의문입니다.
가이드라인의 세부 유형에 대한 자세한 내용은 다음 링크를 참고해 주세요.
• 출처 – 온라인 다크 패턴 자율 관리 가이드라인 원문(https://www.ftc.go.kr/solution/skin/doc.html?fn=2aa54a3265a7ccb63a79f6798a190059c7b3515bce77199a7cd8c1d16a08f7d6&rs=/fileupload/data/result//news/report/2023)

이와 같은 컨펌셰이밍을 피하기 위해서는 본래 목적에 맞추어 문구를 작성해야 합니다. '혜택 포기하기' 대신 '서비스 해지', '혜택 유지하기' 대신 '서비스 유지'와 같이 버튼을 눌렀을 때 실제 발생하는 결과를 작성하는 거죠.

또한, 버튼의 순행과 역행의 위치를 바꾸면 안 됩니다. 사용자가 멤버십 해지 과정을 따라갈 때는 순행이 '해지'로 진행되어야 합니다. 따라서 오른쪽에는 [해지] 버튼을 위치시키고, 왼쪽에 역행에 해당하는 [유지] 버튼을 배치해야 합니다. 즉, 사용자의 흐름을 중심으로 버튼을 조정하는 것이 중요합니다.

사용자의 발길을 붙잡고 브랜드의 목소리를 드러내는 공백 메시지

▲ 공백 메시지 예시

UI 컴포넌트에서 'Empty States'를 '공백 상태'로 번역하는 것은 매우 적절합니다. 이 용어는 단순히 공간을 의미하는 것이 아니라, 그 안에 새로운 내용을 채워 넣을 무한한 가능성을 내포하기 때문이죠.

브랜드 요소가 적절히 포함된 공백 메시지는 사용자가 애플리케이션을 처음 사용할 때 마주치는 초기 화면이나 데이터가 없을 때 보이는 화면을 긍정적으로 인식하게 만들 수 있습니다. 공백 상태Empty States는 그 자체로 아무런 정보나 내용이 없는 상태를 넘어서 사용자에게 다음 단계로 나아갈 수 있는 새로운 시작점이나 필요한 정보를 제공할 준비가 되어 있다는 가능성을 시사합니다.

이러한 공백 상태를 활용하면 사용자가 오류 메시지를 마주했을 때 단순히 문제가 발생했다는 사실만을 알리는 것이 아니라 그다음에 어떤 조치를 취해야 하는지 안내하거나 브랜드의 친근한 이미지를 전달할 기회로 삼을 수 있습니다.

예를 들어, 검색 결과가 없을 때 '검색 결과 없음'이라는 메시지 대신 사용자가 관심을 가질만한 다른 콘텐츠를 제안하는 방식으로 구성할 수 있습니다. 이처럼 공백 상태는 단순한 공백이 아니라 사용자와의 소통 및 상호 작용을 강화하고 브랜드 이미지를 긍정적으로 구축하는 데에 중요한 역할을 할 수 있습니다.

따라서, 이를 효과적으로 디자인하고 활용하는 것은 사용자 경험을 개선하고 애플리케이션의 가치를 높이는 데에 중요한 전략이 될 수 있습니다.

공백 상태의 장점 중 하나는 사용자가 좌절감을 느끼지 않도록 돕는 것입니다. 공백 상태 화면에는 현재 무엇이 비어 있는지 설명하고 그 공간을 어떻게 채울 수 있는지 구체적인 방법을 안내합니다. 이러한 접근은 사용자가 해당 기능을 더 쉽게 이해하고 사용할 수 있게 하며, 자연스러운 온보딩 과정을 제공합니다. 이것이 바로 공백 상태가 가질 수 있는 긍정적 기능 중 하나입니다.

공백 상태라는 용어를 선정한 데는 분명한 이유가 있습니다. UI 컴포넌트에 일관된 명칭을 사용하는 것이 팀 내외의 효율적인 커뮤니케이션을 위하여 필수적이기 때문이죠. '팝업'이라는 컴포넌트를 '모달', '알럿', '레이어 팝업' 등 여러 용어로 혼용하여 사용한다면 이는 업무의 비효율성을 초래할 수 있습니다. 일관된 용어 사용은 이러한 혼란을 방지하는 가장 간단하면서도 효과적인 방법입니다.

공백 상태에 대해 더 자세히 살펴보면 이는 상황에 따라 다양하게 활용될 수 있습니다. 처음 사용자에게 특정 행동을 유도하기 위한 정보를 제공하거나 오류 발생 시 해당 오류를 설명하고 해결책을 안내하는 용도로 사용될 수 있습니다. 이처럼 공백 상태는 사용자 경험을 풍부하게 만드는 데 중요한 역할을 합니다.

배달의민족의 '찜'과 '장바구니' 공백 상태는 그 예시 중 가장 인상적인 사례입니다. 이 공백 상태에서는 시각적 어포던스^{Affordance: 행동 유도성}를 활용한 이미지와 함께 배달의민족만의 브랜드 목소리를 담은 문구가 사용자에게 제공됩니다. 이는 배달의민족만이 시도할 수 있었던 도전적이면서도 창의적인 접근 방식으로, 브랜드 아이덴티티를 강력하게 드러내는 UI 컴포넌트입니다. 배달의민족이 이러한 공백 상태를 활용하기 전까지는 다른 기업들이 이 공간을 적극적으로 활용할 생각조차 하지 못했던 것으로 보입니다.

이처럼 배달의민족의 공백 상태 사례는 공백 상태를 어떻게 효과적으로 채울 수 있는지에 대한 중요한 교훈을 제공합니다. 공백 상태를 단순히 공간으로 보지 않고 브랜드 아이덴티티를 표현하고 사용자와의 소통을 강화할 기회로 활용하는 것이 그 핵심입니다. 이를 통해 사용자는 해당 앱이나 웹사이트를 더욱 친숙하고 긍정적으로 인식하며 이는 사용자 경험을 크게 향상시킬 수 있습니다.

다음으로는 공백 상태를 효과적으로 채우는 방법에 대해 알려드리겠습니다.

❶ 사용자가 공백 상태를 마주했을 때 안심하도록 만들어야 한다.

우선적으로, '공백 상태 자체에 초점을 맞춰' 해당 페이지가 비어 있다는 사실을 명확히 알려주는 것이 중요합니다. 즉, 페이지가 비어 있는 것은 정상이며 이 상태가 왜 발생했는지 설명해야 합니다. 이를 통해 사용자는 페이지가 의도적으로 비워져있음을 이해하고 그 안에 담긴 의도를 자세히 알 수 있게 됩니다.

이러한 정보를 제공함으로써 사용자는 현재 상황을 명확히 인지하고 제공된 안내에 따라 다음 단계로 쉽게 진행할 수 있습니다.

❷ 사용자에게 무엇이 비어 있는지 설명한다.

▲ 장바구니 공백 상태 메시지

위 예시처럼 장바구니나 즐겨 찾는 맛집 목록이 비어 있음을 알려주며 이를 채우기 위해서는 '맛집'을 탐색해야 한다고 안내합니다. 사용자의 시간을 존중하는 태도로 비어 있는 상태를 미리 알려주어 사용자가 다음 단계로 쉽게 이동할 수 있도록 하고 그 과정에서 시간을 절약할 수 있게 합니다.

공백 상태를 효과적으로 채우기 위해서는 공백 상태가 채워질 때 어떤 모습으로 변할지 또는 어떤 콘텐츠로 채워질지에 대한 정보를 제공하는 게 최선의 방법입니다. 이를 통해 사용자는 공백 상태를 채우는 과정에서 얻을 수 있는 결과를 예측할 수 있습니다.

❸ 사용자에게 공백 상태를 통해 해당 페이지에 콘텐츠를 채우는 방법을 알려 준다.
사용자가 공백 상태를 채우는 방법을 쉽게 이해할 수 있도록 안내하거나 채우기 위한 직접적인 버튼을 제공하는 것이 중요합니다. 위 예시들에서 즐겨찾기가 비어

있는 경우 즐겨찾기를 채울 방법을 설명하고 이를 위한 버튼을 페이지 하단에 배치하여 사용자가 쉽게 콘텐츠를 추가할 수 있도록 유도하고 있습니다. 이는 사용자가 아직 즐겨 찾는 가게를 찾지 못했거나 즐겨찾기를 시작하지 않았음을 의미합니다. 따라서, 사용자가 이 상황을 해결하고 탐색을 시작할 수 있도록 돕는 역할을 합니다.

❹ 사용자가 공백 상태를 콘텐츠로 채워야 하는 이유를 설명한다.

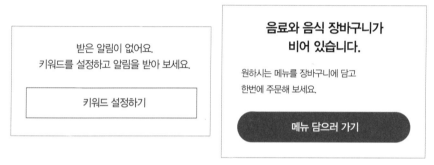

▲ 사용자가 공백 상태를 채웠을 때 생기는 이점을 설명하는 공백 상태 메시지

공백 상태를 채우면 얻을 수 있는 이점을 사용자에게 명확히 전달하는 것이 중요합니다. 이렇게 함으로써 사용자는 콘텐츠를 적극적으로 추가하는 데 동기를 갖게 됩니다.

위의 왼쪽 예시는 키워드를 등록하면 관심 있는 물품이 올라올 때마다 알림을 받을 수 있다고 안내합니다. 이것은 사용자가 관심 있는 물품을 놓치지 않고 신속하게 확인할 수 있는 이점을 제공합니다.

위의 오른쪽 예시는 장바구니에 음료와 음식을 담아 '한 번에' 주문할 수 있다는 편의성을 강조합니다. 음료와 음식을 함께 주문하는 것이 얼마나 효율적인지를 설명하며, 이를 통해 친구들과 함께 대량 주문을 하는 경우에도 큰 이점이 있음을 알립니다.

공백 상태 페이지를 콘텐츠로 채우면 프로덕트의 만족도를 높이고 이탈률을 줄이는 등 비즈니스 관점에서의 긍정적인 효과를 기대할 수 있습니다.

이러한 점들을 종합해 볼 때 사용자 관점에서 잘 설계된 디자인은 다음과 같은 세 가지 주요 이점을 제공합니다.

01   사용자의 온보딩(프로덕트에 순조롭게 적응하고 정착할 수 있도록 지원하는 과정)을 돕습니다. 향상된 사용자 경험과 더불어 프로덕트에 대한 신뢰와 지속적인 사용을 구축할 수 있도록 기회를 제공합니다.

02   브랜드를 구축할 수 있습니다. 기업을 홍보할 수 있는 공간이 되며, 이를 통해 인지도와 브랜드 가치를 높일 수 있습니다.

03   프로덕트 페이지에 따라 개별화된 특성을 부여할 수 있습니다. 다양한 사용 상태에 따라서 장난기를 넣을 수도 있고, 재미나 진지함 그리고 역동성까지 부여할 수 있어 사용자와 친밀한 감정을 형성할 수도 있습니다.

공백 상태 페이지를 적절한 콘텐츠로 채울 때 얻을 수 있는 이점에도 불구하고, 많은 기업은 여전히 이를 간과하는 경향이 있습니다. 그 이유는 다음과 같습니다.

01   앱이나 웹사이트 전체에서 공백 상태는 사용자에게 자주 노출되지 않는 부분이므로 개발 우선순위에서 밀릴 수 있습니다.

02   공백 상태를 경험하는 사용자가 전체의 2~5%에 불과하다고 판단해 디자이너들이 공백 상태에 많은 노력을 들이는 것이 비효율적이라고 여길 수 있습니다.

03   공백 상태가 발생하는 시점, 원인, 그리고 그 상황에서 사용자가 무엇을 해야 하는지에 대한 명확한 이해가 부족하기 때문입니다.

실무에서 프로덕트 오너나 디자이너와 협업할 때 이러한 경향이 자주 관찰됩니다. 사용자 플로우를 세심하게 검토하다 보면 공백 상태가 성의 없이 디자인되어 있거나 그 발생 이유나 원인을 기능적으로 정의하지 않는 경우가 많습니다.

UX 라이터로서 공백 상태가 발생할 수 있는 부분에 대한 의견을 제시해야 합니다. 협업을 통해 사용자 관점에서 발견하기 어려운 부분을 찾아내고 그것을 효과적으로 채워 사용자 경험을 개선하는 것이 중요합니다. 담당자들이 간과할 수 있는 부분을 사용자의 시각에서 발견하여 빈틈없이 메우는 것, 이것이 UX 라이터가 할 수 있는 중요한 업무입니다.

과거와 달리 이제는 공백 상태 페이지를 적절한 콘텐츠로 채움으로써 얻을 수 있는 이점과 브랜드 인식 향상에 대한 기대가 커지고 있습니다. 배달의민족을 시작으로, 많은 기업이 이 중요성을 인지하여 주목하고 있습니다. 배달의민족과 같은 산업군인 '땡겨요'는 공백 상태 페이지에 캐릭터와 독특한 개성이 담긴 목소리를 활용하며, 이를 통해 브랜드의 특성을 강조하고 있습니다.

▲ 공공배달 앱 '땡겨요'의 공백 상태 페이지

'띱!'이나 '띠로리'와 같은 의성어를 사용하여 한국적 감성을 불러일으키며,[26] 브랜드 이미지를 더욱 구체화하고 있습니다. 이는 단순히 의성어를 사용하는 것이 아닌, 해당 의성어가 담고 있는 의미와 상황을 공백 상태 페이지와 조화롭게 구성하여 한국인 사용자에게 친숙하게 다가갈 수 있도록 설계한 것입니다.[27]

이처럼 공백 상태 메시지는 사용자 경험을 개선하고 프로덕트의 일관성을 높이는 데 큰 도움이 됩니다. 또한, 브랜드의 특성을 드러내고 표현할 수 있는 중요한 공간이기도 합니다.

이런 잠재적 이점을 간과해서는 안 됩니다. 사용자는 생각보다 자주 공백 상태 문구와 마주치며, 이를 통해 예상치 못한 긍정적인 감정을 경험할 수 있습니다. 이 작은 요소들이 사용자를 브랜드의 큰 팬으로 만들 수 있으니, 모든 디테일에 주의를 기울여야 합니다.

---

[26] 의성어나 의태어를 사용하는 것은 중요한 요소라고 할 수 있습니다. 사용자는 단어라는 언어적 형태를 통해 어떤 의미가 내포되었을지, 어떤 느낌일지를 유추하곤 합니다. 대표적인 예로 '부바키키 효과'를 들 수 있습니다.
'부바키키 효과'는 소쉬르의 언어학적 대전제인 '언어의 자의성'의 역설을 증명하기 위해 사용되곤 합니다. 예를 들어 'White'와 '하얗다'를 보고 사전 지식이 없는 사람들은 같은 의미라고 파악할 수 없습니다. 그만큼 언어의 형식(기표)과 의미(기의)의 관계가 필연적이지 않다는 것을 보여주는 예시라 할 수 있습니다.
하지만, 다음의 그림을 보여주고 어떤 것이 '부바'이고 어떤 것이 '키키'냐고 물어봤을 때, 영어의 화자나 인도의 타밀어 화자는 95~98%가 왼쪽이 키키, 오른쪽이 부바라고 대답했습니다. 이를 통해 언어라는 것이 완전히 자의적이지 않다는 것을 알 수 있습니다. 이는 우리의 뇌가 직관적으로 인식하는 것, 의성어나 의태어와 같이 자연의 소리로부터 따온 것은 모든 인간이 동일하게 느낀다는 결론에 도달할 수 있습니다.
서비스에서 모든 인간이 동일하게 느낄 수 있는 의성어나 의태어를 사용했을 때, 브랜드 관점에서 유도하는 동일한 효과를 도출할 수 있습니다. '땡겨요'가 이것을 잘 활용하고 있다고 말할 수 있습니다. 물론, 추측에 불과합니다.

[27] 물론, '땡겨요'의 공백 상태 페이지가 완벽한 것은 아닙니다. 두 페이지 모두 '다음 단계'로 나아갈 수 있는 버튼을 제공하지 않은 탓에 사용자는 콘텐츠를 채우기 위해서 기나긴 여정을 떠나야 합니다. 어떻게 보면 사용자는 여태까지 달려온 길을 되돌아가야 하는 귀찮은 여정에 직면하게 되는 거죠. 이는 사용자가 불편을 겪을 수 있는 경험이 되어 이탈이 발생할 수도 있습니다. 따라서, 비즈니스적으로도 안 좋은 결과에 도달할 가능성도 충분히 존재합니다.

사용자 행동을 이끄는, 텍스트 필드 문구

텍스트 필드Text Fields는 사용자가 정보를 입력하는 중간 과정입니다. 사용자는 검색을 하거나, 서비스가 요구하는 양식에 정보를 입력할 때 이를 사용하게 됩니다.

텍스트 필드 디자인은 사용자와의 상호 작용을 용이하게 하는 명확한 어포던스Affordance를 제공해야 합니다.[28] 이를 통해 사용자는 텍스트 필드를 쉽게 인지하고, 효율적으로 정보를 입력할 수 있습니다. 따라서 '여기에 정보를 작성해'라는 내용을 시각화하는 요소가 중요합니다.

UX 라이터는 텍스트 필드의 직접적인 디자인을 담당하지는 않지만, 설계 초기 단계부터 참여하여 논의를 통해 이러한 요소들을 발전시키는 역할을 합니다.

텍스트 필드는 일반적으로 사용자가 질문에 자유롭게 답할 수 있도록 구성됩니다. 그러나 때로는 비즈니스 방향성이나 기술적 제약으로 인해 입력 형식에 제약을 두게 됩니다. 이 경우, 사용자의 입력을 더 구체적으로 안내하거나 제한할 방법을 고려해야 합니다.

▲ 자유롭게 입력할 수 있는 텍스트 필드

---

28 머티리얼 디자인에서는 텍스트 필드가 다섯 가지 요소를 포함해야 한다고 안내하고 있습니다.

  ❶ 텍스트 필드가 상호 작용할 수 있다는 것을 시각적으로 드러내야 합니다.

  ❷ 컨테이너가 채워진 형태와 컨테이너의 윤곽선이 그려진 형태, 이 두 가지 형태로 이루어져야 합니다.

  ❸ 텍스트 필드의 상태(비어 있음, 입력됨, 오류 등)를 사용자가 한눈에 볼 수 있어야 합니다.

  ❹ 레이블과 오류 메시지는 간결하고 쉽게 따라 할 수 있도록 작성해야 합니다.

  ❺ 텍스트 필드는 일반적으로 내용을 입력할 수 있는 양식(Form) 형태에 사용됩니다.

하나는 사용자가 원하는 방식으로 입력할 수 있는 자유 형식의 텍스트 필드입니다. '이름' 입력란이나 '검색창' 등이 이에 해당합니다. 사용자는 원하는 내용을 자유롭게 입력할 수 있으며, 이러한 자유로움은 입력 형태의 다양성을 의미합니다. 따라서 서비스는 사용자가 해당 영역에 적절하게 입력할 수 있도록 미리 가이드라인을 제공하는 것이 중요합니다.

또한, 서비스는 입력된 내용을 시스템이 인식할 수 있는 형태로 변환해야 할 수도 있습니다. 예를 들어, 한국어 이름을 입력란에 영어로 기재했다면, 사용자에게 다시 입력하도록 요청하거나 자동으로 한국어로 변환하는 기능을 적용할 수 있습니다.

반대로, 제한된 형식의 텍스트 필드는 사용자가 미리 정해진 형식에 따라서만 입력할 수 있습니다. 이 경우, 모든 사용자가 쉽게 이해하고 따를 수 있도록 구조의 기본 형태를 일관되게 제공하는 것이 중요합니다.

▲ 숫자만 입력할 수 있는 텍스트 필드[29]

대표적으로, 카드 번호와 주민등록번호 입력란이 있습니다. 카드 번호 입력란은 네 개의 그룹으로 나누어진 숫자들로 구성되며, 실제 카드와 유사한 형태로 디자인됩니다. 이렇게 네 부분으로 나눔으로써 숫자 입력의 편의성을 높이고 사용자가 정확하게 입력했는지 확인하기도 용이해집니다.[30]

---

[29] 텍스트 필드에 입력할 수 있는 형태가 정해져 있을 때 다른 형태의 언어를 입력하면 유효성 검사를 통해 문제가 있음을 알립니다.

[30] 아메리칸 익스프레스 카드는 맨 뒤에 있는 숫자가 네 자리가 아니라, 세 자리입니다. 이럴 때는 카드의 고유번호에 따라 세 자리의 숫자만 입력해도 되도록 설정해야 합니다.

제한된 형식의 텍스트 필드는 입력 가능한 문자 수에 제한이 있는 경우에 적합합니다. 주민등록번호는 입력해야 하는 숫자의 수가 정해져 있으며 서비스가 요구하는 상세 정보도 한정되어 있습니다. 따라서, 서비스가 필요로 하는 정보의 범위를 명확히 지정하는 것이 좋습니다.

이처럼 적절한 문구를 작성하기 위해서는 텍스트 필드의 네 가지 핵심 요소를 이해하는 것이 중요합니다. 각 요소가 담아야 할 내용이 무엇인지 사용자에게 어떤 도움을 제공하는지 파악해야만 상황에 맞는 적절한 문구를 작성할 수 있습니다.

레이블

레이블Label은 사용자에게 해당 필드에서 요구하는 정보의 종류를 안내합니다. 그러나 레이블은 단순히 영역의 설명을 넘어서 그 안에 포함된 모든 요소를 하나의 범주로 묶어주는 역할을 한다는 점에서 중요합니다. '레저·티켓' 같은 상위 카테고리가 있을 때 하위 카테고리를 어떻게 세분화하여 상품을 분류할지 설계하는 과정이 포함됩니다.

이러한 설계는 서비스의 특성, 도메인, 상품의 수와 종류 등 다양한 요소를 고려하는 과정이 포함됩니다. 상위 카테고리가 '레저·티켓'으로 같을지라도 비즈니스의 방향성이나 상품을 제공하는 업체의 특성에 따라 구체적인 분류가 달라질 수 있습니다.

이 과정이 정보 구조화IA, Information Architecture이며, 정보 구조화는 정보를 체계적으로 조직해 사용자가 원하는 정보를 쉽고 빠르게 찾을 수 있도록 돕는 방법입니다. 유사한 특성을 가진 상품이나 카테고리를 모아 구조화하고 이러한 구조화된 그룹을 대표하는 명칭으로 레이블을 사용합니다. '레저·티켓' 역시 이와 같은 원리로 사용자에게 안내하는 것입니다.

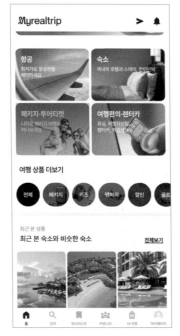

출처 – 왼쪽부터 야놀자, 여기어때, 마이리얼트립

같은 OTA^{Online Travel Agency} 서비스라 할지라도, 각각의 명칭은 다를 수 있습니다. 야놀자와 여기어때는 국내 레저와 티켓 상품의 의미를 담아 '레저·티켓'이라는 레이블을 사용합니다. 마이리얼트립은 외국 패키지 상품을 주요 비즈니스 모델로 삼아 '패키지투어 티켓'이라는 명칭을 선택했습니다.

야놀자와 여기어때는 내국인의 여가 시간을 채워줄 국내 상품에 집중했으며, 마이리얼트립은 내국인의 외국여행 상품에 집중하고 있음을 알 수 있습니다. 이렇게 비즈니스의 방향성에 따라 같은 OTA에서도 레이블이 달라질 수 있습니다. 레이블은 단순한 정보의 형태를 넘어 암묵적인 내용까지 전달하고 있는 거죠.

레이블은 명확해야 합니다. 레이블이 명확해야 사용자 인터페이스의 접근성과 이해도를 높여 사용자가 해당 영역의 목적과 내용을 쉽게 파악할 수 있습니다.

그리고 레이블이 효과적이려면 간결해야 합니다. 작성 공간이 한정되어 있기 때문에, 레이블은 설명이 아닌 필수적인 정보를 전달하는 것에 초점을 맞춰야 합니다.

 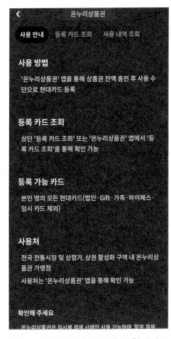

출처 – 왼쪽부터 카카오뱅크, 현대카드

레이블은 간결하면서도 함축적인 표현이 필요합니다. 필요한 정보만을 전달하기 위함입니다. 명확성을 유지하며 단순화하는 노력이 중요한데, 이를 위해 3어절 이하로 구성하는 것이 좋습니다. 한국어에서는 어절 단위로 의미가 전달되기 때문에, 어절로 구분해 제시하면 사용자가 내용을 더 쉽고 빠르게 이해할 수 있습니다.[31]

레이블이 효과적이기 위해서는 '호칭'에 대한 접근이 중요합니다. '내'는 절대적 소유를 나타내며 사용자가 직접 관리하고 개인화할 수 있는 항목에 사용됩니다. 예를 들어 '마이 페이지'가 이에 해당합니다. 반면, '네'는 상대적 소유를 의미하며 사용자 인터페이스가 사용자의 특성을 반영해 맞춤으로 설정될 때 적용됩니다. 예컨대 사용자의 위치 기반 숙소 추천 시 '당신의 위치를 기반으로 숙소를 검색했습니다.'라고 표현합니다.

사용자가 '찜'한 숙소는 '내 찜'으로 표기해 사용자가 개인화한 항목임을 명확히 합니다. 그러나 때로는 어떤 호칭을 사용해야 할지 모호한 상황이 생길 수 있습니다. 이런 경우 호칭을 사용하지 않는 게 혼동을 방지하고 명확성을 유지하는 데 도움이 됩니다. 즉, 어떤 행위가 명확성을 해칠 가능성이 있다면 그 행위를 하지 않는 것이 바람직합니다.

---

[31] 어절 단위로 설명하는 이유는 한국어의 띄어쓰기가 매우 중요한 문법 규칙 중 하나이기 때문입니다. 한국어는 음절 단위로 띄어쓰기를 하는데, 기본적으로 명사, 동사, 형용사 등의 어절 단위로 끊어 쓰기가 일반적입니다. 또한, 조사와 어미 같은 경우 어절과 결합하여 하나의 단어로 쓰이기도 합니다.

한국어 띄어쓰기 규칙은 대부분 국립국어원에서 제시한 표준어를 따르며, 띄어쓰기 규칙에 어긋나면 문장의 의미가 혼동될 수 있습니다. 특히, 한국어에서는 띄어쓰기의 잘못으로 인하여 문장의 의미가 달라지는 경우가 낳기 때문에 주의가 필요합니다.

예를 들어, '숨은카드 매출 찾기'와 '숨은 가느매출 찾기'가 있습니다. 이때, '숨은'이 어떤 단어를 수식해 주느냐에 따라 문구의 전체적인 의미가 달라지는데, 전자는 '카드'만 수식하여 '숨은 카드'라는 의미를 담고, 후자는 '카드매출'을 수식해 숨어 있는 카드 매출을 찾아준다고 인식하게 됩니다. 이처럼 한국어에서 띄어쓰기는 중요한 요소라 할 수 있습니다.

물론, 모든 띄어쓰기를 알 수는 없습니다. 한국어 특성상 예외가 상당히 많기 때문에 UX 라이팅 가이드라인에서 규칙을 정한 다음에 이를 따르면 일관성을 유지할 수 있고, 띄어쓰기에 따른 의미 변화를 최소화할 수 있습니다.

또한, 앞서 설명했던 작동 기억과도 이어집니다. 사용자는 특정한 과업이 주어지면 정보를 처리하는데, 이때 2~3개 정도의 정보만 동시에 처리할 수 있습니다. 의미 단위로 나누는 한국어 특성과 연관지었을 때 최대 3어절로 구성하면 사용자가 빠르게 내용을 파악할 수 있습니다.

플레이스홀더

플레이스홀더^{Placeholder}는 사용자에게 입력 방식과 구체적인 예시를 안내합니다. 이를 통해 입력할 내용에 대한 혼란을 줄입니다. 위 예시처럼 텍스트 필드에 미리 표시되어, 사용자가 어떤 정보를 입력해야 할지 안내합니다. 이는 검색과 같은 영역에서 유용한 힌트를 제공합니다. 사용자가 입력을 시작하면 플레이스홀더는 사라지며 자신의 역할을 마칩니다.

그러나 정확한 안내를 위해서는 플레이스홀더만으로 충분하지 않습니다. 레이블과 함께 사용될 때 사용자의 이해를 돕고 인지 부하를 줄일 수 있습니다. 따라서 레이블과 플레이스홀더는 함께 작동해야 사용자 경험을 향상시킬 수 있습니다.

플레이스홀더를 효과적으로 활용하는 방법은 세 가지가 있습니다.

01 레이블을 대체하지 않아야 합니다. 레이블과 플레이스홀더가 함께 존재함으로써 사용자는 혼란 없이 입력 필드의 목적을 명확히 이해할 수 있습니다. 사용자가 수행하는 과업 중에는 많은 정보를 기억하기 어려울 수 있는데, 이때 레이블이 없다면 사용자는 내용을 입력하기 전에 자신이 무엇을 입력했는지 확인하기 어렵습니다. 따라서 효과적인 텍스트 필드 디자인에는 레이블과 플레이스홀더가 동시에 포함되어야 합니다.

02 플레이스홀더는 명확하게 작성되어야 합니다. 사용자는 입력 과정을 빠르게 마치고 다음 단계로 넘어가길 원합니다. 텍스트 필드 입력은 사용자의 전체적인 목표 달성 과정에서 단지 한 단계에 불과하기 때문입니다. 이 때문에 플레이스홀더는 사용자가 쉽게 이해할 수 있도록 간결하고 명확하게 작성되어야 합니다.

이메일	이메일
hongildong@example.com	이메일을 입력해 주세요.
✓ Do	✕ Don't

03 플레이스홀더는 구체적인 예시를 제공해야 합니다. 이는 사용자가 텍스트 필드에 무엇을 입력 해야 하는지 명확하게 안내하는 역할을 합니다. 이메일 입력 필드에는 단순히 '이메일'이라고 반복해서 안내하는 대신 실제로 사용할 수 있는 이메일 형식의 예시를 제공하는 것이 더 유익 합니다. 지침을 제공하는 것은 플레이스홀더가 텍스트 입력을 시작하면 사라지기 때문에 피해 야 합니다. 대신, 사용자가 이미 알고 있을 법한 내용의 예시를 제공함으로써 사용자가 쉽게 기 억하고 따를 수 있도록 해야 합니다. 복잡한 정보 입력이 필요한 경우에는 플레이스홀더 대신 도움말 문구를 통해 안내하는 것이 더 적합합니다.

플레이스홀더는 단순히 사용자에게 입력할 문구와 구체적인 예시를 안내하는 역 할을 넘어서, 때로는 메인 페이지에서 마케팅 요소와 결합되어 전혀 다른 기능 을 수행하기도 합니다.

배달의민족과 쿠팡이츠는 사용자들이 시간대별로 자주 주문하는 음식을 기반으 로 검색어를 제시함으로써 음식 추천 기능을 대신하고, 이를 통해 사용자들의 구매 전환을 유도합니다. 마이리얼트립 역시 유사한 방식으로 사용자에게 여행 지를 제안하며 이들의 역할은 상당히 비슷합니다.

반면에 야놀자는 좀 더 다양한 마케팅 전략을 펼치고 있습니다. 첫째로, 야놀자가 단순한 숙소 예약 앱이 아니라 레저 활동까지 포함하는 여가 생활의 동반자임을 강조하며 자신을 여행과 레저의 '슈퍼 앱'으로 포지셔닝합니다.

또한, 야놀자는 '놀'이라는 브랜드 이미지를 강화하기 위해 사용자들에게 "무엇 을 하고 '놀'까요?"라는 문구를 통하여 친근감을 더하고자 합니다. 이는 서비스

출처 – 왼쪽부터 배달의민족, 쿠팡이츠, 야놀자, 마이리얼트립

내에서 직접적으로 '놀'이라는 브랜드가 드러나지 않음에도 불구하고 야놀자를 자주 이용하고, '놀' 카드를 발급받은 사람들에게는 특별한 의미와 목적을 전달합니다.

이러한 예시들을 통해 볼 때 플레이스홀더는 단순한 입력 도우미를 넘어서 사용자 경험과 마케팅 전략을 결합한 중요한 역할을 수행함을 알 수 있습니다.

유효성 문구

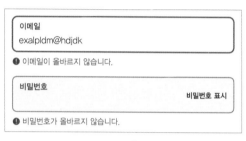

출처 – 에어비앤비(Airbnb)

웹사이트나 앱에서 사용자가 텍스트 필드에 유효하지 않은 정보를 입력했을 때 유효성 문구는 잘못된 내용을 지적하고 올바른 정보를 입력하도록 도와주는 역할을 합니다.

유효성 문구^{Validation Check}는 오류 메시지의 간략한 형태로, '상태 – 문제 – 해결책'을 짧고 명확하게 전달해야 합니다. 이메일 형식이 올바르지 않을 때는 '올바른 이메일 형식으로 입력해 주세요.'와 같이 간결하게 안내합니다. 중요한 점은 유효성 문구를 통해 사용자가 바로 알 수 있도록 명확한 해결책을 제시해야 하며 이는 레이블이나 플레이스홀더의 내용과 중복되지 않도록 해야 합니다. 이렇게 함으로써 사용자는 불필요한 정보의 반복 없이 바로 문제를 해결할 방법을 알 수 있습니다.

▲ 각각의 상황에 맞춰 유효성 문구를 작성해야 합니다.

위의 왼쪽 예시에서는 사용자가 회원가입 과정에서 비밀번호를 다시 입력하는 상황에서 발생한 오류를 설명합니다. '처음 입력한 비밀번호와 동일하게 입력해 주세요.'라는 문구는 사용자가 두 번째로 입력한 비밀번호가 처음 입력한 비밀번호와 동일해야 한다는 점을 명확하게 안내합니다.

위의 오른쪽 예시는 비밀번호 형식이 올바르지 않을 때 나타나는 유효성 문구입니다. '대문자, 특수문자, 숫자 중 두 가지 형식을 포함하여 입력해 주세요.'라는 문구는 사용자에게 비밀번호가 충족해야 하는 구체적인 요구 사항을 제시하여, 어떤 형식을 따라야 하는지를 안내합니다.

이처럼 맥락에 따라 다른 유효성 문구를 제공함으로써, 사용자는 자신이 직면한 문제를 정확하게 이해하고, 그에 따라 적절한 조치를 취할 수 있게 됩니다.

도움 문구

▲ 두 가지 형태의 도움 문구

도움 문구$^{Help Text}$는 사용자가 필요로 할 때 제공되어야 하며, 텍스트 필드 하단이나 툴 팁 형태로 제공될 수 있습니다. 텍스트 필드 하단에 위치한 도움 문구는 한 줄을 넘지 않도록 짧고 명확하게 작성하는 것이 좋습니다. 길이가 한 줄을 넘어서면 디자인에 영향을 주고 사용자가 정보를 빠르게 파악하는 데 방해가 될 수 있습니다. 만약 도움 문구가 한 줄을 넘어가는 내용이라면 UI 컴포넌트의 설계를 다시 검토할 필요가 있습니다.

사용자에게 관심을 요청하는 팝업

출처 – 왼쪽부터 네이버, 토스, CGV, 현대카드

팝업Pop-Up 문구는 사용자에게 중요한 정보를 명확하게 전달하고, 그에 기반하여 결정을 내릴 수 있도록 돕는 중요한 역할을 합니다. 사용자가 특정 작업을 수행하는 과정에서 필요한 메시지의 목적과 적절한 시기를 알려주며, 다음 단계로 안내하거나 필요한 피드백을 유도합니다. 서비스 사용 중 사용자의 확인이 필요할 때, 오류가 발생했을 때, 또는 중요한 결정을 요구할 때 등 다양한 상황에서 팝업이 활용됩니다. 이는 확인 메시지, 오류 메시지, 경고 메시지 등 다양한 목적으로 사용되는 유용한 UI 컴포넌트입니다.

팝업은 다음과 같이 크게 세 가지 목적으로 사용됩니다.

01   사용자에게 중요한 내용을 전달할 때입니다. 사용자 경험에 영향을 미칠 수 있는 중대한 정보를 제공할 때, 다른 디지털 경험을 일시적으로 차단하고 사용자의 주의를 집중시켜야 하기 때문에 팝업이 효과적입니다. 하지만, 사용자가 메시지를 정확히 이해할 수 있도록 UX 라이터가 맥락에 맞는 문구를 작성하는 것이 중요합니다.

02   사용자에게 어떤 조치가 괜찮은지 확인을 요청하는 경우입니다. 사용자가 의사결정을 진행하기를 원하는지 한 번 더 확인함으로써 입력한 내용이 정말로 맞는지 다시 확인하는 것입니다. 이는

사용자에게 다소 번거로울 수 있지만, 실수나 의도하지 않은 상황을 방지하기 위한 중요한 조치입니다.

03   특정한 조건이 충족되었는지 빠르게 확인할 때 사용됩니다. 이때는 팝업 문구가 간결하고 명확해야 하며, 질문이 다양한 해석을 남기지 않도록 주의해야 합니다.

▲ 팝업의 기본 형태

이처럼 중요한 역할을 하는 팝업을 구성하는 요소는 크게 세 가지로 나눌 수 있습니다.

타이틀

타이틀은 팝업의 주요 내용을 간략하게 요약해 사용자가 타이틀만 보고도 팝업의 목적을 이해할 수 있도록 해야 합니다. 타이틀은 간결하게 한 문장으로 작성하는 것이 좋으며, 오직 하나의 주요 의미를 포함해야 합니다. 타이틀만으로 모든 정보를 명확히 전달하기 어렵다면, 추가적인 설명을 위해 디스크립션[설명]을 활용해야 합니다.

타이틀은 주로 가운데 정렬을 사용하여 배치합니다. 문장 부호 사용은 중심을 흐릴 수 있으므로 물음표를 제외하고는 사용을 자제하는 것이 좋습니다. 특히, 사용자에게 강한 인상을 주거나 활발한 톤을 전달하기 위해 느낌표를 사용하는 경우가 있는데 이는 사용자에게 서비스가 소리치는 듯한 느낌을 줄 수 있어 필요한 경우를 제외하고는 사용하지 않는 것이 바람직합니다.

디스크립션(설명)

타이틀만으로 전달하기 어려운 자세한 내용이나 맥락을 디스크립션^{Description: 설명}을 통해 설명할 수 있습니다. 디스크립션은 타이틀이 전달하는 내용을 보완하는 역할을 하며, 모든 경우에 필요한 것은 아닙니다. 때로는 디스크립션을 추가하지 않는 것이 더 나을 수 있으며 불필요하게 추가하면 타이틀과의 중복으로 내용이 무의미해질 위험이 있습니다.

디스크립션의 길이는 일반적으로 2줄을 권장하며, 필요한 경우 최대 3줄까지 확장할 수 있습니다. 팝업은 사용자에게 부담을 줄 수 있는 UI 요소이므로 사용자가 빠르게 내용을 확인하고 넘어갈 수 있도록 하는 것이 중요합니다. 내용을 작성할 때는 문장을 의미 단위로 나누어 줄바꿈하며 음절이 아닌 어절 단위로 줄바꿈하는 것이 좋습니다.

2문장 이상의 정보를 담을 경우 마침표를 사용하여 문장의 끝을 명확하게 해야, 사용자는 문장을 쉽게 구분하고 필요한 정보만을 빠르게 파악할 수 있습니다.

버튼

버튼은 사용자를 다음 단계로 안내하는 중요한 역할을 담당합니다. 이 안에는 사용자가 누릴 수 있는 혜택이나 사용자의 동의를 요청하는 내용 등이 담겨 있습니다.

팝업 상황에서 버튼은 핵심적인 기능을 수행합니다. 사용자가 팝업을 마주하면 화면의 다른 모든 기능이 일시적으로 멈추고 사용사가 버튼을 누르기 전까지는 팝업이 화면에서 사라지지 않습니다.

버튼의 명확성은 사용자가 혼란을 겪지 않도록 합니다. 따라서 버튼에는 사용자가 취해야 할 구체적이고 명확한 행동 지침이 포함되어야 합니다. 이는 사용자가 필요한 조치를 쉽게 이해하고 수행할 수 있도록 도와줍니다.

| Index |

영어

AB 테스트	29, 83
ATF	216
CTA 버튼	29, 83, 182, 239
F 패턴	76, 92, 108
IA	137, 207
OTA	207
PO	13
PRD	40, 43, 68
SMS/LMS	20
UI 컴포넌트	80
UT	66, 83
UX	186
UX 디자이너	13. 17
UX 리서처	17. 18
UXer	13, 17

ㄱ

가이드라인	28, 166
가추법	141
가치	176
간결성	21, 23, 64, 108
감사	31
개발 제약 사항	181
경쟁사 분석	18
경험 디자인	32
계획	31
고려	145
골든 서클	53
공감	71
공백	20

관계	241
구글 I/O	13
구독 해지	104
구두점	113
구매	145
구조 엔지니어링	32
귀납법	139
글머리 기호	80, 111

ㄴ

내비게이션 바	20
노션	132

ㄷ

도그푸딩	138
동정	71
디스커버리 유저	143
디자인 씽킹	52
디자인 시스템	161
디자인 씽커	28
디자인 제약 사항	181

ㄹ

레거시 시스템	50
레이어 케이크 패턴	112
리걸테크	66
리서치	36

ㅁ

마이크로카피	13, 25

마킹 패턴	112
메이커스	28
명확성	21, 22, 89
모더레이터	138
문구 초안	40
미션	176

ㅂ

바이패싱 패턴	112
바텀 시트	20
버튼	20
버튼 레이블	18
벤치마킹	129
보이스 톤	79
브랜드 메시지	121
브랜드 특성	177
비전	176
비즈니스 목표	36

ㅅ

사용	145
사용성	21, 22, 186
사용성 테스트	173
사용자 맥락	66, 77, 118
사용자 요구 사항	43
사용자 인터페이스	20
사용자 입장	119
사용자 친화적	118
사용자 테스트	18
사용자 플로우	40, 118, 142
상태	228

생성 31
서브 헤더 20
스팟 패턴 112
슬랙 131
시각적 계층 구조 80
신뢰 122

ㅇ

아젠다 183
아틀라시안 133
아티클 75
알림 설정 98
액티브 보이스 154
역할과 책임(R&R) 59
연역법 139
예시 130
온라인 다크 패턴 자율 관리 가이드라인 100, 101
온보딩 147
와이어프레임 137
원인 228
원칙 59, 152, 166
유용성 117
유지 31
유지 관리 145
윤문 98
이커머스 106
인식 145
인텐트 유저 143
일관성 21, 23, 119
입자성 210

ㅈ

재구매 145
저니 맵 18
전략 31
전략적 UX 라이팅 13, 15
접근성 61, 90, 92
정량적 데이터 분석 18
정보 241
제목과 부제목 111
직무 설명 28
짧은 단락 110

ㅊ

체크리스트 166
추천 145
친밀감 82

ㅋ

카피라이팅 25, 147
커밋 패턴 112
컨플루언스 132
콘텐츠 개발 13
콘텐츠 구조 153
콘텐츠 디자인 13, 25
콘텐츠 마케터 13
콘텐츠 전략 13, 25, 31, 83
콘텐츠 전문가 13

ㅌ

테크니컬 라이터 13

테크니컬 라이팅 25
텍스트 필드 20

ㅍ

팝업 20
퍼널 137
페르소나 18, 61
페인 포인트 60
편견 115
편집 전략 32
프로덕트 매니저 163
프로덕트 오너 13, 18, 45, 49, 107, 146, 159, 180, 273
프로세스 디자인 32
터치 포인트 32
피그마 70

ㅎ

해결책 228
핵심 내용 109
행간과 자간 111
현지화 61
확신 241

Foreign Copyright:
Joonwon Lee   Mobile: 82-10-4624-6629

Address: 3F, 127, Yanghwa-ro, Mapo-gu, Seoul, Republic of Korea
        3rd Floor
Telephone: 82-2-3142-4151
E-mail: jwlee@cyber.co.kr

브랜드와 사용자 서비스의 글쓰기 가이드북

UX 라이팅

2024. 8. 14. 1판 1쇄 인쇄
2024. 8. 21. 1판 1쇄 발행

지은이 | 김무성
펴낸이 | 이종춘
펴낸곳 | [BM] ㈜도서출판 **성안당**

주소 | 04032 서울시 마포구 양화로 127 첨단빌딩 3층(출판기획 R&D 센터)
       10881 경기도 파주시 문발로 112 파주 출판 문화도시(제작 및 물류)

전화 | 02) 3142-0036
       031) 950-6300
팩스 | 031) 955-0510
등록 | 1973. 2. 1. 제406-2005-000046호
출판사 홈페이지 | www.cyber.co.kr
ISBN | 978-89-315-5988-0 (93000)
정가 | 25,000원

이 책을 만든 사람들
책임 | 최옥현
진행 | 조혜란, 앤미디어
교정·교열 | 조혜란, 앤미디어
본문·표지 디자인 | 앤미디어
홍보 | 김계향, 임진성, 김주승, 최정민
국제부 | 이선민, 조혜란
마케팅 | 구본철, 차정욱, 오영일, 나진호, 강호묵
마케팅 지원 | 장상범
제작 | 김유석

■ 도서 A/S 안내

성안당에서 발행하는 모든 도서는 저자와 출판사, 그리고 독자가 함께 만들어 나갑니다.
좋은 책을 펴내기 위해 많은 노력을 기울이고 있습니다. 혹시라도 내용상의 오류나 오탈자 등이 발견되면 **"좋은 책은 나라의 보배"**로서 우리 모두가 함께 만들어 간다는 마음으로 연락주시기 바랍니다. 수정 보완하여 더 나은 책이 되도록 최선을 다하겠습니다.
성안당은 늘 독자 여러분들의 소중한 의견을 기다리고 있습니다. 좋은 의견을 보내주시는 분께는 성안당 쇼핑몰의 포인트(3,000포인트)를 적립해 드립니다.
잘못 만들어진 책이나 부록 등이 파손된 경우에는 교환해 드립니다.